河北省教育厅人文社会科学研究重大课题攻关项目“世界文化遗产清东陵数字化保护与利用研究”（项目编号：ZD202120）

世界文化遗产清东陵数字化保护开发利用研究

“世界文化遗产清东陵数字化保护与利用研究”课题组 著

燕山大学出版社
·秦皇岛·

图书在版编目（CIP）数据

世界文化遗产清东陵数字化保护开发利用研究 / “世界文化遗产清东陵数字化保护与利用研究”课题组著. -- 秦皇岛 : 燕山大学出版社, 2024. 5.

ISBN 978-7-5761-0693-0

Ⅰ. K928.701-39

中国国家版本馆 CIP 数据核字第 2024WP7253 号

世界文化遗产清东陵数字化保护开发利用研究

SHIJIE WENHUA YICHAN QINGDONGLING SHUZIHUA BAOHU KAIFA LIYONG YANJIU

“世界文化遗产清东陵数字化保护与利用研究”课题组 著

出 版 人：陈　玉

责任编辑：宋梦潇　　**策划编辑：**宋梦潇

责任印制：吴　波　　**封面设计：**刘韦希

出版发行：燕山大学出版社　　**电　　话：**0335-8387555

地　　址：河北省秦皇岛市河北大街西段 438 号　　**邮政编码：**066004

印　　刷：涿州市般润文化传播有限公司　　**经　　销：**全国新华书店

开　　本：787 mm×1092 mm　1/16　　**印　　张：**15.5

版　　次：2024 年 5 月第 1 版　　**印　　次：**2024 年 5 月第 1 次印刷

书　　号：ISBN 978-7-5761-0693-0　　**字　　数：**303 千字

定　　价：78.00 元

序

世界文化遗产是人类的共同财富，具有不可再生性、不可替代性和稀缺性等特征，是全人类的具有艺术、历史、教育和科学等宝贵价值的珍贵资源。

党的十八大以来，习近平总书记高度重视文化遗产保护工作，并多次就文化遗产保护作出重要指示批示。党的十九大将“加强文物保护利用和文化遗产保护传承”作为坚定文化自信的一个部分写入报告中。党的二十大报告指出要“加大文物和文化遗产保护力度，加强城乡建设中历史文化保护传承，建好用好国家文化公园。坚持以文塑旅、以旅彰文，推进文化和旅游深度融合发展”。习近平总书记一直高度重视文物保护工作，多次发表重要讲话，为历史文化遗产保护工作引航指路。2014年3月27日，习近平总书记在联合国教科文组织总部的演讲中指出，中国人民在实现中国梦的进程中，将按照时代的新进步，推动中华文明创造性转化和创新性发展，激活其生命力，把跨越时空、超越国度、富有永恒魅力、具有当代价值的文化精神弘扬起来，让收藏在博物馆里的文物、陈列在广阔大地上的遗产、书写在古籍里的文字都活起来，让中华文明同世界各国人民创造的丰富多彩的文明一道，为人类提供正确的精神指引和强大的精神动力。2023 年 5 月 16 日，在第 47 个国际博物馆日前夕，习近平总书记在运城博物馆参观考察时强调，要认真贯彻落实党中央关于坚持保护第一、加强管理、挖掘价值、有效利用、让文物活起来的工作要求，全面提升文物保护利用和文化遗产保护传承水平。习近平总书记的系列重要讲话为我们进行世界文化遗产清东陵数字化保护开发利用的研究工作指明了方向。

清东陵是闻名中外的“世界文化遗产”，修建历时 247 年，是我国现存规模最宏大、体系最完整、布局最规整的皇家陵墓建筑群之一，是中国 2000 多年陵寝史上的一个典范，其背后的故事与珍贵文物成了人们关注的焦点。但是，随着历史的变迁，清东陵拥有的数量庞大、精美绝伦的宝贵文化遗产遗存正面临着危机，许多珍贵的建筑、雕塑、彩绘、实体文物等亟需抢救性保护，否则将会湮没于时间的洪流之中。清东陵数字化保护开发利用研究就是想要探索出一条符合清东陵实际的数字化保护途径，最终建成涵盖所有清东陵文化遗产信息的“清东陵数字博物馆”，让清东陵的重要信息能够得到保护，传世永存。这也是本书的核心价值意义所在。

为了做好世界文化遗产清东陵的数字化保护开发利用工作，2019年10月华北理工大学社会科学研究院与清东陵保护区管委会共建清东陵文化研究所。该研究所的成立得到国家文物局、世界文化遗产保护协会、中国古建研究会等部门的充分肯定。华北理工大学专门组建了班子、整合学校各方资源，提供200平方米的工作场地。遵化市市委、市政府专门拨款30万元为研究所设立了研究及办公经费。2020年10月，研究所与河北省文史研究馆共同合作，开展清东陵“国家文物保护利用示范区建设”文化研究专项共计86个研究课题，研究内容主要包括清东陵大红墙遗址走向考辨、清东陵文献典籍资源库建设构想与路径研究、清东陵满族文化传承与发展研究、保护区文物资源数据库建设、世界文化遗产清东陵监测工作机制研究、影响清东陵文物建筑遗址长期保存的不利因素及其产生的后果研究等。研究所汇集了国内一流的专家队伍，以华北理工大学研究人员为主，另有国家文物局、河北省文史研究馆、唐山市委党校、唐山市档案馆、东北大学秦皇岛分校以及清东陵文物管理处等50余名专兼职研究人员从事研究工作。目前，华北理工大学建工学院、人文法律学院、艺术学院、矿业学院、社科部、期刊社、社会科学研究院等多个院系部门几十名教师及大量研究生积极开展相关研究工作。同时，艺术学院、建工学院专门制订了相关研究方向的研究生培养计划。华北理工大学学报（社会科学版）专门开设了“清东陵文化研究”特色栏目，刊登清东陵文化研究相关成果；校图书馆也进行了相关文献资料的搜集整理工作。以上各项工作都为本课题的顺利开展奠定了坚实基础。研究所成立以来，已取得研究成果数十项，发表学术论文20余篇，有3篇调研报告得到省级领导批示。有8项文创设计作品在各类艺术大赛中获奖。以清东陵文化研究为主题，申报并获批省级纵向项目6项。2021年承担河北省教育厅人文社会科学研究重大课题攻关项目“世界文化遗产清东陵数字化保护与利用研究”（ZD202120）任务，本书即为该项目的研究成果。

本书的学术价值，首先在于为清东陵数字化保护开发利用提供了顶层设计。将数字技术、信息技术运用于清东陵文化遗产，建设一个数字版的清东陵，可以达到以数字形式保护和开发利用清东陵文化遗产的目的。同时，通过文化遗产信息的数字化，抢救性记录保全清东陵内珍贵的文物信息，可实现清东陵历史文化资源由物质形态向数字形态的转化，形成全覆盖全真实的清东陵数字化场景和信息资料，使之得以永久真实地保存，为永续的清东陵保护利用提供真实场景和全面的信息。其次，本书拓展了文物保护新的研究领域。文化信息的数字化是当今社会发展的新趋势，科学技术的快速发展为文物保护提供了更多选择。伴随着3D计算机图形、高分辨率渲染、人工智能、3D打印等技术的出现和成熟，先进技术在文物保护过程中逐渐被广泛应用，文物的预防性保护与修复成为可能。这就要求相关研究工作要与时俱进，紧跟时代潮流步伐，利用先进技术对重要文物和历史建筑进行数据留存，构建基于物联网和大数据的文物修复管理系统，这些都是文物保护研究的新领域。再次，本书的研究能促进形成多学科交叉融合保护利用文化遗产的新路径。数字化保护开发利用主要是对清东陵文物信息进行全息记录和转化，涉及数字采集、数字处理、数字考古、数字修复、数字保存、数字管理、数字集成、虚拟现实、数字出版、数字传播等，通过数字化的文物保存、修复及开发技术和研究等多方面，推动文物研究与保护的方法、手段取得新突破，在此过程中将促进多学科的交叉与融合，通过现代化科技和古文化资源的碰撞与交融，实现对文化遗产更加科学有效的保护和利用。

本书的应用价值主要体现在以下三点：一是通过运用高新技术手段与文物本体的交互性转化，清东陵独特的文化艺术瑰宝得以在多媒体场景中动态化的展现，有利于全方位展示清东陵这座世界文化遗产的独特魅力。二是本书提出的清东陵数字化保护和利用方向，有利于提高文物的展示传播水平，能进一步提高景区的知名度，激发和满足游客的多元需求，进而推动数字媒体技术与旅游文创产业深度融合创建“智慧文旅”。三是本书提出的数字化保护方法有助于文化遗产管理单位提高自身管理和服务水平。

希望本书的出版能对我国乃至世界文化遗产的数字化保护和利用提供有益启示并作出贡献。

刘学谦

2024年3月

目　　录

第一章　绪　　论

第一节　世界文化遗产及其数字化保护利用

一、文化遗产概况

（一）文化遗产

文化遗产是指人类在长期的历史实践过程中形成的宝贵物质财富和精神财富的总称。依据其存在形态可以分为物质文化（有形文化）遗产和非物质文化（无形文化）遗产。物质文化遗产是具有历史、艺术和科学价值的文物，包括古遗址、古墓葬、古建筑、石窟寺、石刻、壁画、近代现代重要史迹及代表性建筑等不可移动文物；历史上各时代的重要实物、艺术品、文献、手稿、图书资料等可移动文物；以及在建筑式样、分布均匀或与环境景色结合方面具有突出普遍价值的历史文化名城（街区、村镇）。非物质文化遗产主要是指各群体、团体、有时为个人的各种实践、表演、表现形式、知识和技能及其有关的工具、食物、工艺品和文化场所，还包括民间传说、习俗、语言、礼仪、庆典、音乐、舞蹈、美术、曲艺、杂技、烹调、传统医药等，被称为历史文化的“活化石”、民族记忆的背影。

（二）世界文化遗产

由于各类灾害威胁着文化遗产的留存，有的文化遗产被自然灾害彻底摧毁，永远地淹没在历史长河之中。同时，随着人类社会的发展，人类改造自然的能力越来越强，特别是工业化时代的到来，人类在创造大量物质财富的同时，也为人类生存所依托的自然环境和人文环境带来了前所未有的危机。如何在经济社会发展中保护和继承人类宝贵财富，一些国家和国际组织做出了许多有益的尝试。1960 年，联合国教科文组织考虑到埃及政府阿斯旺大坝修建规划可能会淹没尼罗河谷内众多的珍贵古迹，发起了“努比亚行动计划”，将阿布辛贝神殿和菲莱神殿等古迹分解、转运到高地，再行拼接、组装，有效地保护了这些文化遗产。

为了促进世界各国国家和民间的合作，合理保护和恢复全人类共同的遗产，在联合国的推动下，联合国教科文组织于1972年在世界文化遗产总部巴黎通过了《保护世界文化和自然遗产公约》，并成立世界遗产委员会。该委员会由21个成员国组成，主要职责为：

（1）对拟收录《世界遗产名录》的文化和自然遗产的定义、标准进行解释。

（2）审查世界遗产保护状况报告，并根据遗产保护现状，敦促缔约国采取特别性保护措施。

（3）对于某些濒危遗产，与有关缔约国协商后将其列入《濒危世界遗产名录》。

（4）建立、管理保护世界文化和自然遗产基金，对需要进行遗产保护并申请援助的国家给予技术和财力援助。

缔约国可将国内的文化和自然遗产向委员会申报，经世界遗产中心组织权威专家考察、评估，再由世界遗产委员会主席团会议初步审议，最后经公约缔约国大会投票通过并列入《世界遗产名录》。该名录分为三个类别，分别是世界文化遗产、世界文化与自然双重遗产、世界自然遗产。列入《世界遗产名录》的文化遗产项目，必须符合下列一项或几项标准方可获得批准：

（1）代表一种独特的艺术成就，一种创造性的天才杰作。

（2）在一定时期内或世界某一文化区域内，对建筑艺术、纪念物艺术、城镇规划或景观设计方面的发展产生过重大影响。

（3）能为一种已消逝的文明或文化传统提供一种独特的至少是特殊的见证。

（4）可作为一种建筑或建筑群或景观的杰出范例，展示出人类历史上一个（或几个）重要阶段。

（5）可作为传统的人类居住地或使用地的杰出范例，代表一种（或几种）文化，尤其在不可逆转之变化的影响下易于损坏。

（6）与具有特殊普遍意义的事件或现行传统或思想或信仰或文学艺术作品有直接或实质的联系。

（三）中国的世界文化遗产

我国是世界著名的四大文明古国之一，文化遗产资源丰富。截至2023年9月，我国共有57项世界文化和自然遗产列入《世界遗产名录》，其中世界文化遗产39项（包括世界文化景观遗产5项）、世界文化与自然双重遗产4项、世界自然遗产14项，在世界遗产名录国家中排名第一位。

（四）河北境内的世界文化遗产

河北省省域内共有世界文化遗产4处，分别为：长城（河北段）、承德避暑山庄及周围寺庙、明清皇家陵寝（清东陵、清西陵部分），大运河（河北段）。除承德避暑山庄及周围寺庙为独立申报列入世界文化遗产名录外，其余3个均为联合申报。其中长城为河北省与黑龙江、吉林、辽宁、天津、北京、山东、河南、山西、陕西、甘肃、宁夏、青海、内蒙古、新疆等15个省（市、自治区）联合申报。明清皇家陵寝由湖北、河北、江苏、北京、辽宁等省（市）分3个阶段申报和分期列入：明显陵（湖北）、清东陵（河北）、清西陵（河北）为第一期，于2000年11月列入，明孝陵（江苏）、十三陵（北京）于2003年7月列入，盛京三陵（辽宁）于2004年7月列入，共同享有“明清皇家陵寝”世界文化遗产称号。

清东陵是清王朝帝后妃陵墓群，位于河北省遵化市境内，始建于1661年（清顺治十八年），完工于1908年（清光绪三十四年），营建活动持续了247年。陵区内共建有15座陵寝，586座单体建筑，其中皇帝陵5座、皇后陵4座、妃园寝5座、公主园寝1座，埋葬帝、后、妃、皇子、公主，共计161人，是中国现存规模宏大、体系完整、保存完好的古代帝王陵寝建筑群之一。

1961年，清东陵被国务院列为第一批全国重点文物保护单位，2000年11月，清东陵被列入《世界遗产名录》。文化遗产是不可再生的珍贵资源。清东陵是反映清朝政治、经济、文化由兴盛至衰亡全过程的实物载体，是建筑与环境完美结合的经典作品，是中华民族智慧与创造力的结晶，也是全人类文明的瑰宝。“十二五”规划以来，国家加大了对明清皇家建筑的保护力度，文物安全的防护设施进一步完善，清东陵大量濒临倒塌的文物建筑得到了有效保护。

二、文化遗产数字化

（一）定义

文化遗产数字化是指利用现代数字技术手段，将文化遗产的核心内容和信息客观地、真实地、全面地记录和保存下来，并通过适当设计使之成为可供检索、学习、传播和利用的数据资源。文化遗产数字化，不仅是一个技术层面的问题，更是关系到文化遗产整个保护、传承战略的系统问题，包括从信息采集、记录、存储、传输、检索、发掘、利用、版权保护等一系列过程，具有广泛的应用价值，已经成为文化遗产保护和传承的重要手段。相应地，文化遗产数字化的内涵，也从早期的技术手段为主，不断扩展到数字化对象、数字化目标体系、数字化方法路径选择、数字资源管理等多个层面内容。

世界遗产的保护是一个长期而艰巨的过程。采取传统技术手段对文物进行保护，虽然能够在很大程度上延缓“时间磨损”，但历史的车轮终究是无情的，自然规律是无法逆转的。许多珍贵的建筑、雕塑、彩绘、实体文物等终将会湮没于时间的洪流之中。而文化遗产的数字化保护开发利用能够使文化遗产的重要信息得到很好的保存。

（二）文化遗产数字化保护利用的意义

历史文化遗产是不可再生、不可替代的宝贵资源。为了更好地保护世界文化遗产，联合国教科文组织依据《保护世界文化和自然遗产公约》定期对全球的世界遗产项目进行监测评估，世界遗产委员根据评定结果，把存在严重保护问题的世界遗产列入《濒危世界遗产名录》。虽然目前我国的世界文化遗产还没有被列入《濒危世界遗产名录》中，但近些年来，世界遗产保护存在的问题也逐渐暴露出来，如敦煌莫高窟壁画的自然脱落，周口店北京遗址因资金短缺、无力修护局部自然坍塌，孔府、孔庙和孔林被淹等。

党的十八大以来，习近平总书记高度重视文化遗产保护工作，并多次就文化遗产保护作出重要指示批示，为我们进行世界文化遗产保护开发利用的研究工作指明了方向。

（三）文化遗产数字化的学术价值和应用价值

加大对世界文化遗产的数字化保护开发利用，首先要加大研究力度，为数字化保护开发利用工作打下坚实的理论及实践基础。

从学术价值上看，将数字技术、信息技术运用于文化遗产保护，建设一个数字版的遗产资源库，可以达到用数字形式保护和开发利用文化遗产的目的。

同时，通过抢救性记录珍贵的文物信息，可实现历史文化资源由物质资源向数字资源的转化，使其成为数字时代不断增值、可以永续发掘利用的资源，能为后续研究提供准确详细的信息资料。文化信息的数字化是当今社会发展的新趋势，科学技术的快速发展为文物保护提供了更多选择。伴随着3D计算机图形、高分辨率渲染、人工智能、3D打印等技术的出现和成熟，先进技术在文物保护过程中逐渐广泛应用，使文物的预防性保护与修复成为可能。这就要求相关研究工作要与时俱进，紧跟时代潮流步伐，利用先进技术对重要文物和历史建筑进行数据留存，构建基于物联网和大数据的文物修复管理系统，这些都是文物保护研究的新领域。

文化遗产数字化也能促进多学科的交叉融合。数字化保护开发利用主要是对文物信息进行全息记录和转化，涉及数字采集、数字处理、数字考古、数字修复、数字保存、数字管理、数字集成、虚拟现实、数字出版、数字传播等技术，在此过程中将推动文物研究与保护的方法、手段取得新突破。

从应用价值上看，数字化保护与存档，能够赋予文物更强大的生命力。文化遗产数字化可以弥补传统保护手段易丢失、易磨损的缺点。通过运用高新技术手段，文化艺术瑰宝能在多媒体场景中得到动态化展现，有利于全方位展示世界文化遗产的独特魅力，还能推动数字媒体技术与旅游文创产业深度融合。

三、文化遗产数字化主要技术

（一）三维激光扫描技术

三维激光扫描是利用激光测距原理实现的一种实景复制技术，出现于20世纪90年代。三维激光扫描系统包括激光测距系统、激光扫描系统、仪器内部控制校正系统等。其工作原理是通过发射与接收脉冲之间产生的时间差计算出相应的距离，测量出每个脉冲激光的角度，获得物体的三维信息。该扫描仪系统白天和黑夜均可工作，能够快速将实物信息转换成可以处理的数据，具有速度快、精度高，实时性、主动性强等特点。

三维激光扫描系统根据载体形式的不同，可以分为机载、车载、地面和手持型几类。生产三维激光扫描仪的公司有很多，典型的有3D DIGITAL（美国）公司、Polhemus（美国）公司、Leica（瑞士）公司、RIGEL（奥地利）公司、OpTech（加拿大）公司、TopEye（瑞典）公司、MENSI（法国）公司、Minolta（日本）公司、I-SITE（澳大利亚）公司、北京容创兴业科技发展公司（中国）等。

（二）三维建模技术

三维建模技术的产生必须建立在三维激光扫描技术之上。三维扫描仪获取物体表面海量三维点云数据，需要先将所有的点云数据划分区域，同时消除采集的随机差和噪声影响，使点云数据更加精准。三维数字化仪将所获得的信息迅速转变为物体三位坐标的点云信息，其输出格式可直接与CAD、三维动画等众多图形处理工具软件接口对接。这些三维空间信息传达至三维建模软件后，通过高精度逆向三维建模及重构技术，就可依据构建出物体的模型，从而获得虚拟景物。对于具有色彩特性的文物还需要采用三维色彩模型实现技术将色彩还原。

该项技术可为文物建立永久、真实、全面的三维数字档案，有利于文物的长期无损伤保存和复制，可被广泛地用于古建筑测量线画图件绘制、古建筑变形测量、文物模型制作、网络互动展示等方面。

（三）数字化修复、重建技术

数字化修复重建技术在文物遭到损毁时能及时准确地提供全方位的修复信息，可用于文化遗产的预防性、抢救性保护。数字化修复、重建技术主要分为三维文物以及文物碎片虚拟修复和二维古字画的修复两种类型。该技术利用“计算机辅助文物复原系统”，通过文物数字化、虚拟复原、虚拟场景、真实再现等手段，能够对破损的二维古字画、三维文物碎片进行虚拟修复和复原。

其作用主要体现在以下三个方面：一是进行文物复制，可以改变传统翻模复制的完整性缺失问题、工序复杂等问题，还可以以非接触的形式全方位采集文物信息，有效降低对文物实体的损伤概率，最大限度地保护文物实体。二是在文物修复方面，可在获取的三维数据信息的基础上建立文物实体数字模型，并根据研究结构对文物本体进行数字化修复。三是助力文物的实体修复，在进行文物修复前，可根据数字修复后的文物实体模型来设计修复方案，在修复过程中进行预览对比，在文物修复后检验修复效果。

（四）数字化展示技术

随着互联网技术及数字化技术的发展，更多文化遗产打破时空局限面向更广泛的公众进行展示，三维数字技术能对文物进行更为全面、逼真的展示，不仅能让观众身临其境，又能将更多、更深的文物信息同时提供给公众。此外，对于部分不能或不能长期对公众开放的文物、景点，可以采取制作虚拟游览、多媒体展播节目，乃至建设数字博物馆等形式，既能满足公众观赏文化遗产的客观需求，又能缓解日益增大的旅游开发对文化遗产保护管理的压力。

随着 VR（虚拟现实）、AR（增强现实）、MR（混合现实）、CR（影像现实）等技术的发展，数字展览展示经历了由静态到动态，由被动观赏到互动展示，直至现在的以数字博物馆为代表的数字展厅。数字展厅又叫作数字化展厅、多媒体数字化展厅，能借助多媒体、数字化、影视动画等技术，把文化遗产以各种新颖的人机交互的方式进行展示。

四、文化遗产数字化保护利用的发展方向

对文化遗产进行数字化保护，需要广泛联合与文博旅游数字化相关的企事业单位，整合文化领域和数字化科技领域的研究力量，多学科交叉协作，推动数字文化领域的“政产学研用”五位一体联合发展。在新技术发展浪潮引领下，文化遗产数字化保护和利用领域已经呈现出一些新的发展方向。

（一）广泛应用先进的地球空间信息学技术

在计算机和互联网技术支持下，空间信息技术正朝着精确化和智能化方向大步迈进。使用最新的测量、遥感技术，结合计算机视觉、AI、VR/AR、云计算等技术手段，能拓宽遥感地理信息科学在人文社会科学领域的应用面，为研究提供空间化、可视化、定量化分析的新方法：能在文化遗产数字化保护和利用中重建数字文化遗产，形成“数字文化遗产＋虚拟地理环境”的全方位数字孪生，支持数字考古、艺术展陈、保护监测、交流传播、数字创意等；通过建立天地一体化数字存档系统，能实现建筑物空间分析、周期性和系统性变形监测、文物色彩对比分析和还原、文物断代分析等应用功能，从生产到组装的全流程质量控制和检查；使用 VR 和 GIS 技术开发完成虚拟建筑环境（Virtual Architectural Environment ，VAE）平台，能获取每个组件的三维数据进行数字存档，建成高精度三维模型；利用分治－合并策略进行空三处理，进行文化遗产的数字化重建，能“让文化遗产在数字空间永生”（中国科学院院士、中国工程院院士、武汉大学教授李德仁语）。

（二）大规模应用新型人工智能技术

近年来，新型人工智能（AI）技术将在数字博物馆建设领域有了更多的应用场景。2022 年面世的 ChatGPT 在数字博物馆的内容生成领域展现出巨大的发展潜力和广阔的应用前景。2023 年，OpenAI 公司发布的 GPT-4：ChatGPT 则由一个大型文本模型走向多模态模型，为人工智能应用带来了更大的想象空间。经过十多年的努力，Artificial Interdigence Generated Content（AIGC，人工智能生成内容）在数字博物馆展览展示领域迎来了一个属于自己的时代。在策展过程中，策展人既可以利用 AIGC 工具按描述从数据库中自动将关联数据生成不同主题并进行推送，并以此形成简单的策展文案和展品目录，提高策展的效率和水平，还能利用机器学习算法对目标用户的喜好和兴趣进行预测和分析，更加精确地设计展览内容和展品，提高展览的吸引力。在跨模态生成算法和模型帮助下，人们可以利用 AIGC 工具高效生产图像、视频、3D 模型等，结合已有的文本和数据直接能生产出更加智能化和具有丰富叙事性的可视化产品，从而使数字展示更好地与现实空间同步和融合。

在文化遗产保护领域，现阶段可以利用人工智能深度学习文物病害分析、文物创作风格、创作时代识别、文物图像结构和纹理虚拟修复方法，对文化遗产进行高质量的保护与修复决策。在人文社会科学研究领域，数字研究工具和方法带来的机遇促进了历史学、语言学、政治学、文学等与人类社会和文化相关学科的跨学科合作和创新性研究。例如，建立“全信息甲骨文数字模型”，应用 AI 技术进行研究甲骨文破译。

在管理领域，利用 ChatGPT 可以升级现有博物馆的智能中控系统的功能，包括增加语音控制、培训指导、数据更替、技术咨询、时间管理、语言翻译、报错提醒等，促进博物馆设备的智能化管理。在传播营销和服务领域，用 AI 进行数据统计和分析，能为用户提供更有针对性的数字营销，为残障者提供有针对性的博物馆服务。在教育领域，教育专家可以利用 ChatGPT 为地方博物馆制定课程方案。在文创领域，利用 AI 技术可以进行艺术再创作，生成一系列的艺术作品。

未来需要建立开放的、可互操作的人工智能数字资源组织与管理标准规范，建立可互操作的数字对象调度机制等，从而能形成统一标准的数据集，为人工智能的训练和学习提供优质的数据基础，还需要平衡人工智能应用和人类需求之间的关系，警惕由人工智能引发的技术伦理和社会伦理问题。

（三）元宇宙技术引领更多文化遗产数字化场景应用

元宇宙利用虚拟现实和增强现实等多种技术手段，提供模拟真实世界的各种场景、对象和交互，形成虚拟世界并提供虚拟化的服务和体验，是人们在科学技术、经济社会、人文艺术等角度所集中达成的发展共识和未来远景，也正在成为引领文化遗产数字化保护与利用的行业建设和学术研究的一支强劲发展力量，将深刻影响文旅产业新模式的形成和发展，包括在智慧文旅、景区孪生、数字藏品、数字人、沉浸式演出、数字导览等微观领域中的应用。

作为元宇宙概念中的拟真基座，超级数字场景将与卫星遥感影像、智慧城市数据、文化遗产数字资源深度耦合，在孪生－共生－层境的概念下，实现与现实的地质地缘环境、生态路网结构，与断代史地信息、文明发展脉络、文化传播路径基于原生技术的深度链接，为未来文旅场景提供实现沉浸渲染环境下人机交互的多元生态，文化遗产、空天数据的活化赋能，将会为实地休旅、虚拟旅游、数字生活提供更多的创作空间。

元宇宙数字人技术围绕真实人物对象的三维重建、运动捕捉和智能生成展开，现已成为构建现实世界和虚拟世界间的桥梁技术，正受到学术界和产业领域的广泛关注。下一代数字人是神经渲染数字人技术，包括对人的行为行动作捕捉，实现交互性；对人的外观进行三维重建，实现沉浸性；以及拥有赋予创作能力的生成技术，涉及运动捕捉、动态三维重建、视频高质量生成三方面，涵盖人体、人脸、人手的相关视觉图形学前沿技术。基于“云边端”的 AI-IOT 是关键技术与方法，研发以虚拟数字人为交互媒体的物联网数字人终端设计开发人机交互系统，能够对作为同一舞台的不同角色的虚拟主播，以趣味性和互动性为一体的问答式进行渲染和合成。

（四）提升文物数字化展示技术水平

利用高真实感渲染技术，使数字内容与真实世界高真实感融合，逼真的虚实遮挡能让虚拟物体在真实世界光影一致。利用文物原真数字化技术对本体进行采样，重建高保真数字化模型，表达任意光照与视角下的照片级文物外观，揭示数字化建模和编解码之间的联系，把采集与重建过程映射到神经网络，实现从硬件端到软件端的全自动联合优化，能解决三维感知、手势交互、定量评估、系统优化等技术瓶颈。

通过实现无接触安全化任意操作观测、网络化虚拟化随时随地访问、计算机辅助高精度智能分析等，提升文物数字化采集过程的安全性，提高文物数字化重建结果的精度，有力支撑文物数字化保护、展示和利用的发展，使文化遗产文物展示突破设备限制，实现多端统一展示体验，数据安全得到保障，降低三维数据展示与应用门槛，能让更多用户能够使用手机、平板、低配置PC端等设备，真实、逼真、流畅地交互浏览文化遗产场景的全景与各个细节。还能通过数字创意云服务平台，全方位、无死角还原文化遗产风貌，通过虚拟漫游近距离浏览、感知、体验文化遗产场景。

第二节　文化遗产数字化保护利用典型案例

文物承载着人类文明历史，世界各国都重视对文化遗产的保护和利用。借助先进的科技手段，对文物进行数字化保护，可以使文物拥有永久的信息档案，让人们足不出户就能获得丰富的文化体验。近年来，随着区块链、云计算、人工智能、扩展现实等技术日益成熟，数字化产品制作成本大幅降低、消费体验逐步升级、生产效率快速提升，这为藏于馆内的资源提供了全方位保护和重复利用良机的同时，赋予了藏品全新的生命力，让更多人能够拥有共享优质艺术资源的权利。

一、国外文化遗产数字化保护利用概况及典型案例

世界上许多文博机构早在20世纪90年代就开启了数字化之路，主要涵盖遗址文化景观、历史公园、花园景观、设计景观、文化场所、环境广告，以及考古遗址、有历史意义和收藏价值的古物等。1990年，美国国会图书馆成功开启美国数字图书馆时代。1992年，联合国教科文组织发起的“世界记忆”工程将数字技术带入全球文化遗产的保护工作之中。此后，美国政府启动了旨在将美国文化遗产历史资料数字化的“美国记忆”项目。1995年，美国博物馆、法国卢浮宫等多家欧美博物馆着手开展数字化存储项目等工程。美国斯坦福大学和意大利的博物馆合作，利用三维数字化技术对大量

文艺复兴时期的雕塑进行数字化转化。日本文化遗产的数字化发展较快并广泛应用，例如，对消失的文化遗址进行复原的色彩处理。近年来，日本国立国会图书馆也积极将馆藏非物质文化遗产资源数字化，日本东京艺术大学科研团队还进行国际合作，利用文物数字化技术，全方面复原了巴米扬东大佛天井壁画的结构、纹理、质感、色彩。美国哥伦比亚大学对巴黎圣母院等众多哥特式建筑进行了系统性的数字化保存，建立了由图表、文字等构成的数据库。目前，法国卢浮宫数字化程度高达75%，大英博物馆文物的数字化比例也接近50%。目前，国际上文化遗产数字化主要向遗产信息快速完整保存、网络化共享传播、人工智能应用、知识产权保护等方面发展。下面，本书将介绍几个国外文化遗产数字化保护利用的典型案例。

（一）卢浮宫虚拟博物馆

法国卢浮宫始建于1204年，位于巴黎市中心的塞纳河北岸，是世界上最著名、最大的艺术宝库之一。卢浮宫收藏的艺术品数量多达40万件，其中包括被誉为镇馆之宝的《维纳斯》雕像、《蒙娜丽莎》油画和《胜利女神》石雕，更有大量希腊、罗马、埃及及东方的文物，还有法国、意大利的远古遗物。由于文物数量庞大、种类繁多，同时受到时间、空间、保存条件、保护技术等诸多限制，卢浮宫所展出的艺术品极为有限。能够常态化展出、观众能够近距离观看的文物仅有6万余件，但仅展出这些文物就需占用卢浮宫400多个展厅，且需要每3个月更换1次，才能保证6万件藏品在几年内轮流展出完毕。而就一期展览而言，普通游客就是花上一周的时间都难以看完。

法国艺术家Leo Caillard对卢浮宫进行了虚拟再创造，以全新的方式保存、整理各种艺术藏品、强化藏品，构建了一座数字博物馆。在数字博物馆建设方面，卢浮宫早在1995年就开启了数字化建设之路，是世界上第一个把藏品放在网络上进行展示的博物馆。2014年5月，卢浮宫博物馆引进了“任天堂3DS”掌上视频游戏控制导游系统，可提供实时定位的交互式地图服务，使游客随时知悉其在馆内的具体方位，并可依据游客的不同要求直接引导其前往想观赏的某一件或几件展品前。近些年来，卢浮宫借助信息技术、计算机技术对馆内大量藏品进行了高清图像采集，实现了馆藏文物信息的全方位储存和管理。把文物从展厅搬到网上，让更多的人突破时空限制，在虚拟世界里与经典藏品亲密接触，有效破解了实体博物馆遭遇的尴尬与困境。

2021年3月25日，卢浮宫博物馆更新官方网站，优化线上浏览体验，并首次在线展示所有馆藏近50万件文物，使观众能够足不出户就能欣赏数以万计的人类文明瑰宝。网站首次将所有馆藏文物信息汇集在一起，涵盖了展厅文物、出借文物以及库房保存文物，围绕“参观服务”“探索发现”和“资讯活动”3个主题，通过图像、视频等带来浸入式体验，使网友仿佛置身于卢浮宫各个展厅。网站将馆藏文物按门类和主题分类，支持高级搜索功能，并且提供交互式地图，优化线上浏览体验。网站提供法文、英文、西班牙文以及中文四种语言服务。

卢浮宫数字虚拟博物馆采用了多种数字多媒体技术，为到访或不能到访、准备到访的公众提供交互式全方位服务。对于那些准备去巴黎参观卢浮宫的用户，这个网站可以事先提供三维互动地图，帮助制订参观路线。到访的观众，除了能够享受高科技导游系统服务之外，卢浮宫还为每件展品提供了高清图片，无论多拥挤，游客们都能清晰地观赏达•芬奇的《蒙娜丽莎》。观众还能在参观过程中听到700多条关于艺术作品的音频评论，并可观看手语视频演示。同时，卢浮宫还运用3D模拟技术展现《胜利女神》石雕，游客无需佩戴特制眼镜即可观赏。目前，卢浮宫正在开发可供下载的智能手机和iPad应用程序，不能实地到访的游客可以通过登录数字博物馆，便能够获得卢浮宫馆藏的所有图文信息，游客在虚拟博物馆里面可以获得资讯，除了能够观看全方位的三维影像，了解展品的细节外，还可以详细了解3万多件艺术品的简介，1500多件重要藏品的详尽背景资料，这是实地参观卢浮宫也未必能够了解的信息。卢浮宫还通过数字化手段将博物馆里的文化聚会场所，如艺术书店、多媒体图书馆、小剧院等场景用三维效果呈现给用户。

（二）巴黎圣母院的数字化重建

被誉为世界上第一座完全意义上的哥特式教堂的巴黎圣母院始建于1163年，是法国最具象征意义的文化遗产。2019年4月15日，法国巴黎圣母院发生火灾，整座建筑损毁严重。着火位置位于巴黎圣母院顶部塔楼，大火迅速将巴黎圣母院塔楼的尖顶吞噬，尖顶燃烧后拦腰折断。火灾发生后，法国政府高度重视巴黎圣母院的恢复重建工作，法国国家科学研究中心在法国文化部支持下，成立了由100多名研究人员组成的巴黎圣母院数字修复团队。他们的工作内容包括收集、核对和研究与巴黎圣母院建筑有关的所有数据，并创建数字生态系统，将相关的文字、图像、视频甚至三维模型结合在一起，用于剖析建筑框架和屋顶的每个组件。这套系统可以对建筑的某一位置进行监测、拍摄照片并形成三维图形，用于指导修复。

可喜的是，纽约瓦萨尔学院的一名比利时裔美国人安德鲁•塔伦为巴黎圣母院的修复工作提供了珍贵的数字化资料，这充分展现了预防性保护的重要性。塔伦一生中的大部分时间都致力于运用激光扫描、点云图像和高精度激光浮雕、全景照片等技术记录巴黎圣母院原貌，这对巴黎圣母院的重建起到了巨大的作用。在大火尚未被扑灭之前，研究人员意识到塔尖将在大火中倒塌，便使用机器人摄影师沿着悬挂的电缆网络，在受伤的教堂高层拍摄下已被火焰吞噬、注定要进行修复的穹顶图像，由配备3D激光测量仪的Phantom八旋翼飞机进行勘测，搭载Raspberry Pi无人机绕过实体建筑的一部分拍摄照片，并将收集到的数据转换为虚拟点云，然后将其传输到附近的笔记本电脑上。火灾发生后AGP公司立即派遣了一支由激光测量员和受过专门训练的无人机飞行员组成的高科技团队，在短短的一天之内，AGP扫描仪从巴黎圣母院的300多个位置进行了激光扫描。把激光扫描获得的图像与基于照片的模型相结合，就创造了一个“虚拟孪生”巴黎圣母院，并可以实时更新数据，这是技术指导文化遗产保存的完美例证。此后，研究团队利用数字制图、可视化软件、VR和云计算等技术，对大教堂进行了虚拟重建。

（三）意大利文化遗产数字化经验

意大利是拥有世界文化遗产数量最多的国家，同时也是世界上较早开展文物保护的国家之一。除了具有较为完备的文物保护法律体系、管理体系和人才培养体系外，意大利还在考古和文物保护方面不断创新，积极研发、运用先进科技加强对文化遗产的保护。近年来，意大利更是越来越多地借助数字信息资料库、VR技术、3D打印建模等先进数字科技加强文物保护工作。

在数字化考古方面，意大利研发的SITAR（地理参考信息）系统于2007年开始运行。通过这个系统，罗马考古遗产特别监管局可以将罗马考古领域所有信息，包括正在发掘的考古现场进展、工具等情况在网络实时共享，全世界的民众均可登录访问开放数据项目的所有资源，也可以通过互联网对正在进行的考古工作和保护方案建言献策。SITAR系统是一个开放数据考古项目，能通过互联网让全民参与考古监督和文物保护当中，是政府公共管理部门和市民之间的文化中介。该系统获得欧洲考古学家协会颁发的年度欧洲考古遗产奖。2021年9月1日，意大利又启动了名为“RePAIR”的文物保护项目，该项目利用计算机视觉以及人工智能技术对庞贝古城遗址壁画碎片进行修复，修复机器人的三维激光扫描手臂，对有数千个碎片的双耳瓶、壁画、马赛克等实物进行扫描，再通过3D数字化系统，对文物进行实物重建。碎片被扫描和识别后，修复机器人把这些成千上万的碎片重新排列。最后，精密机械臂在先进的传感器帮助下精准操作，完成文物还原，把壁画碎片放回到原始位置。

在博物馆数字化方面，意大利4000多个博物馆和古建筑群等文化机构多数推出了数字化服务，超过80%的博物馆将部分展品放到了网站上，参观者可以欣赏在博物馆现场难以看到的作品细节。为了了解参观者的喜好，有的博物馆还安装了摄像头，对参观者欣赏艺术作品停留的时间和观察距离进行统计，并通过大数据分析计算出最受参观者欢迎的艺术作品，为管理人员布展、安排照明提供参考，让参观者获得更好的观展体验。

（四）数字技术助力埃及文化遗产传承

埃及是世界四大文明古国之一，拥有悠久的历史，埃及各类文化遗址约占世界文化遗址总量的30%。随着高新科技的发展，埃及近年来也开始运用因特网建立信息数据系统，完善对埃及境内所有物质及文化遗产的登记注册，制作了“埃及文化遗产电子地图”，并建有“埃及自然遗产”“开罗建筑遗产”“阿拉伯音乐宝库”“埃及民俗文化遗产”等多个电子数据库，为有关机构和研究人员提供文化遗产的精确信息数据，使之能够更好地统筹文化遗产保护工作及基础设施建设，有助于更有效地制止文物被毁、被盗和走私等行为。

近年来，数字技术在埃及考古领域的应用越来越普遍。埃及政府高度重视数字化考古工作，并给予大力支持。2020年11月，埃及旅游和文物部与通信和信息技术部签署协议，通过开发考古技术、建立考古遗址和旅游景点的地图管理系统等项目，积极推进考古和文物保护领域的数字基础设施建设。埃及旅游和文物部、开罗大学以及法国有关机构于2015年合作开展了“扫描金字塔”项目。为了检测金字塔内部是否存在未知结构，进一步了解金字塔相关的施工信息和技术，考古人员运用射线照相、红外热成像、摄影测量法、3D扫描重建和无人机等现代技术和设备，对多座金字塔的内部构造进行了测量和研究。此外，许多先进的数字技术也在其他考古项目中得到应用。如：使用远洋机器人进行水下古城的探索发掘；利用声音数字技术和VR技术重现虚拟社区，展现古代生活场景；运用蛋白质分析技术揭示木乃伊原型的健康状况；运用数字成像装备和科技揭示古代雕像本色。2022年2月，埃及考古学家还首次以X射线技术、CT扫描、组合3D视图等数字化方式“解封”了古埃及法老阿蒙霍特普一世的木乃伊，并公布其面部特征、年龄等相关信息，这是数字技术在考古研究运用取得的又一次重大突破。

数字技术在埃及的文物保护方面同样发挥着重要作用。2000年左右，埃及就开始了有计划和有针对性地进行国家图书馆与档案馆馆藏数字化建设。2010年，埃及建成了包括约9000万份文件档案和3000多万个条目的国家数字化档案库。为加大对有3500年历史、位于卢克索的门纳墓保护力度，工作人员运用拉曼光谱法、比色法等无接触测量技术，制作出了陵墓高分辨率平面图，帮助考古学家、艺术史学家对其进行深入研究。为加大对埃及“帝王谷”保护力度，工作人员使用传感器对各类环境参数，如温度、湿度、气压、风速和风向、降雨量和太阳辐射等进行全天候收集，实时监测山谷的地质变化状况，以便在灾害发生前，提前采取保护措施。

中国与埃及在考古领域，特别是数字技术应用方面展开了积极交流与合作。2018年10月，中国社会科学院考古研究所与埃及旅游和文物部签署《中埃卢克索孟图神庙联合考古项目协议》，组建中埃联合考古队。考古队的埃方领队萨基尔表示，中国拥有遥感技术、三维成像技术、室内科技考古等先进的考古技术，以及深谙埃及象形文字的专家，有力保障了考古项目的推进，进一步推动了文化遗产保护国际合作的新发展。

（五）日本文化遗产数字化保存、修复和展示

日本是世界上最早开展文化遗产保护的国家，20世纪90年代伊始，日本就着手开展文化遗产的数字化工作。近年来，日本通过活用前沿技术，在文化遗产保护领域取得了巨大成就。值得一提的是，日本不仅重视数字技术对文化遗产的外在保存功能，更借助数字技术不断挖掘文化遗产的内在价值，在文化遗产数字化保存、数字化修复和数字化展示等方面树立了多个优秀典范。

一是在文化遗产数字化保存方面。早在1999年，日本就采用先胶片拍摄、再用制版扫描仪扫描为数字影像、最后用CD-R刻录存储的方式对汉译佛教经典《圣语藏经卷》进行了数字化记录保存。至2003年末，前后两期共完成《隋•唐经篇》23卷、《天平十二年御愿经篇》750卷的数字成像及刻录工作，为从事相关研究的专家学者提供了极其珍贵的数字化研究资料。2007年，日本关西大学难波•大阪文化遗产学研究中心和大阪城天守阁、奥地利州立博物馆联合开展了“丰臣期大阪图屏风”数字化展示项目。项目组运用数字动画成像技术和高清成像技术，将该屏风制成高达4096×11520像素的高清晰画面。同时web版软件还配有图文解说和动画演示，全方位展示屏风图像与现代大阪城实际景观间的位置关系。2015年，东京文化遗产研究所非物质文化遗产部启动了“竹富岛取种祭祀”数字化存档项目，对原来拍摄的“竹富岛取种祭祀”影像资料进行了数字化存档。此外，日本还非常注重利用数字勘测技术对古建筑类的文化遗产进行测量保存，先利用先进的传感装置对荣螺堂进行了测量，再利用ICP（iterative closest point）算法对得到的距离成像图进行处理，最后精确制作出荣螺堂三维模型，并把获取的三维数据作为档案予以保存。2010年，收录了约6.5万份文化遗产相关数据及图片资料的“日本文化遗产数据库”正式对外开放。

二是在文化遗产的数字化修复方面。日本江户时代测绘家伊能忠敬绘制的《伊能图》（《大日本沿海舆地全图》）原本和副本因历史、战乱及自然灾害等原因不幸损毁。为了再现该图的原貌，研究人员首先使用1.3亿像素的数码相机分8次对复写版伊能图进行拍摄，再利用先进的三维测量技术、计算机技术和相关软件进行高精度图像合成，完成了原尺寸复制和高精细数字存档。2016年，东京日本文化遗产研究所非物质文化遗产部对拍摄于1953年的纪录片《雪祭》的音频和视频进行了数字化提取，将提取的数据进行分类整理与存档，这是日本对重要文化遗产视频资源、音频资源进行数字化保护的有效尝试。

三是在文化遗产数字化展示方面。早在1995年，日本就实施了“全球数字博物馆计划”。在文化遗产数字化展示中注重利用AR、VR等技术开发文化遗产旅游新模式，强调数字化产品的吸引力与冲击力。例如，在2007年，日本采用虚拟现实技术、技术再现等手段复原了“犬山城”，除了让观众能够看到复原的犬山城，还能让观众欣赏犬山城城下町、城郭及天守等多处的自然风光。

二、我国文化遗产数字化保护利用概况及典型案例

在我国，党和政府高度重视文化遗产的数字化保护工作，并积极推进中华文化遗产的有效保护、开发和利用。数据显示，全国被调查的文物的数字化比例为44.11%，其中珍贵文物藏品的数字化比例为67.82%。

我国是较早进行文化遗产数字化保护与利用的国家之一。20世纪末，敦煌研究院开始探索不可移动文物的数字化保护之路，探索了一套壁画数字化方法，并实现了数10个洞窟的虚拟漫游。故宫博物院采用三维立体扫描、计算机三维建模和VR等技术，建立了故宫古建筑三维数据库，使得古老的文化遗产在“数字故宫”中焕发出新的生机和活力。2005年，国家开展了非物质文化遗产普查，对文化遗产的文字、图片、音频、视频等信息进行数字化存储。2006年，国家开通了“中国非物质文化遗产网”，并在网上建立了中国非物质文化遗产数字博物馆。2011年，国家开启了“中国非物质文化遗产数字化保护工程（一期）”。此外，山东曲阜孔庙的虚拟实景漫游模型、首都师范大学创建的数字化国学宝典、浙江大学的“楚文化编钟乐舞数字化技术研究”、云南的“斑铜工艺品数字化辅助设计系统”等文化遗产数字化项目，为信息技术用于濒危遗产的保护利用提供了有益的借鉴。

在文物数字化修复方面，同济大学运用数字扫描技术修复了元代大佛、开发了虚拟圆明园展示系统，文化和旅游部民族民间文艺发展中心建设了“中国记忆”传统文化艺术基础资源数据库，中国艺术研究院利用数字技术对大量的传统音乐资源进行修复和保护……更令人振奋的是，“十四五”规划中明确提出了加强“文物科技创新”、推动“博物馆数字化发展”，文化遗产数字化的未来令人无比期待。2022年2月，中国国家博物馆、甘肃省博物馆等国内八大知名博物馆集体举办在线“云展览”，把我国文化遗产数

字化保护利用推向了一个新高潮。数据显示，2018 年，在线上参观博物馆的人首次超过去博物馆实地参观的人，线上参观博物馆的人次是全国博物馆接待人次的 1.5 倍。

（一）数字故宫

始建于 1420 年的北京故宫是中国明清两代的皇家宫殿（旧称紫禁城），有以三大殿为中心的大小宫殿 70 多座，房屋 9000 余间，是世界上现存规模最大、最完整的古代木构宫殿建筑群，藏有各类文物 186 万余件，是世界上收藏中国文物最多的博物馆。故宫博物院于 1987 年被列入世界文化遗产。

20 世纪末，为了使故宫大量、珍贵的人类文化遗产通过数字技术能够永久保存，故宫博物院以"以信息化作为杠杆和支点，改造传统的博物馆，使故宫博物院尽快跻身世界一流博物馆之列"为指导方针，以故宫资料信息中心为基础，以为文博一线工作提供信息服务为切入点，从故宫博物院的网站建设起步，开启了"数字故宫"建设进程。1998 年，故宫博物院启动"数字故宫"，这是在国内较早开展的数字博物馆项目。2003 年，故宫博物院成立了故宫文化资产数字化应用研究所，进一步强化数字化技术在文化遗产保护、研究和展示方面的作用，还在"数字故宫"基础上开发出了线上"故宫社区"，整合了故宫资讯、导览、建筑、藏品、展览、学术、文创等十余类数据并进行了数字化存档。2013 年，故宫博物院发布了"胤禛美人图""故宫日历"等主题式 App 应用。经过 20 多年的建设发展，目前故宫博物院已经完成 70 余万件文物的基础数字化工作，并且以每年 7 万—8 万件的数量增加，目的是力争让所有的实体文物都能拥有自己的数字身份证。2020 年 7 月，故宫博物院发布"数字故宫"小程序，全面整合了故宫在线数字服务。2021 年，故宫首次以数字化形态亮相中国国际服务贸易交易会。

故宫的数字化成果是全方位的，并且实现了博物院和公众之间的双向沟通。观众可以通过网络观看包括《清明上河图》《韩熙载夜宴图》《千里江山图》等名画在内的近 7 万件高清文物影像。"数字多宝阁"能够全方位立体地展示出文物的细节和全貌，观众不仅可以 360° 赏玩国宝，零距离"触摸"文物，对文物进行翻转，还可以对一些造型奇特的文物进行拆解，探究内部构造。"数字多宝阁"还可以让观众随时随地浏览自 2015 年以来故宫的所有展览。打开故宫博物院官网的"V 故宫"，便能足不出户，不仅能在数字世界里深度探访金碧辉煌的紫禁城，还能多层次、多角度、深度了解建筑背后蕴含的传统历史文化知识。对于一些历史上未完工、已被损毁或不能对外开放的建筑，游客可以通过 VR 等技术手段欣赏虚拟修缮后的景观。特别是 2020 年 12 月 21 日推出的"数字故宫"2.0 版本小程序，利用数字科技助力实体博物馆的游览，实现了线上、线下游览故宫的完美结合，把数字博物馆建设提升到了一个新的高度。该版小程序除了能够为公众游览提供在线购票、预约观展、院内购物等服务外，还提供定制游览线路、AR 实景导航、AI 随身导游全程陪同讲解等特色服务。同时，小程序还进行了无障碍功能升级，让视障人群、老年人既能在指尖“云游”故宫，也能通过小程序享受更多线下游览便利，充分体现了人性化、个性化的特点。此外，故宫博物院还注重利用数字化技术深度开发博物馆 IP 资源，推出了大量的文化创意产品，让游客能“把故宫文化带回家”。截至 2019 年，故宫文化创意产品研发超 1 万件以上，文创产品年收入达 15 亿元。

（二）数字敦煌

敦煌是古丝绸之路文明交流与融合的重要节点，也是国际社会认知和了解中国文化的窗口。敦煌莫高窟是目前中国规模最大、历史延续最悠久、保持比较完好的佛教历史遗迹，现存洞窟 735 个，其中带有建筑、壁画、雕塑的洞窟 492 个，壁画 45000 平方米，彩塑 2400 余尊。由于窟内的彩塑和壁画都是由泥土、木材、麦草等材料制成，随着时间的推移、环境的变迁和游客的增多，莫高窟文物保护面临严峻的形势。为此，早在 20 世纪 80 年代末，敦煌研究院就提出“数字敦煌”的构想，通俗的解释就是“给佛拍照”，即利用计算机技术和数字图像技术，实现敦煌石窟文物的永久保存、永续利用，并率先在国内文博界开展文物数字化工作。

“数字敦煌”是一项数字化虚拟保护工程，通过利用 VR、AR 和 MR 等数字化技术，打破时间、空间限制，满足人们游览、欣赏、研究等需求，实现敦煌文化创造性转化和创新性发展。敦煌数字化建设是一个快速发展的历程：2011 年，敦煌研究院初步建成了“数字敦煌”；2014 年，敦煌莫高窟数字展示中心投入使用；2016 年，“数字敦煌”资源库上线，为观众免费提供 30 个经典洞窟的高清数字图像及虚拟漫游体验节目服务；2017 年，敦煌研究院开通了“数字敦煌”资源库英文版。截至 2020 年，敦煌研究院共采集了 220 个洞窟的高精度数据，加工 156 个洞窟整窟图像，重建 143 个洞窟空间结构，重建 45 身彩塑三维，重建 7 处大遗址三维，制作 210 个洞窟石窟全景漫游节目，数字化档案底片 5 万余张，文物数字化数据总量超过 300TB。经过 30 多年的探索实践，敦煌研究院还制定了《敦煌壁画数字化技术规范》，构建了文物数字化保护标准体系，成为国内外文化遗产保护的典范。

在“数字敦煌”建设过程中，敦煌研究院探索出了一套适用于壁画等不可移动文物的数字化方法，具体工作步骤是：第一步，确定方案，在对壁画内容、面积、尺寸、空间距离及相关背景资料详细调研、测量和计算的基础上，有针对性地对每个拟数字化的壁画制定包括设计策划、组织管理和具体实施等内容的实施方案；第二步，图像采集，按照“先分后合”的原则，先将每一幅壁画分成31 cm×47 cm的网格，运用高分辨率数字相机对每一个分块进行拍摄，然后利用电脑后期合成，把前期拍摄的分块画面合成整体壁画，最终以毫米的精度虚拟在电脑里；第三步，图像加工，在对采集的原始图像进行预处理设置的基础上，加工形成单个壁画的融合图像，再结合洞窟的三维点云数据生成强度影像图，最后通过定位与纠正得到形变在毫米级别的高精度图像；第四步，数据存储，使用华为OceanStor海量存储设备，将采集原始图像、图像处理过程文件和最终文件按照档案存储要求存储在服务器指定位置，并将数据验证贯穿始末，实现对数据档案完整准确、持久稳定的保存。

（三）数字长城

长城是中国古代的军事防御工事，也是人类文明史上宏伟壮丽的建筑奇迹和无与伦比的历史文化景观。长城资源主要分布在河北、北京、天津、山西、陕西、甘肃、内蒙古、黑龙江、吉林、辽宁、山东、河南、青海、宁夏、新疆等15个省（市、自治区），其中河北省境内的长城长2000多千米。现存长城文物本体包括长城墙体、壕堑、界壕、单体建筑、关堡、相关设施等各类遗存，总计4.3万余处（座/段）。1987年12月，长城被列为世界文化遗产。

在数字长城建设方面，2006—2010年，国家测绘局和国家文物局共同开展了明长城资源调查与测量工作，利用数字摄影测量方法获得了明长城沿线2521幅1∶10000制图精度的明长城数字正射影像数据、数字高程模型数据、明长城资源调查专题影像地图数据和专题矢量数据。这是我国首次大规模运用测绘技术辅助文物调查，调查推动了地理信息数据和测绘技术在全国文物普查与保护中的应用，建立了面向专业用户和公众用户的长城资源信息系统，为系统用户提供了综合查询、检索、浏览、分析决策和数据录入与更新等功能服务，满足了专业人员对长城进行有效保护、利用、管理和研究的需要。2012年7月20日，中国长城学会、国际数字地球学会中国国家委员会联合发起成立了“数字长城工程委员会”，该委员会明确提出要“践行文化科技融合，打造新时期的数字长城研究、保护新平台。利用空间信息技术进行长城遗产的示范研究，深入推进数字技术在长城遗产中的应用研究，促进科技与社会经济发展紧密结合，打造新时期长城研究、保护新平台”。同时，还提出要推动产学研用紧密结合，从出版、印刷、传媒、影视、网络、动漫、修复、景观规划、设计等领域全方位地创新文化衍生产品。2014 年 9 月，中国长城学会与腾讯公司、宏鹏科技在金山岭长城共同举办了数字长城保护工程启动仪式。2016 年，天津大学建筑学院博士生导师张玉坤教授启动了长城建筑遗产保护与信息技术的应用研究，在长城全线拍摄近 200 万张分辨率接近厘米级的高清图像，总数据量达 12TB，构建的“明长城防御体系空间数据库”包含城池、驿传、烽燧的经纬度坐标等属性信息。张玉坤团队还为嘉峪关、八达岭等地制作了数字视频片段，这是“明长城全线图像与三维数据库”建设的阶段性成果。

2021 年 7 月举办的北京长城文化节八达岭长城高峰论坛以“保护、传承、发展、共生——国家文化公园背景下的长城保护与发展”为主题，就数字技术为长城文化的保护与发展带来的新机遇等问题进行了充分讨论。论坛认为，数字技术为文物保护工作开拓了新路径，无论是无人机进行保护探测，还是运用 AI 技术进行文物修复，都是数字科技手段在文物保护中的运用，要将长城打造成生动的文化体验中心，长城本体和相关信息也离不开数字化技术。“数字长城平台”是沉浸式、多媒体长城文化展示的前提。同年，“十三五”国家重点电子出版物出版规划项目《数字长城》由中国建筑工业出版社出版发行，为长城资源数字化呈现做了有益的探索。区别于传统图文阅读模式，《数字长城》在国内首次运用全新多媒体手段，以数字出版物的方式展现了长城风采。《数字长城》集合了历代长城的沿线实景图像、航拍视频及文字解说，打破了传统的图文阅读方式，以全新的视角、沉浸式体验，为长城保护提供了一个行之有效的研究方法。

（四）颐和园数字化服务

颐和园始建于清乾隆十五年（1750 年），是中国现存最大的皇家园林，也是中国造园思想和实践的集中体现。颐和园总占地面积 300.8 公顷，由山、湖、河、堤、岛和各类古建筑组成，其主景区包括万寿山和昆明湖，现有古建筑 36666 间，总建筑面积 7.3 万余平方米，古树名木 1600 多棵，园藏文物近 4 万件，于 1998 年被列入《世界遗产名录》。

颐和园在 20 世纪 90 年代率先建立了视频监控系统，2009 年开始利用先进的电子测绘、三维扫描等技术进行古建筑遗产监测的基础数据采集工作，将古建筑的每一构件基础信息精确度提升至毫米级。2012 年 4 月 12 日，为了加强文化遗产预防性保护监测，景区成立了颐和园世界文化遗产监测中心。中心首先利用古建筑三维数据，建立了每座古建筑的数字化力学模型，并对极端荷载作用下的力学特性进行分析，构建了基于空间信息、物联网等现代技术的遗产监测实时自动化系统和数字管理平台，实现了对景区文物的全面监测、实时监控、数据分析、应急指挥、持续保护。此举标志着颐和园的遗产保护向科学化、数字化迈出了实质性的一步。此后，中心又相继开发了360°智慧旅游全景导览系统、新浪微博（颐和园）、优酷（颐和园）手机自助导览系统等数字化服务。

值得重点介绍的是，颐和园注重运用数字技术持续打造“智慧颐和园”，不断提升景区服务质量。2011年，颐和园制定了《“智慧颐和园”总体规划（2021—2015)》，提出基于物联网、互联网、无线传输网、数据仓库、空间信息等技术，实现对园区资源、环境以及设施更透彻的感知、更广泛的互联互通、更科学的可视化管理与保护。2019年10月，“颐和园网络虚拟旅游服务平台”正式上线，通过模拟和超现实实现，建立基于三维全景和三维建模的颐和园场景，使游客足不出户，就能浏览颐和园风光美景、领略颐和园悠久文化。2019年12月23日，颐和园与阿里云携手打造科技领先的智慧景区，依托阿里云的云计算、物联网等技术助力智能服务建设，游客体验和数字化运营随之升级。2021年11月28日，联想集团正式与颐和园景区签署了战略合作协议，联想智慧服务云平台正式接入了颐和园，景区通过该平台向游客提供数字体验和文化服务，帮助游客更快速、准确地了解颐和园信息与服务。

（五）三星堆数字化考古

三星堆位于四川省广汉市西北部，是在西南地区发现的范围最大、延续时间最长、文化内涵最丰富的古蜀文化遗址，距今有3000至5000年历史，出土了宝墩文化、三星堆文化、十二桥文化时期的珍贵文物与遗址，被誉为“长江文明之源”，是20世纪人类最伟大的考古发现之一。三星堆博物馆自2014年开始进行文物数字化采集工作，目前已经完成了101件精品文物三维采集，289件文物的360°环拍，416件文物高精度影像二维拍摄。

国家对三星堆的考古发掘采用了多种数字化技术，开创了我国大规模数字化考古的先河，是技术含量最高、规格最高、要求精度也最高的一次数字化科技考古。三维数字化技术在考古发掘中的应用，为文化遗址研究工作提供了大量的信息及技术支持，实现了无污染、无接触考古，不论是在数据提取阶段还是在数据应用阶段，都保证了古文物的原始性、真实性。这对于三星堆出土文物的后续研究、知识普及、档案留存都具有划时代的意义。

2021年3月20日，三星堆博物馆在运用数字化技术对考古大发现现场直播时，用虚拟场景再现了3000多年前古蜀先民的居住场景。2021年11月10日，中央广播电视总台技术局、视听新媒体中心合作推出首款沉浸式新型云互动产品《云逛展：三星堆来找国宝》，对三星堆发掘现场进行了数字孪生还原，让观众在虚拟环境里身临其境参与考古工作，使观众感受“云考古”的沉浸式体验。此外，三星堆博物馆还对网站进行了改版升级，运用数字采集成果建立了虚拟博物馆，开设了云展厅，为观众提供开放式VR展览、文物三维浏览、VR导览等服务。三星堆博物馆还非常重视对数字化产品的开发，用三星堆三维采集数据做出电影、动画片、游戏等一系列三星堆文物数字化展品，以数字化方式对文物进行深度解读和传播，迎合了年轻人的喜好，获得了令人惊喜的传播效果。

第三节　文化遗产数字化学术研究及清东陵文化研究平台建设

文化遗产是历史留给人类的宝贵财富，文化遗产数字化是基于新兴技术的发展而兴起的应用性和综合性很强的重要课题。文化遗产数字化保护是当前国内外热门的研究领域，涉及多个交叉学科，并且在国际上日益得到重视。文化遗产数字化保护通过多学科交叉融合研究，深度挖掘文化遗产的历史价值和人文价值。几十年来，不同国家和不同学科的专家学者们从不同学科视角探索文化遗产的保护、利用、传承与传播等问题，取得了丰硕的研究成果，这为我们的研究打下了坚实的基础。

一、国内外文化遗产数字化研究现状

（一）国外研究现状

从国际上看，1992年，为了便于永久性保存文化遗产和最大限度地保证公众公平享有历史文化资源，联合国教科文组织启动“世界记忆”（Memory of the World）项目，在世界范围内推动文化遗产数字化，并于2002年下半年起草了《数字文化遗产保护指导方针》和《数字文化遗产保护纲领》，在2003年通过了《保护非物质文化遗产公约》及《保存数字遗产宪章》，将文化遗产的数字化保护方法研究正式纳入计划。2004年12月，联合国教科文组织就非物质文化遗产数字化保护与韩国三星电子有限公司达成合作，合作特别强调对世界非物质文化遗产保护的研究。联合国教科文组织支持的数字化保护丝绸之路文化遗产项目也于2004年12月启动，这也进一步在世界范围内推动了历史文化资源数字化保护与开发。建立世界数字图书馆（World Digital Library）是

由美国国会图书馆馆长毕灵顿于2005年首次提出的，他认为应该建立一个展示各国文化财富的网络平台，2006年，该提议获得联合国教科文组织的认可并着手推进。2009年4月21日，世界数字图书馆网站开通。世界数字图书馆以为世界人民提供免费的历史文化资源为己任，它的开通有助于联合国教科文组织在促进思想自由交流、增进文化多样性、提升知识共享能力等方面实现其战略目标。

从国家层面上看，早在1978年，美国联机计算机图书中心（Online Computer Library Center，Inc）和研究图书馆情报网络（Research Information Network）先后建立图书数据库，数据库里包含了各国历史古籍文献的存储、整理、检索、统计以及索引编制等；1990年，美国开展探索性课题“美国记忆实验计划”；1994年，美国国会图书馆借互联网兴起的契机宣布开展“美国国家数字图书馆计划”，同时将“美国记忆实验计划”作为先导项目正式启动，针对国会图书馆及其他文献机构最具价值的历史文化资源实施数字化加工，以实现最佳保藏及利用，并借此探索历史文化资源数字化的管理机制、技术规程及知识产权等问题。

欧洲历史文化资源数字化始于1986年，主要体现在对博物馆和美术馆藏品的数字化。其中，法国美术联盟利用数字化技术收藏了50多万幅美术作品。卢浮宫实现了博物馆展室虚拟漫游技术，12万个馆藏品可以在线参观。1991年，英国国家美术馆将2000多幅珍藏品制作成了CD-ROM。1999年，在芬兰的倡议下，欧盟开始启动一项多国框架性合作项目“内容创作启动计划”，将历史文化资源数字化确定为基础性内容。意大利著名艺术家阿里纳里在2000年完成了25万幅图像的数字化工程。进入21世纪后，欧盟在促进欧洲历史文化资源数字化保护和发展方面作了重要部署和规划，并提供了有力的支持，如3D-Murale项目、ARCHEO-GUIDE项目等，为历史文物遗迹提供了可交互、个性化的增强现实向导。

日本在历史文化资源数字化保护与开发方面也进行了大量研究。20世纪末，日本运用三维扫描仪生成了镰仓时期的大佛数字化模型，虚拟重建了大佛主殿。还制订了著名的“全球数字博物馆计划”，由IBM东京研究所与日本民族学博物馆合作推进，主要支持不同数字典藏资料的网络检索和交互式网络浏览、编辑功能。

（二）国内研究现状

同国外一样，国内历史文化资源数字化保护与开发研究以及相关工作也是随着计算机科学的兴起而发展的。从国家政策方面看，2000年，我国“十五”规划纲要中就提出了“加快国民经济和社会信息化”的建议，并特别要求要“推动信息产业与有关文化产业结合”。同年，我国启动了“中国档案文献遗产工程”以保护、管理和利用中国档案文献遗产。2002年，文化部和财政部共同组织实施“全国文化信息资源共享工程”，通过对中华民族优秀文化信息资源进行数字化加工整合，实现在全国范围内文化信息资源的共享。2005年，国务院办公厅下发《关于加强我国非物质文化遗产保护工作的意见》（国办发〔2005〕18号）中明确指出“要运用文字、录音、录像、数字化多媒体等各种方式，对非物质文化遗产进行真实、系统和全面的记录，建立档案和数据库”，鼓励对非物质文化遗产进行数字化保护。同年，文化部批复了中国艺术研究院启动中国非遗数据库建设工作。2006年，“十一五”规划纲要强调：“积极发展文化事业和文化产业，创造更多更好适应人民群众需求的优秀文化产品”，“加强文化自然遗产和民族民间文化保护，促进民族文化产业发展”。2009年，国家《文化产业振兴规划》大力鼓励采用数字、网络等高新技术；支持发展移动多媒体广播电视、网络广播影视、数字多媒体广播、手机广播电视，开发移动文化信息服务、数字娱乐产品等增值业务，要求加快广播电视传播和电影放映数字化进程；促进互联互通和资源共享，推进三网融合；积极发展纸质有声读物、电子书、手机报和网络出版物等新兴出版发行业态；要求不断加强数字技术、数字内容、网络技术等核心技术的研发。2010年，“十二五”规划纲要进一步指出，要“弘扬中华文化，建设和谐文化，发展文化事业和文化产业，满足人民群众不断增长的精神文化需求”，“重视互联网等新兴媒体建设、运用、管理”，“加强文物、历史文化名城名镇名村、非物质文化遗产和自然遗产保护，拓展文化遗产传承利用途径”，“大力发展文化创意、影视制作、出版发行、印刷复制、演艺娱乐、数字内容和动漫等重点文化产业”。同年，文化部设立了中国非物质文化遗产数字化保护中心，建设开通了“中国非物质文化遗产网”，启动了“中国非物质文化遗产数字化保护工程”。2011年10月，中共中央召开十七届六中全会，通过了《中共中央关于深化文化体制改革推动社会主义文化大发展大繁荣若干重大问题的决定》，强调要全面认识祖国传统文化，古为今用、推陈出新，坚持保护利用、普及弘扬并重；加强对优秀传统文化思想价值的挖掘和阐发，使优秀传统文化成为新时代鼓舞人民前进的精神力量；加强文化典籍整理和出版工作，推进文化典籍资源数字化；加强国家重大文化和自然遗产地、重点文物保护单位、历史文化名城名镇名村保护建设，抓好非物质文化遗产保护传承；加快发展文化创意、数字出版、移动多媒体、动漫游戏等新兴文化产业；强调推进文化科技创新，要以先进技术支撑文化装备、软件、系统研制和自主发展，提高我国出版、印刷、传媒、影视、演艺、网络、动漫等领域技术装备水平，增强文化产业核心竞争力。2015

年，《中国非物质文化遗产保护发展报告》阐明了“非遗保护与科技发展”的关系问题，并强调主动运用数字化技术进行非遗保护已是非遗发展与开发的必然趋势。2016 年 12 月，国务院发布了《“十三五”国家战略性新兴产业发展规划》，首次将数字创意产业纳入其中，提出到 2020 年形成文化引领、技术先进、链条完整的数字创意产业发展格局。2017 年，中共中央办公厅、国务院办公厅印发的《关于实施中华优秀传统文化传承发展工程的意见》，以及文化部出台的《关于推动数字文化产业发展的指导意见》都鼓励利用数字化促进传统文化资源创新发展。2019 年，国家出台的《关于促进文化和科技深度融合的指导意见》强调要把握文化科技发展趋势，打通文化和科技融合的“最后一公里”，为高质量文化供给提供强有力支撑。

国内关于文化遗产数字化的研究虽起步较晚，但近几年发展很快，成果显著。从学术研究方面看，早在 2009 年，王耀希教授就提出了“文化遗产数字化”的概念，认为文化遗产数字化是指利用数字采集、数字存储、数字处理、数字展示、数字传播等数字化技术，将文化遗产转换、再现、复原成可共享和可再生的数字形态，并以新的视角加以解读，以新的方式加以保存，以新的需求加以利用。事实上，该概念已经包含了“文化遗产数字化保护”，因为文化遗产数字采集、数字存储、数字处理、数字展示、数字传播等数字化的过程本质上就是对文化遗产进行保护的过程。但是该概念也存在一些局限，例如，没有涉及文化遗产数字化实施主体、文化遗产数字资源用户等。2014 年，赵东在其博士毕业论文《数字化生存下的历史文化资源保护与开发现状》中提出，“历史文化资源数字化”具体是指通过数字考古、数字采集、数字存储、数字处理、数字修复、数字展示、数字传播等，对历史文化资源进行转换、再现、复原形成可共享和可再生的数字资源形态，并以新的视角加以解读、以新的方式加以保存、以新的需求加以开发利用。历史文化资源数字化包括了丰富的知识体系，涉及众多相关先进技术，已成为历史文化资源保护与开发重要的新路向，更加有利于历史文化资源保护与开发。

国内关于文化遗产数字化的保护与开发研究是从数字化保护文献工作开始的。在图书馆、情报与文献学方面，不少学者在数字采集、数字存储、数字处理、数字展示、数字传播等方面对文化遗产的数字化保护展开了不同程度的研究。2005 年，刘家真对电子文献的脆弱性和风险性进行分析，提出通过数据备份、正确选择存储载体、有效保存和定期数据维护等方法预防和长期保存数字文献，同时也介绍了数字信息丢失后恢复的可能性及其拯救措施；2009 年，张美芳、张松道系统论述了数字遗产与文化遗产的关系，以及数字遗产保护技术与管理的关系，提出了数字遗产的保护路径，并列举了国内外数字遗产保护的最佳实践；2013 年，聂云霞、王新才指出中国已经有海量馆藏文献资源实现了数字化，地方文献资源数字化保护受重视，少数民族文献遗产数字化保护成果突出，珍贵文献遗产数字化保护成效显著，但我国文献遗产数字化保护还存在一些问题，如文献遗产数字化保护制度规范不健全、文保人才缺乏、文献遗产数字化保护意识不强、大型数据库建设滞后等，文章针对这些问题提出了数字化保护的推进策略。

很多高校图书馆也积极开展具有地域特色的传统文化资源数字化开发和建设工作。莆田学院图书馆于 2005 年启动了“妈祖文献全文数字化研究”，搭建文献资源共建共享平台。2015 年，浙江海洋学院图书馆以浙东沿海地区渔文化资源构成为主线，通过整合渔文化信息多元载体，永久保存渔文化信息资源，实现了渔文化信息资源的共享、传承和发展。2018 年，华北理工大学图书馆依托国家艺术基金项目“冀东三支花特色资源库建设与推广”，以现代互联网技术为支撑，对评剧、皮影、乐亭大鼓这三种首批列入国家非物质文化遗产的冀东地域传统文化形式进行数字化建设和推广研究。目前，我国已有多个国家级、省（自治区）、直辖市的公共图书馆建设和使用了非遗文献数据库，总数量 400 余个。

（三）现状评述

总体来说，发达国家对文化遗产的数字化建设和管理工作比较重视，起步较早，国家层面投入的项目较多，相关研究比较深入，并且在文化遗产的数字化建设中注重新媒体技术的应用。而我国在文化遗产数字化建设方面起步稍晚，尽管近十几年来，在传统地域文化遗产资源的数字化保护和利用方面开展了大量的研究和实践，但是仍然存在以下问题和不足：一是很多极具地域特色的地方传统文化遗产在数字化建设方面仍然存在空白，亟待收集、整理、保存、开发和利用；二是迄今为止还未形成多种层级的文化遗产数字化共建共享体系和标准；三是在文化遗产数字化建设中应用新技术的程度和水平有待提高。

从清东陵数字化的现有研究成果来看，清东陵文化艺术特色资源库建设成果显得较为单薄，主要表现在以下两个方面：一是研究成果偏少，通过查询“中国知网”“万方数据”等主流中文学术资源数据库中公开发表的文献，在清东陵文化数字资源库建设方面，尤其是艺术资源数据库和文献典籍数据库的建设尚属空白；二是研究内容不足，虽然清东陵有自己的网站与资源库，但是整体内容更偏向文字介绍，没有很好地结合数字媒体技术，景点也都是用图片的介绍，比较单一。

二、清东陵文化研究所及研究平台建设

（一）清东陵文化研究所的建立

2019 年 5 月，由河北省政府参事刘学谦研究员带队根据清东陵保护、运营现状提出的《关于对世界文化遗产——清东陵保护管理运行情况的调研及建议》得到唐山市委市政府领导的批示与高度重视。唐山清东陵保护区管委会与华北理工大学决定将清东陵文化研究常态化，这成为研究的发轫之始。

为深入挖掘清东陵古建筑和文物背后的文化价值，推动中华优秀传统文化的弘扬和发展，华北理工大学、河北省文史研究馆、唐山清东陵保护区管委会按照“共建、共研、共享”的原则于 2019 年 10 月 10 日联合成立清东陵文化研究所，研究所的成立得到国家文物局、世界文化遗产保护协会、中国古建研究会等部门的充分肯定与大力支持。

该研究所为华北理工大学社会科学研究院下设的科研机构，由华北理工大学社会科学研究院、建工学院、文法学院、艺术学院、矿业学院、社科部、期刊社等多个部门的 20 余名教师及校外专家组成的研究团队开展研究工作。华北理工大学艺术学院、建工学院相继设立相关专业硕士点；《华北理工大学学报（社会科学版）》开设了“清东陵文化研究”特色栏目，专门刊登清东陵文化研究相关成果；校图书馆也进行了相关文献资料的搜集整理工作。

研究所成立伊始，就组建了由土木专业、工程管理专业、艺术专业 3 位教授或博士带领研究生组成的 5 支团队，全程参与清东陵 5 个国家立项的文物修缮工程。研究所与建工学院联合开展了清朝文化传承与乡村振兴发展策略研究，清东陵与周边村庄的融合、协调发展研究；完成了清东陵文化研究所 VI 标识系统的设计。同时，研究所与河北博物院、中国长城研究院、唐山市博物馆、滦河文化研究会等研究机构进一步加强交流合作，这些举措都为深化清东陵文化研究奠定了坚实的基础。

（二）三方合作设立清东陵文化研究年度项目

为了更好地推进清东陵国家文物保护利用示范区建设，深化清东陵文化研究，精心组织清东陵国家文物保护利用示范区建设研究专项的申报工作。2022 年，河北省文史研究馆、华北理工大学社会科学研究院、唐山清东陵保护区管理委员会三方共同发起了清东陵文化研究专项，每年确定 8 项课题进行资助，研究内容涵盖历史学、设计艺术学、文献学、建筑学、矿业、化工等多个学科门类，参与专家学者有 60 余人。同时，坚持以清东陵文化为主攻方向，坚持基础研究和应用研究并重，经过专家多方论

证，研究所设立了 75 项课题指南，为今后一段时期内的相关研究指明了方向。项目申报指南名称见表 1-1。

表 1-1 清东陵文化研究项目申报指南名称

清东陵气候变化与文物保护研究	清东陵文创产品的开发和销售研究	如何利用新媒体传播清东陵陵寝文化，扩大清东陵的知名度、美誉度
数字清东陵研究	清东陵游客量与旅游舒适度的关系的研究	清东陵皇家祈福文化的发掘及利用
清东陵建筑艺术的哲学意蕴	以文物建筑为核心的旅游景区周边环境景观协调性研究	夜游经济下清东陵旅游的新机会，如何延长游客消费链研究
清东陵风水文化研究	光线对清东陵裕陵地宫雕刻的影响	如何利用清东陵丰富的文化资源开发文创产品
清东陵建筑景观美学研究	清朝文化传承与乡村振兴发展策略研究	清东陵满族文化的深度挖掘及传承保护
清东陵祭祀文化研究	清朝传统工艺振兴工作研究	5A 级景区门票降价大背景下，文物景区清东陵如何通过运营提升收入
清东陵满族文化元素研究	清东陵与明十三陵之比较研究	如何激活清东陵文物的新时代生命力，让文物“活”起来
清东陵守陵人社会形态研究	清东陵“原真”地貌之探源	如何利用清东陵的山水，打造开放山水旅游
清东陵宗教艺术研究	清东陵历次维修大事考	如何增加游客在清东陵景区的二次消费
清帝陵寝思想研究	清东陵孝陵修建之始末	解决裕陵地宫渗水问题
清陵地宫形制研究	清东陵陵寝修建用材供应制度考	如何实现清东陵游客人数突破性增长
清代陵寝工官制度研究	清东陵陵寝修缮用工制度考	清东陵景区的宣传口号
清东陵守陵王公大臣研究	清东陵之昭西陵规制研究	裕陵地宫藏文经咒释读
清代皇家丧葬制度研究	清东陵创新现代保护体制研究	创作一首脍炙人口的清东陵歌曲
清东陵民俗文化研究	清东陵文化内涵与展示创新	如何开展龙门口水库和金星山的旅游开发
清东陵建筑装饰艺术研究	文物保护数据提取过程中现代技术的应用	清东陵景区美化绿化设计方案
清东陵盗案研究	陵寝外围人员活动现状及应对办法	清东陵旅游宣传、营销 5 年或 10 年计划
清陵律令及案例研究	自然环境条件下露天文物（遗址）的防护应对举措——以清东陵为例	清东陵地区满族民俗文化的研究、推广和利用
清陵选址研究	慈禧陵三殿彩画科学保护的路径研究	清东陵景区旅游纪念品的开发设计
“样式雷”的陵寝设计思想研究	文物监测软件研发	清东陵雕刻纹样在文创产品设计中的应用
清陵水法研究	清东陵古建筑数据库建设	清东陵景区品牌形象设计开发研究
清帝谒陵研究	古建工匠队伍和技艺传承新型模式探讨	清东陵及周边地域石刻文献的收集、整理及研究
清陵祭祀品研究	古建工程物料供需矛盾问题研究	遵化市现存古代石刻文献的查访、收集、拓片、整理及研究
世界文化遗产保护与旅游发展关系的研究	论古建工程专项资金的科学使用	威仪且更显亲和——论清孝陵石像生的艺术特征
如何解决文物保护和 5A 级景区标准之间的矛盾的研究	清东陵文物保护和旅游开发的辩证关系研究	论清东陵石五供的须弥座装饰纹样之演变

2020—2022 年，共有 24 个项目获得专项资助立项，立项项目信息如表 1-2 所示。

表 1-2　专项资助立项信息

年份	序号	项目名称	项目负责人	清东陵联系人
2020 年	1	清东陵大红墙遗址走向考辨	齐立强	徐贺齐
	2	清东陵文献典籍资源库建设构想与路径研究	孙会清	李寅
	3	守望记忆：清东陵满族文化传承与发展	范玉双	李寅
	4	守陵村落规划理念与设计实践	王宇	李寅
	5	保护区文物资源数据库建设	甘霖	张冬青
	6	世界文化遗产清东陵监测工作机制	宋晓胜	张冬青
	7	清东陵文物建筑的生物侵害种类及防治方法	周一君	曾广友
	8	影响清东陵文物建筑遗址长期保存的不利因素及其产生的后果	宋士顺	曾广友
2021 年	1	清东陵石刻纹样在文创产品开发中的创新应用研究	刘宝成	张鹏翔
	2	清东陵北京官话方言岛方言文化研究	王帅臣	李寅
	3	清东陵建筑景观美学研究	赵秀艳	李寅
	4	清东陵皇家祈福文化元素研究	田苗	方国华
	5	清东陵陵寝文化的新媒体传播研究	尹景瑞	杨晓健
	6	基于 BIM 的明清古建筑全生命周期信息模型的研究——以清东陵为例	龚凯	王德顺
	7	清东陵景区品牌形象构建及推广研究	杨雯	秦雅梅
	8	基于空间句法的守陵村落规划研究与设计实践	田阳	王春虎
2022 年	1	清东陵文创产品开发理念与新媒体营销策略研究	曹伊	邱晨光
	2	清东陵与明十三陵建筑形制比较研究	郑尹	李寅
	3	清东陵石雕纹样在公共设施中的应用研究	王珺	张冬青
	4	传统灰浆在清东陵文物保护中的认知研究	王硕	李寅
	5	基于微生物诱导的清东陵古建地基加固试验研究	周一君	王德顺
	6	清东陵祈福文化在公共壁画中的应用研究	孙利波	吴泽
	7	元宇宙视域下数字藏品赋能清东陵文化的传播策略研究	李雪	张鹏翔
	8	基于 GIS 的智慧清东陵一体化管控平台建设方案	刘亚静	陈瑞合

（三）积极申报各级各类课题，推动清东陵文化研究纵深发展

2021 年 2 月，清东陵文化研究所研究团队成功获批河北省教育厅人文社会科学研究重大课题攻关项目“世界文化遗产清东陵数字化保护与利用研究”（课题编号：ZD202120）。该课题主要围绕以下 6 个方面开展研究工作：

第一，梳理清东陵数字化保护开发利用的背景及现状。一是了解国内外文化遗产数字化保护和开发利用的研究动态，特别是我国对于推动文化遗产数字化保护开发利用方面的方针、政策、措施等。二是全面摸排目前清东陵的保护和开发现状，分析清东陵数字化的必要性和必然性，梳理清东陵文化遗产资源，提炼清东陵文化的内涵与

实质。

第二，学习敦煌、故宫、长城等文化遗产保护开发利用的相关经验。与故宫博物院、敦煌研究院等国内文化遗产数字化保护开发较为先进的兄弟单位交流，学习其先进理念和经验做法，找出差距与不足。

第三，建设清东陵特色艺术资源数据库。通过数字考古、数字采集、数字存储、数字处理、数字修复、数字展示、数字传播等技术，对清东陵文化资源进行转换、再现、复原，形成可共享和可再生的数字资源形态，并以新的视角加以解读、以新的方式加以保存、以新的需求加以开发利用。

第四，建设清东陵文献典籍资源库。以清东陵文化文献典籍资源库构建为切入点进行清东陵文化文献典籍专题文献数字化建设构想与路径研究，使之成为清东陵文化学术研究文献资源保障和支撑体系，以促进清东陵文化研究的深入和可持续性发展。

第五，清东陵古建的数字化监测保护。通过对清东陵文化遗产现状及相关保护工作进行调查，对可体现清东陵突出文化遗产价值的载体和要素进行挖掘、梳理与归类；基于清东陵文化遗产要素的构成和价值特征，探索具有高度适应性的清东陵文化遗产资源信息数字化记录方法与有效路径；面向清东陵文化遗产的有效保护、管理，以及合理开发、利用，针对遗产本体与赋存环境开展监测需求分析；结合遗产地实际情况，依据被监测对象的特征与价值，构建有效的监测指标体系并开展清东陵文化遗产信息动态监测系统初步研究，推动信息资源共享数字技术的实现。

第六，清东陵文化资源的数字化开发与利用——文创产品。在数字化保护的基础上，对数字化文化资源进行保护管理和合理利用，大力发展文博创意产业，扩大引导文化消费，培育新型文化业态，让文物资源活起来；围绕开发经营模式多元化、加大文创产品的研发力度、提升品牌影响力和社会知名度、提高经营能力和拓展营销渠道、有效增强社会效益等方面开展研究。

此外，研究团队还有“清东陵文献典籍数字化保护与利用研究”“文旅融合背景下清东陵旅游文创产品设计研究”等6个项目成功获批河北省文化艺术科学规划和旅游研究项目、河北省社会科学发展研究课题立项。分别是河北省教育厅人文社会科学研究重大课题攻关项目“世界文化遗产清东陵数字化保护与利用研究”（课题编号：ZD202120），2021年2月立项；2021年度河北省文化艺术科学规划和旅游研究项目重点项目“清东陵文献典籍数字化保护与利用研究”（项目编号：HB21-ZD005），2021年6月立项；2021年度河北省文化艺术科学规划和旅游研究项目一般项目“文旅融合背景下清东陵旅游文创产品设计研究”（项目编号：HB21-YB043），2021年6月立项；2022

年度河北省社会科学发展研究课题“清东陵石雕纹样在文创产品设计中的应用研究”（项目编号：20220202357），2022 年 8 月立项；2022 年度河北省社会科学发展研究课题“基于 BIM 的清东陵古建筑全生命周期信息模型研究”（项目编号：20220303163）；2022 年度河北省社会科学发展研究课题“河北省文物保护利用和文化遗产保护传承研究——以清东陵古建筑的生物侵害分析及保护防治为例”（项目编号：20220303161）。

（四）清东陵文化研究所研究成果

自 2020 年第一批年度项目立项开始，华北理工大学清东陵文化研究所对每个项目积极推进和督导，保证项目研究的顺利开展，力争按照研究计划完成项目研究并取得高质量的研究成果。现已取得研究成果主要有：

1. 政策建议

2020 年以来，共撰写调研报告 4 篇，分别是《关于世界文化遗产清东陵、清西陵文物保护情况的调研与建议》《关于世界文化遗产清东陵、清西陵文物预防性、抢救性保护情况的建议》《关于加强世界文化遗产清东、西陵数字化保护利用的建议》和《关于挖掘清东陵建筑特色打造大学生研学基地工作情况的报告》。

2. 发表论文

[1] 王宇，张钰 . 清东陵景区与满族村落旅游协调发展研究 [J]. 华北理工大学学报（社会科学版），2022，22（4）：158-162.

[2] 甘霖，贾玮洁，张冬青 . 短视频在清东陵祈福文化传播中的运用研究 [J]. 华北理工大学学报（社会科学版），2022，22（4）：154-157，162.

[3] 甘霖，刘彬 .VR 技术在清东陵石雕数字展示中的应用研究 [J]. 锦绣，2021（29）：289-290.

[4] 甘霖，张慧娟 . 数字展示在昭西陵展示中的应用研究 [J]. 锦绣，2021（28）：323-324.

[5] 高馨，黄文学，范玉双，等 .“识同”与“寻异”：浅谈清东陵文化发掘与保护的路径 [J]. 华北理工大学学报（社会科学版），2022，22（4）：147-153.

[6] 孙会清，张霞，刘青松，等 . 世界文化遗产清东陵古籍文献体系建设策略 [J]. 华北理工大学学报（社会科学版），2022，22（3）：155-161.

[7] 齐立强，尹景瑞 . 清东陵大红墙遗址文化价值及走向考辨 [J]. 华北理工大学学报（社会科学版），2022，22（3）：162-166.

[8] 宋土顺，王德顺，田苗，等 . 大气环境对石质文物遗址病变机理的影响研究 [J]. 华北理工大学学报（自然科学版），2022，44（3）：86-93.

[9] ZHOU Y G，LUO L R，ZHENG L X. Review of the deformation mechanism and earth rressure research on the double-row pile support Structure[J]. Frontiers in Earth Science，2022（8）：1-5.（周一君，罗良瑞，郑林雪 . 双排桩土压力变形破坏研究综述 [J]. 地学前沿，2022（8）：1-5.，已被 SCI 数据库收录）

[10] 曾广友，周一君 . 古建筑的生物侵害分析及防治对策研究：以清东陵古建为例 [J]. 居舍，2021（9）：158-159.

[11] 宋晓胜，欧立强 . 清代皇陵城砖回弹测强曲线的构建研究 [C]// 故宫博物院 . 元大都宫城学术研讨会论文集 . 北京：故宫出版社，2022.11.

[12] 范玉双，王淑娟，何小凤，等 . 守望记忆：传承与发展清东陵满族文化的对策 [J]. 科学与技术，2022（29）：261.

[13] 何小凤，张秋妹，范志杰 . 校城融合背景下清东陵文化保护策略研究 [J]. 高校图书情报论坛，2022，2（21）：58-62.

3. 文创设计作品及艺术大赛获奖作品

（1）文创设计作品《清东陵景区品牌形象设计》；

（2）文创设计作品《清东陵景区旅游地图视觉设计》；

（3）文创设计作品《清东陵“琉璃瘠瘦”订书器设计》；

（4）文创设计作品《清东陵文化遗产装饰图案设计》。

以上作品获得“京娘湖杯”第三节河北省文创和旅游商品创意设计大赛优秀奖。

（5）《数字清东陵——菩陀峪定东陵》全景 VR 纪录片，获得了“中国好创意全国数字艺术设计大赛”优秀奖。

4. 挖掘清东陵建筑特色打造大学生研学基地

为了深入贯彻党的二十大和习近平总书记关于“推动中华优秀传统文化创造性转化、创新性发展”指示精神，按照唐山市委领导提出的“挖掘清东陵建筑特色，打造大学生研学基地”的具体工作要求，2023 年 1 月 10 日，由唐山市文旅局、城建局、清东陵保护区管委会和华北理工大学清东陵文化研究所共同举办了“清东陵建筑风貌专家研讨会”，会议邀请了河北省文史馆、华北理工大学清东陵文化研究所等 10 余位专家就相关问题展开了深入的研讨。会后相关专家立即开展工作，在短期内拿出了部分研究成果，并形成了下一步工作思路。

2023 年 1 月 10 日由市文化广电和旅游局、住房和城乡建设局、清东陵保护区管理委员会、华北理工大学清东陵文化研究所共同举办了专题研讨会，并邀请了河北省文史研究馆相关领导和专家参加了会议。会议传达了市委主要领导关于挖掘清东陵建筑特色，通过开展“研学游”带动清东陵旅游市场发展的工作要求。会议明确了三项具体任务：一是要跳出清东陵陵寝文化的局限，在更宽广的范围寻找游客的关注点和兴趣点；二要探索依托清东陵建筑艺术特色、建设大学生研习基地的具体路径；三是清东陵建筑群的特点有很多，必须找出对全国建筑业、艺术专业师生有强大吸引力的特点。谢飞、刘学谦、何新生等与会专家围绕如何落实市委领导的指示要求分别从各自专业角度进行了研究和讨论，提出了具有建设性和可操作性的建议。

2023 年 1 月 15 日，华北理工大学清东陵文化研究所组织相关专家召开了项目推进会。会议确定了“清东陵建筑风貌”的四个特色研究方向，分别为清东陵建筑群规划布局研学方向、清东陵单体建筑设计研学方向、清东陵建筑纹样（装饰彩绘）研学方向、清东陵建筑纹样（装饰雕刻）研学方向。会后，清东陵文化研究所确定了“挖掘特色、形成文案、视频展示、逐步推进”的具体工作方案，有关专家立即开展工作。2023 年 5 月研究所与唐山市文化广电和旅游局签署清东陵建筑风貌特色挖掘研究工作合作协议，“确定不少于 8 个方向的特色研究项目，在此基础上凝练出重点特色，形成文案并拍摄制作 20 个清东陵建筑风貌特色短视频作品”。2023 年 7 月底，短视频制作完成，如期提交唐山市文化广电和旅游局。

第四节　清东陵数字化保护开发利用的智库成果

一、世界文化遗产清东陵保护利用的调研报告

近日，研究所对坐落在遵化市的世界文化遗产——清东陵的文物保护管理运行情况进行了调研。专家们通过座谈和走访，对清东陵文化遗产保护区的多座陵寝逐一进行实地考察，一方面，感到清东陵的文化遗产保护工作取得了明显成效；另一方面，一些体制机制带来的问题和历史遗留问题到了必须解决的地步。

（一）基本情况

清东陵是我国现存规模最宏大、体系最完整、建筑最精美的皇家陵寝建筑群。清东陵极具历史价值、文化价值和艺术价值，是中华民族和全人类的宝贵财富，是“人类具有创造性的天才杰作”。2000 年，清东陵被列入《世界文化遗产名录》，成为河北省拥有的四个世界文化遗产之一；2015 年，清东陵被全国旅游资源规划开发质量评定委员会正式批准为国家 5A 级旅游景区，成为唐山市首家也是目前唯一的一家 5A 级景区。

近年来，在上级党委、政府的领导下，清东陵文化遗产保护区上下一心、团结努

力，在积极推进各项文物保护和本体修缮工程建设，夯实法治基础，不断提高素质能力和依法管理水平，大力整治周边环境，还“世界遗产以尊严”，强化体制、机制创新，不断提升文化品位，倾力打造5A级精品景区等方面开展了大量工作，取得了切实成效。特别是在先后发生两起文物被盗案件后，更是加强学习、提高认识、明确责任、积极整改，强化督查巡查机制、落实“四防”模式、加强安保力量，全面提高了文物保护水平。

随着经济社会高质量发展，文化遗产保护传承的标准和要求也越来越高。当前清东陵文物保护与开发利用存在着体制机制、保护规划、文保项目、部门协调、机构编制、资金投入等方面落实不到位的情况，且这些问题严重程度逐年凸显，清东陵文物保护管理举步维艰，面临着较大的困难。

（二）存在问题

一是人员、人才极度短缺。清东陵保护区管委会负责3个乡镇区域152平方千米内的文物保护、项目规划、开发建设等工作，而管委会只有15名行政编制和10名事业编制，且处于缺员运行状态。管委会下辖的文物管理处管辖地域面积80平方千米，包括多座陵寝和662个单体建筑。

此外，高学历、高层次的研究人员极度匮乏，使得文物保护、文物研究及开发利用无从谈起。目前，全管委会只有专职研究人员1人，不能形成团队，根本无法满足文物保护、研究、开发、利用的要求。清东陵是研究清代历史、文化、建筑、艺术、风俗、文字等方面的重要的实体与实物宝库，许多文物本体急需大批具有较高文保知识的研究型、技能型人员进行“研究性保护、恢复”。但由于条件艰苦、待遇低、工资保险不能及时保障以及历史包袱沉重等原因，导致出现招不来人才、留不住人才的情况。

二是经费严重不足。清东陵保护区管委会下辖的文物管理处是全国唯一实行自收自支的副处级事业单位。包括清东陵文物管理处行政管理人员、文物安保相关工作人员、旅游开发人员的工资及文物日常维护费用在内的全部运行保障经费年支出需7000万左右，都在清东陵旅游收入上缴财政后全额返还的资金中列支。但是清东陵景区每年大约有近2200万元的缺口。此外，景区在申遗、补充、完善、升级、改造等方面产生的历史欠账包袱非常沉重，入不敷出。

三是文物日常维护、修缮难以保证。目前，清东陵众多文物本体破损严重、年久失修，许多壁画即将消失，个别建筑濒临倒塌，令人心痛。要做到文物不丢、不毁、慢损，日常维护、修缮工作任重道远。且由于文物本体与居民混处的实际情况，许多保护、修缮工程及文物周边治理涉及群众切身利益，囿于历史、资金、政策、部门协调不力等原因很难妥善解决。唐山市、遵化市两级政府每年拨付文物保护事业补助除去编制人员的人头费外所剩无几，且两级财政没有列支文物日常维修保养专项经费，难以保证文物日常维护、修缮。

四是旅游开发困难重重、旅游收入增长乏力。由于长期资金投入不足，同时受文化属性、景区同质、国家票价限制和优惠政策等客观因素的影响，旅游开发工作困难较大，旅游收入增长乏力。又由于前置审批限制，不能随意开发新型体验性旅游项目，旅游产品品种单一，吸引力不强。引入社会资本融资政策不明确也进一步造成了投入无源、发展受限。

基于上述原因，虽然近年来清东陵通过采取提高服务质量、丰富旅游产品、加强经营管理等一系列措施保持了接待游客人数不降低，但旅游收入增长并不明显。

（三）建议

我们在调研中深切感到，清东陵保护区管委会的干部职工本着对历史和后人负责的态度，以高度的责任感和使命感，积极开展文物的保护和管理工作，但也确实存在着一些单凭自身力量难以解决的问题。现提出以下四个方面的建议。

1. 提高认识、强化担当

世界文化遗产是全人类的宝贵财富，也是中华民族的不可再生的精神文化资源。党的十九大将“加强文物保护利用和文化遗产保护传承”作为坚定文化自信的一个部分写进报告中，使之成为习近平新时代中国特色社会主义思想的组成部分。近期，中共中央办公厅、国务院办公厅又联合下发了《关于加强文物保护利用改革的若干意见》，对做好新时代文物保护与利用各项工作提出要求。清东陵保护区管委会干部职工要进一步提高对历史遗产在传承历史文化重要性的认识，全面加强世界文化遗产的文物保护与利用工作。各级干部和政府部门要进一步提升对世界文化遗产保护的责任感、使命感和担当精神，认真贯彻落实《中华人民共和国文物保护法》《中华人民共和国文物保护法实施条例》《世界文化遗产保护管理办法》等法律法规的有关规定，科学制定世界文化遗产保护规划，理顺体制机制，落实责任，强化担当，进一步提升对世界文化遗产保护、研究、传承、开发的关注度和支持度以及保障度。要学习故宫博物院研究性保护修复项目的经验。

2. 理顺体制机制

一是要按照河北省机构编制委员会《关于调整唐山清东陵管理体制的通知》（冀机编〔2012〕73 号）文件精神，按照清东陵保护区是唐山市委、市政府派出机构的性质，进一步理顺管理体制机制，认真落实河北省政府专题会议（2017 年 7 月 18 日）精神，强化唐山市、遵化市的主体责任、省有关部门的监管责任、清东陵保护区管委会的直接责任，形成齐抓共管合力。二是在新一轮机构调整中，根据国家有关文件规定，将清东陵管委会列为“公益一类”机构进行管理。将文物保护与旅游开发机构、人员分开，分灶吃饭；文物保护及相关人员纳入编制；旅游开发人员实行自收自支。三是按照《清东陵保护管理办法（修订）》的相关规定，将《清东陵文物保护规划（大纲）》纳入唐山市、遵化市人民政府的国民经济和社会发展规划、土地利用总体规划和城乡规划。按照世界文化遗产保护的需要和申遗承诺，依法划定保护范围和建设控制地带，并逐步对周边环境进行整治。

3. 多渠道、多措并举解决资金难的问题

一是积极向国家文物局、河北省文物局等主管部门申请专项资金支持；二是积极寻求各类文化、文物保护基金支持；三是根据《中华人民共和国文物保护法》有关规定，将清东陵文物保护与利用事业所需经费（主要是在编人员的工资保险和日常运转支出）纳入唐山市财政预算予以保障，清东陵景区收入全部上缴唐山财政，严格落实“收支两条线”；四是请唐山市、遵化市两级政府对管委会多年来的历史欠账及财政赤字问题进行专门研究，拿出切实可行的方案逐步予以解决；五是遵化市政府要进一步加大对清东陵周边地区基础设施完善、旅游环境打造、特色产业扶持等方面的投入力度，强化清东陵景区旅游吸附力，增加旅游收入和带动附加值，提高反哺唐山、遵化两级财政的能力；六是管委会要按照中共中央办公厅、国务院办公厅新印发的《关于加强文物保护利用改革的若干意见》的精神，解放思想、大胆创新，积极引进社会力量依法依规合理利用文物资源，在做好文保、文研工作的基础上，提供多层次的文化产品与服务，不断提高文化创意、文化产业收入，逐步缓解自收自支的资金压力。

4. 全面加强人才队伍建设

一是要制定《清东陵保护区人才建设发展规划》，实质建设清东陵博物馆，不断扩大规模和业务，并以此为平台在入编、工资、福利待遇等方面提供优惠条件，形成引得进、留得住、用得好、有发展的良好局面。广聚考古、文保、历史等方面的高层次人才，努力打造一支热爱文保事业、高学历、懂专业、高素质的研究型人才队伍，不断提升清东陵文物保护及文化研究水平。二是要努力打造一支懂业务、能管理的干部队伍，逐步建立一支懂历史、擅动手的技能型人才队伍。不断加强对干部职工的培训力度，摆脱文物保护、研究、开发、利用等方面人才不足的困境，做到研究性保护和修缮，使宝贵的文化资源得以更好地传承延续。三是将清东陵人才引进纳入唐山市人才引进计划，并给予相应的引进政策、支持政策、奖励政策等。

二、关于世界文化遗产清东陵、清西陵文物预防性、抢救性保护情况的建议

2021年，习近平总书记在视察承德时指出："要保护好、传承好、利用好中华优秀传统文化。"11月24日中央全面深化改革委员会通过的《关于让文物活起来，扩大中华文化国际影响力的实施意见》提出，要加强文物保护总体规划，统筹抢救性保护和预防性性保护等重要措施。河北省教育厅人文社会科学研究重大课题攻关项目"世界文化遗产清东陵数字化保护与利用研究"（课题编号：ZD202120）课题组就统筹文物抢救性保护和预防性保护问题，专程到清东陵和清西陵进行调研。总的来看，这两处世界文化遗产在文物保护方面做了大量工作，也取得了明显的效果。特别是抢救性保护方面，在国家和省市的大力支持下，效果更加明显。但在预防性保护方面存在明显不足，还需要在国家和省市的大力支持下，扭转被动局面。下面将有关情况汇报如下。

（一）清东陵、清西陵文物保护的现状和存在的问题

清东陵和清西陵是我国最早被确定的世界文化遗产之一。清东陵是清王朝帝后妃陵墓群，位于河北省唐山遵化市境内，始建于1661年，完工于1908年，营建活动持续了274年。陵区内共建有15座陵寝，586座单体建筑，其中皇帝陵5座、皇后陵4座、妃园寝5座、公主园寝1座，埋葬帝、后、妃及皇子、公主，共计161人，是中国现存规模最为宏大、体系最为完整、保存最为完好的古代帝王陵寝建筑群之一。陵区现管理面积80平方千米。清西陵位于河北省保定易县境内，始建于1730年，完工于1915年，营建活动持续了185年。陵区内共建有4座皇帝陵、3座皇后陵、3座妃园寝、2座王爷园寝、1座公主园寝、1座阿哥园寝，另有1座行宫、1座皇家寺庙（永福寺）以及衙署等附属建筑，共计16组建筑群，432座单体古建筑，陵区面积84.3平方千米。清东陵和清西陵1961年被列为全国重点文物保护单位，2000年11月被联合国教科文组织列入世界文化遗产名录。清东陵被破坏的情况相对严重。

自"十二五"规划提出以来，国家和河北省加大了清东陵和清西陵文物保护维修项目补助资金的投入力度。使清东陵大量濒临倒塌的文物建筑得到有效保护，解决了安全隐患，文物安全的防护设施进一步得到完善，清西陵的地面文物也得到抢救性有效保护。清东陵先后完成了清东陵孝陵一孔、五孔、七孔石桥维修工程，清东陵景陵圣德神功碑亭修复工程，清东陵裕陵维修工程，清东陵定妃园寝整体保护工程，清东陵惠妃园寝保护修缮工程共五项本体工程，均已以高分通过了河北省文物局组织的专家验收；正在施工的共有五项工程，分别是清东陵普祥峪定东陵（慈安）维修工程、清东陵裕妃园寝建筑保护修缮工程、孝陵维修工程、定陵维修工程、惠陵维修工程。

截至目前，清西陵文物本体维修工程已全部完工，彩画保护修缮工程除泰陵、泰东陵彩画正在进行前期工作外，其余工程除昌西陵、昌陵正在施工外已全部完工。

从调研的情况看，主要问题还是预防性保护方面：一是上下对文物预防性保护的重视程度不够。长期以来，各级都比较重视抢救性保护，墙快倒了，绘画看不清了，文物已经损坏了，大家都重视。但在墙没倒，绘画还清楚，文物没有明显损坏的时候，如何加强预防保护，往往重视不够。总认为文物还好，预防保护工作不像抢救性保护急迫、重要。二是国家和河北省对文物预防性保护的投入支持力度较小。“十二五”以来，国家和河北省对清东陵和清西陵文物修复的投入很大，但都是抢救性保护投入，预防性保护投入基本没有。两个陵区管理部门，报了预防性保护的项目（不是安保和消防），由于种种原因也没有批准或落实。同时，文物日常保养维护工作非常重要，是文物预防性保护的重要内容，但两个陵区的文物建筑日常保养维护资金严重不足。三是防止文物发生自然损坏的监测手段落后，现代化、数字化、智能化的保护手段基本没有。两个陵区对文物的预防性保护措施，基本上都是靠人用眼睛直接观察。由于文物的自然损坏都有一个较长的过程，通过眼睛很难发现文物的细微变化，如果直接观察发现问题了，往往是文物的损坏已经发生了。四是可移动文物没有标准安全的保管仓库，容易出现破损和侵蚀。清东陵的可移动文物 2867 件，其中一级文物 3 件，二级文物 129 件，三级文物 882 件；清西陵可移动文物 1571 件，其中三级以上文物 143 件。这些珍贵的可移动文物，目前并没有标准安全的文物库房存放，缺乏必要的设施设备，保护环境简陋，容易发生自然蚀变和在移动过程中损坏。五是人才出现断档、断代，文物保护后继乏人。清东陵有职工 600 人，清西陵有职工 314 人，但能够从事文物保护的专业技术人员比例很小。近年来两个陵区都向社会招聘过大学生，但由于待遇太低，最终全部流失。其中清西陵文物保护技术人才面临的人才断档、断代情况十分严重，很难担负起文物保护的重任。

（二）对清东陵、清西陵加强文物预防性保护的几点建议

加强清东陵、清西陵的文物预防性保护对进一步推动历史文物保护利用，传承传播传统文化意义重大，同时这也是一项系统工程，需要国家和唐山市政府及文物管理部门联动。

第一，提高对文物预防性保护的认识，进一步完善清东陵、清西陵文物保护规划。一是充分认识预防性保护和抢救性保护是做好文物保护工作不可或缺的两个方面，预防性保护做不好，抢救性保护就会付出较大代价。二是充分认识随着文物保护手段的现代化、数字化、智能化，只要能够利用好文物保护的现代化手段，对文物可能出现的损害，完全能够早发现、早预防。三是对党中央《关于让文物活起来，扩大中华文化国际影响力的设施意见》提出的要加强文物保护总体规划，统筹抢救性保护和预防性性保护、本体保护和周边保护、单点保护和集群保护，维护文物资源的真实性、风貌完整性、文化延续性，筑牢文物安全底线的要求，两个陵区应认真落实，并对原有文物保护规划进行补充和完善。

第二，国家和省应大力支持清东陵与清西陵采取现代化、数字化、智能化的监测手段，加强文物的预防性保护。一是国家和省对两个陵区申请的用于文物预防性保护引进的先进监测手段的项目，应给予立项和资金支持。由于两个陵区面积较大，地面地下文物综合体较多，可以做好规划，先重点文物，后分期、分阶段展开。二是两个陵区急需建设的可移动文物标准库房项目，应尽快按渠道上报，省文管局给予积极协调。可移动文物标准库房项目应和陵区博物馆建设统筹考虑。三是针对文物建筑日常保养维护资金不足问题，建议省市财政部门把每年清东陵、清西陵日常保养维护工作资金定量列入本级的财政预算，使两个陵区文物预防性保护工作制度化、常态化，让文物保持良好的安全状态，延长大修周期。

第三，多措并举，解决清东陵、清西陵文物保护急需的各种人才问题。一是充分利用国家和省的文物保护文化教育资源，有针对性地对两个陵区的现有文物保护管理和技术人员开展多种形式的培训，加快知识更新，努力掌握现代化的文物保护新本领、新技术。二是选择和陵区文物保护专业相近的大学，共建文物保护研发科研机构。一方面共同培养人才，另一方面借助大学的科研力量，破解文物保护中遇到的难题，达到人才不求所有、但求所用之目的。三是要通过改革解决待遇太低、留不住人才问题。建议两个陵区文物保护人员和旅游开发人员分开，“分灶吃饭”。

三、关于加强世界文化遗产清东陵数字化保护利用的建议

2021 年，习近平总书记在视察承德时指出：“要保护好、传承好、利用好中华优秀传统文化。”11 月 24 日中央全面深化改革委员会通过的《关于让文物活起来，扩大中华文化国际影响力的实施意见》提出，要加强文物保护总体规划，统筹抢救性保护和预防性保护等重要措施。河北省教育厅人文社会科学研究重大课题攻关项目“世界文化遗产清东陵数字化保护与利用研究”（课题编号：ZD202120）课题组就推进文物数字化预防性、抢救性保护利用问题，专程到世界文化遗产清东陵和清西陵进行了调研。总的来看，在国家和省市的大力支持下，这两处世界文化遗产在文物保护和利用方面做了大量工作，但在利用现代科技手段进行数字化保护利用方面存在明显不足，还需

要在国家和省、市政府的大力支持下，扭转被动局面。下面将有关情况汇报如下。

（一）开展清东、西陵文物数字化保护利用工作势在必行

党和国家高度重视世界文化遗产及文物的保护利用工作。党的十八大以来，习近平总书记对文化遗产保护高度重视，多次前往山西、陕西、河北等文化遗产积淀丰厚的省份考察调研，并就文化遗产保护作出重要指示批示。党的十九大将“加强文物保护利用和文化遗产保护传承”作为坚定文化自信的一个部分写进报告。就如何保护利用文化遗产文物方面，习近平总书记于 2014 年 3 月在巴黎联合国教科文组织总部的演讲中明确提出，要“让收藏在博物馆里的文物、陈列在广阔大地上的遗产、书写在古籍里的文字都活起来”，同时强调，要加强文物保护和利用，加强历史研究和传承，实现中华文化的创造性转化和创新性发展，使中华优秀传统文化不断发扬光大。

文物数字化是保护利用文化遗产的有效手段。随着社会发展，由于人类活动、环境变化、自然灾害、保护能力和水平的限制等多种原因，文化遗产的存在环境受到严重威胁，许多文化遗产已经消失或濒临消失。文物数字化通过对有形文化遗产进行三维数字化记录，实现文化遗产资源从物质形态向数字形态的转化，使文化遗产资源成为可永久保存、可持续再现，在可持续保护、研究、利用中不断增值的文化资源。国内外在文化遗产数字化保护方面已取得了许多成功经验。从国际上看，1992 年联合国教科文组织开始启动“世界记忆”项目，在世界范围内推动了文化遗产数字化。美国、法国、日本等西方发达国家对文化遗产的数字化建设和管理工作比较重视、起步较早，在文化遗产的数字化建设中取得了许多应用性成果。我国在文化遗产数字化建设方面虽然起步稍晚，但依托我国文化遗产数量的优势，发展较快、成果丰硕。如敦煌研究院对莫高窟内壁画塑像的数字化采集工作开始于 20 世纪 90 年代，目前已经完成了 200 多个洞窟的数字化采集。近年来，敦煌研究院还与多家互联网公司在云服务、数字化产品开发等方面展开合作，开发出了球幕电影、数字敦煌、云游敦煌等数字产品，让游客足不出户就能领略敦煌艺术的魅力。此外，数字故宫、数字长城、数字南粤古驿道等在相关文化遗产资源数字化保护和利用方面开展了大量的研究和实践工作，形成了一大批数字文化资源和产品，这为我们进行清东、西陵数字化保护利用指明了方向，奠定了坚实的基础。

清东陵与清西陵文化遗产急需进行数字化预防性、抢救性保护利用。文物的数字化保护和利用，功在当代、利在千秋。清东陵与清西陵是中国现存规模最为宏大、体系最为完整、保存最为完好的古代帝王陵寝建筑群之一，也是河北省的世界文化遗产之一。“十二五”以来，国家加大了明清皇家建筑保护的投入力度，使清东陵、清西陵大量文物得到了有效保护。但几乎所有的古建、石像生、桥廊、雕塑、石刻、壁画、彩绘、服饰、各类工艺品等均未采取先进数字化保护措施，更没有文物资源的数字化利用。虽然近年来清东陵与清西陵分别与中国文物信息咨询中心、石家庄千典科技有限公司、天津大学、华北理工大学等单位进行了初步合作，在文物信息采集、数字存档与展示利用、文物资源可视化管理等方面开展了探索性研究，但由于缺乏政策、规划、人才、资金等方面的支持，整个实践尚处于起步阶段。随着时间的流逝，各种外在环境的破坏和影响，文物所处的境地越来越危险，有些文物甚至有可能永远地湮没在历史长河之中，造成全人类文化不可挽回的重大损失，急需进行数字化预防性、抢救性保护利用。

（二）加强清东陵数字化保护利用的建议

1. 强化规划引领

为贯彻习近平总书记关于文物工作的重要指示批示精神，加强“十四五”时期文物保护和科技创新工作，应以国务院办公厅印发《“十四五”文物保护和科技创新规划》为指导，抓紧推进我省的世界文化遗产数字化保护利用工作，按照“先期启动、分期规划、分步实施、重点突破”的原则，制定相关方案，明确目标、拟定时间表、制定规范化标准及保障措施等，确保规划落在实处、取得实效。当前，可以在原来国际合作项目的基础上，先以清东陵由于长期渗水急需保护的裕陵地宫浮雕壁画为先期启动项目，一方面进行抢救性保护；另一方面为将来的数字化保护工作积累经验、培养人才，为逐步推广奠定基础。

2. 加大各项政策支持

一是河北省文物主管及文旅管理部门要制定相关政策，进行全省世界文化遗产文物普查，加快推进文物藏品数字化，加强文物数据库建设，加大基础信息开放力度；推动开发文化遗产、博物馆线上数字化体验产品，提供沉浸式体验、虚拟展厅、高清直播等新型文旅服务。

二是积极响应中华文物全媒体传播计划，积极参与全国“博物馆云展览项目”活动，结合国家文物云建设工程，建设清东陵与清西陵“云建设”平台，引导社会力量参与共建“云展览”体系。

三是支持河北省世界文化遗产清东陵与清西陵积极申报国家文物保护利用示范区建设项目。

3. 加强文化遗产数字化保护利用的人才培养和科技支撑

一是要按照“引进一批、培养一批、培训一批”的思路，一方面通过加强河北高校学科专业建设，加大文物保护人才培养力度，除在普通高校和职业院校中增设文物保护专业外，可依托部分省属综合性大学既有的历史、语言、艺术、数字传媒等学科进行交叉融合，培养符合文化遗产数字化保护需求的既懂文化艺术又懂数字技术、既具备文史理论知识又不乏实践经验的交叉复合型人才。同时，以高校、博物院、博物馆等为平台积极引进一批相关的专业技术人才，并对现有文保人员加强培训，提升人员的相关业务技能。

二是在河北省社科基金、河北省文化艺术科学规划基金、河北省科技计划软科学基金等政府设立的科技项目中设立“文物数字化保护利用”专项或委托项目，以项目引领的形式推动文化遗产数字化工作。

三是加强文化遗产数字化保护的研究平台建设，以高校和科研院所为依托，建立文化遗产数字化保护实验室。同时，鼓励文化遗产数字化保护利用的交流合作，积极学习借鉴国内外文化遗产数字化保护利用的先进经验。

4. 加强文化遗产数字化保护的经费支持

一是建立文化遗产数字化保护专项支持资金，将该专项资金列入文化遗产管理部门的本级财政预算，并随财政收入增长而增长。

二是健全文化遗产数字化保护外围产业的经济扶持。

三是拓宽文化遗产数字化建设资金来源渠道，吸引社会资金参与文化遗产数字化保护。如通过公布文物领域政府购买公共服务指导性目录，鼓励社会力量参与文物保护和科技创新；鼓励和支持企事业单位、社会团体和个人，通过捐赠、设立专项资金或者保护基金等方式参与文化遗产数字化建设等。

四、关于挖掘清东陵建筑特色打造大学生“研学基地”的工作情况

为了深入贯彻落实党的二十大和习近平总书记关于“推动中华优秀传统文化创造性转化、创新性发展”指示精神，按照河北省委省政府关于“挖掘清东陵建筑特色，打造大学生研学基地”的具体工作要求，唐山市住建局、市文旅局、清东陵保护区管委会于 2022 年 9 月 15 日联合组织清东陵建筑风貌研讨会，会后向市政府呈报了《关于清东陵建筑风貌研究有关情况的报告》（唐住建呈〔2022〕133 号）。

根据批示精神，唐山市文旅局、市住建局、清东陵保护区管委会、华北理工大学清东陵文化研究所分别于 2023 年 1 月 10 日与 2 月 16 日两次召开清东陵建筑风貌专家研讨会，取得了初步研究成果，并形成了下一步工作思路。现就主要情况报告如下。

（一）华北理工大学清东陵文化研究所概况

华北理工大学社科院是华北理工大学整合全校人文社科资源建立的校属综合性科

研单位，建有清东陵文化研究所、李大钊研究院、党和国家凝聚力研究中心等机构。2019 年 10 月 10 日，唐山清东陵保护区管委会与华北理工大学社科院按照“共建、共研、共享”的原则共同发起成立了清东陵文化研究所。研究所现有专兼职相关专家 70 余名，办所宗旨为通过整合华北理工大学与清东陵的资源优势，有效推动学术研究和科研成果转化，打造区域文化品牌；破解制约清东陵文化研究发展的一些瓶颈问题和难题，促进清东陵文化研究向纵深开展；促进清东陵的有效保护和合理利用，更好造福社会；落实唐山市与华北理工大学校城深度融合工作要求，携手建设唐山文化名城，加强历史文脉保护，以文化发展提升城市美誉度和影响力。研究所的成立得到国家文物局、河北省文物局、世界文化遗产保护协会、中国古建研究会等部门的充分肯定与大力支持。

2021 年研究所与河北省文史研究馆共同设立了“清东陵文化研究专项”，每年设立 8 项课题开展专项研究，目前已支持课题研究 24 项。成立 3 年来，研究人员在学术刊物公开发表论文 13 篇，有 8 项文创设计作品在各类艺术大赛中获奖。以清东陵文化研究为主题，申报并获批省级纵向项目 6 项，其中河北省教育厅人文社科重大公关项目 1 项，河北省文化艺术科学规划和旅游研究重点项目 1 项、一般项目 1 项，河北省社会科学发展研究课题 3 项。此外，形成调研建议报告 4 篇，其中 3 篇已获得省级领导批示。

（二）研究推进情况

2023 年 1 月 10 日唐山市文旅局、市住建局、清东陵保护区管委会、华北理工大学清东陵文化研究所共同举办专题研讨会，并邀请省文史馆相关领导和专家参加了会议。会议传达了关于挖掘清东陵建筑特色、通过开展“研学游”带动清东陵旅游市场发展的工作要求。会议明确了 3 项具体任务：一是要跳出清东陵陵寝文化的局限，在更宽广的范围寻找游客的关注点和兴趣点；二要探索依托清东陵建筑艺术特色、建设大学生研习基地的具体路径；三是清东陵建筑群的特点有很多，必须找出对全国建筑专业、艺术专业师生有强大吸引力的特点。与会专家分别从各自专业角度进行了研究和讨论，提出了具有建设性和可操作性的建议。

2023 年 2 月 16 日，4 家单位共同赴清东陵裕陵、定东陵等陵寝进行实地调研并座谈，明确了清东陵建筑艺术特色选择四原则，即建筑艺术特色唯一性原则、建筑艺术同类比较明显特色原则、建筑艺术特色可研学原则、建筑艺术特色雅俗共赏原则。根据上述四原则，选定了“清东陵建筑艺术”8 个特色研究方向，分别为：建筑规划布局、建筑单体设计、建筑工程档案、建筑材料工艺、建筑装饰彩绘、建筑装饰雕刻、建筑工程管理、研学基地建设，并确定了“挖掘特色、形成文案、视频展示、逐步推进”的具体工作路径，课题组专家现已挖掘综合特色方向 1 个、清东陵建筑艺术特色 50 个、确定研学基地建设专题 7 个。

（三）下一步工作思路

下一步研究所将重点开展以下几项工作：一是聚焦唯一性和独特性，进一步挖掘清东陵建筑、艺术等方面的特色；二是坚持专业性与通俗性相结合，编写《清东陵特色文旅资源（游客版）》和《清东陵特色建筑资源研学手册（研学教材）》；三是编写百集系列短视频《清东陵研学游》文案及拍摄脚本；四是组织华北理工大学建工、艺术、矿业等学院的师生到各个特色点，融媒体技术实地拍摄制作相关特色短视频，同时研发 100 件文创作品，积极营造创建“研学基地”的良好宣传氛围；五是专题研究编制《清东陵大学生建筑艺术特色研学基地建设方案》，为推动基地建设奠定坚实基础；六是尽快建成“研学基地”，并在取得经验的基础上，形成可推广、可复制模式向全国推广。

第二章 清东陵数字化保护开发利用的背景及现状

文化遗产是民族优秀传统文化的见证者，是弘扬本国精神、凝聚发展力量的“金名片”。我国政府出台的《中华人民共和国文物保护法》《世界文化遗产保护管理办法》《河北省文物保护管理条例》《清东陵保护管理办法》等法律法规，为世界文化遗产清东陵的保护管理工作提供了有效法律保障。

第一节 我国关于文化遗产保护的政策法规

1972 年 10 月，中国恢复了在联合国教科文组织的各项活动。作为负责任的大国，中国不仅认真遵守联合国教科文组织颁布的《关于保护景观和遗址的风貌与特征》《国际古迹保护与修复宪章》《保护世界文化和自然遗产公约》《考古遗产保护与管理宪章》等国际公约，而且为全人类历史文化（自然）遗产保护发出中国声音，贡献中国力量。截至 2023 年 9 月，中国世界遗产总数达到 57 处，其中世界文化遗产 39 项、世界文化与自然双重遗产 4 项、世界自然遗产 14 项，居世界第一。

党的十八大以来，以习近平同志为核心的党中央高度重视传统文化在构建现代中华文明体系中的突出地位。习近平总书记发表了一系列有关传统文化如何保护、传承和利用的精彩论述。2015 年 2 月 15 日，习近平总书记在陕西西安考察时指出，要把凝结着中华民族传统文化的文物保护好、管理好，同时加强研究和利用，让历史说话，让文物说话，在传承祖先的成就和光荣、增强民族自尊和自信的同时，谨记历史的挫折和教训，以少走弯路、更好前进。2020 年 5 月 11 日，习近平总书记在山西大同强调，历史文化遗产是不可再生、不可替代的宝贵资源，要始终把保护放在第一位。发展旅游要以保护为前提，不能过度商业化，让旅游成为人们感悟中华文化、增强文化自信的过程。2021 年 3 月 22 日，习近平总书记在福建武夷山市考察时发表讲话：“如果没有中华五千年文明，哪里有什么中国特色？如果不是中国特色，哪有我们今天这么成功的中国特色社会主义道路？我们要特别重视挖掘中华五千年文明中的精华，弘扬优秀传统文化，把其中的精华同马克思主义立场观点方法结合起来，坚定不移走中国特色社会主义道路。”2021 年 8 月 24 日，习近平总书记在河北承德指出，我国是世界文化和自然遗产大国，要保护好、传承好、利用好中华优秀传统文化，挖掘其丰富内涵，以利于更好坚定文化自信、凝聚民族精神。

按照习近平总书记的指示，中国政府制定 5 年文化产业发展规划，发布了关于推进实施国家文化数字化战略意见，提出了新的文物工作方针。

2021 年 5 月 6 日，文化和旅游部颁布了《十四五文化产业发展规划》（以下简称《规划》）。《规划》指出，文化产业将深度融入国民经济体系，在服务国家重大战略、培育新的经济增长点、赋能经济社会发展方面发挥更大作用。新一轮科技革命和产业变革深入发展，创新驱动发展战略深入实施，将不断催生新产品、新业态和新模式，为文化产业转型升级提供强劲动力。《规划》确定了未来一段时期的发展目标。其中特别强调，到 2025 年，新型文化业态更加丰富，数字化、网络化、智能化特征更加明显，产业链条和创新发展生态更加完善，文化产业与相关领域融合更加深入，文化产业整体实力和竞争力显著增强。

2022 年 5 月，中共中央办公厅、国务院办公厅印发了《关于推进实施国家文化数字化战略的意见》（以下简称《意见》）。《意见》明确指出，到“十四五”时期末，基本建成文化数字化基础设施和服务平台，形成线上线下融合互动、立体覆盖的文化服务供给体系。到 2035 年，建成物理分布、逻辑关联、快速链接、高效搜索、全面共享、重点集成的国家文化大数据体系，中华文化全景呈现，中华文化数字化成果全民共享。《意见》提出了八项重点任务，其中第五项指出，发展数字化文化消费新场景，大力发展线上线下一体化、在线在场相结合的数字化文化新体验。《意见》要求，在数据采集加工、交易分发、传输存储及数据治理等环节，制定文化数据安全标准，强化中华文化数据库数据入库标准，构建完善的文化数据安全监管体系，完善文化资源数据和文化数字内容的产权保护措施。加快文化数字化建设标准研究制定，健全文化资源数据分享动力机制，研究制定扶持文化数字化建设的产业政策，落实和完善财政支持政策，在文化数字化建设领域布局国家技术创新中心、全国重点实验室等国家科技创新基地，支持符合科创属性的数字化文化企业在科创板上市融资，推进文化数字化相关学科专业建设，用好产教融合平台。

2022 年 7 月，全国文物工作会议提出了“保护第一、加强管理、挖掘价值、有效利用、让文物活起来”的新时代文物工作方针。新方针更具时代性和针对性：第一，增加了“挖掘价值，让文物活起来”的重要表述。“挖掘价值”是文物事业发展的要义之一，更是保护和传承文物的基础。文物是历史文化资源，是中华文明的载体，每一件文物都是一串神奇的密码，通过挖掘其历史价值、艺术价值、科学价值，解锁其中的秘密，可以不断地提升人们对中华文明的认知，增强我们的文化自信。发掘文物多方面价值和文化内涵，也是“让文物活起来”的前提。“让收藏在禁宫里的文物、陈列在广阔大地上的遗产、书写在古籍里的文字都活起来。”随着科技的发展，高新精尖技术为文物的传播和展示赋予了新的活力。通过展览展示、文创产品、视频节目、舞剧等不同形式的生动演绎，把文物的价值内涵显露出来，让大众发现、了解传统文化，将传统文化传播得更远，既是对民族文化的传承，更是对历史记忆的保护。第二，新方针将以前的“合理利用”变成“有效利用”。虽然只有两字之改，但是含义更深刻，在对文物的“利用”上，步子可以再大一点，不仅是合理，更要有效，这也将进一步激发文物工作者的创新性和创造力。

总之，作为文化产业的重要一环，文化遗产行业势必在满足人民多样化、高品位文化需求，激发文化创造活力，推进文化强国建设领域扮演重要角色。可以预见的是，坚持创新驱动发展，落实文化产业数字化战略，促进文化遗产“上云用数赋智”，推进线上线下融合，提高质量效益和核心竞争力，是必由之路。

国家文物局原局长刘玉珠指出，“十四五”时期，文物事业将以改革创新为动力，以保护利用为导向，以数字互联为牵引，牢牢把握当前数字化建设重大机遇期，顺应新变化、开辟新路径、提升新能力，开创新时代文物事业发展新气象。广大文博单位要按照中共中央办公厅、国务院办公厅印发的《关于加强文物保护利用改革的若干意见》，加强文物保护利用成果数字化转化，探索实施文化遗产云建设工程，集合先进科技新手段、丰富内容供给新样态、拓展话语表达新方式，为受众提供可视化呈现、互动化传播、沉浸化体验的文物信息产品，以及文物遗址、考古、建筑云展示。要加速推进智慧博物馆发展，将数字化广泛应用于征藏、保护、展陈、教育、传播等博物馆发展要素，逐步实现博物馆智慧服务、智慧保护、智慧管理，不断增强馆藏文物数字化保存、数字化展示、数字化传播。要创新文物价值传播推广体系，高质量实施中华文物全媒体传播计划，高标准推进网上展厅内容呈现与形式创新，讲清楚文化遗产蕴藏的历史传统和文化积淀，讲清楚中华民族独特的价值体系和精神追求，让文物成为民族认同、文化认同、国家认同的重要精神桥梁。

第二节　清东陵文化遗产资源

一、遗产概况

清东陵位于河北省唐山市遵化市境内昌瑞山南麓，西距北京125千米，东南距唐山市市区100千米，是中国现存规模宏大、保存较完整的清朝皇家陵区。清东陵始建于顺治十八年（1661年），共有帝、后、妃陵寝14座（另有公主陵1座，共15座）。其中，皇帝陵5座，包括清朝入关后第一帝顺治的孝陵，第二帝康熙的景陵，第四帝乾隆的裕陵，第七帝咸丰的定陵，第八帝同治的惠陵；另有孝庄、孝惠、孝贞（慈安）、孝钦（慈禧）4座皇后陵；妃嫔园寝5座，即景陵妃园寝、景陵皇贵妃园寝、裕陵妃园寝、定陵妃园寝、惠陵妃园寝。

清东陵具有重要的历史、科学和艺术价值，是中华民族和全人类的宝贵文化遗产。清东陵自1661年开始营建，至1908年完成，历时247年，跨越了两个半世纪，见证了清代历史文化和建筑艺术的发展。2000年11月30日，清东陵被列入《世界文化遗产名录》，是明清皇家陵寝世界文化遗产项目的重要组成部分。

世界遗产委员会对清东陵的价值给予高度评价，清东陵是中国陵墓营建活动最后的代表作，在环境景观、建筑设计方面，是中国皇家陵园中最富特色的例证之一。陵园埋葬了多位对清朝历史有重要影响的人物，如：清初杰出的女政治家孝庄文皇后；开创“康乾盛世”的康熙大帝和乾隆皇帝；晚清两次垂帘听政，实际统治中国达47年之久的慈禧太后等。历史和人文信息非常丰富。清东陵是集中国风水文化、建筑文化、祭祀文化、宫廷文化、民俗宗教文化为一体的大型露天博物馆，是中国皇陵的集大成者。

清东陵15座陵寝原有各类建筑物、附属建筑物580座（组），现存508座（组），占原建筑总数的87.6%；长14500多米的神路则完整留存至今。据统计，清东陵有殿宇（含配殿）29座、宫门14座、陵寝门8座、方城明楼12座、碑楼25座、石碑25统、牌坊6座、石像生4组36对、华表12根、望柱10根、拱券桥34座、丹陛石13块、石祭台9座、下马牌9对。

目前，清东陵保护范围80平方千米。据《清东陵保护管理办法》（2017年修订版）第四条规定，其四至范围东以风水墙地基走向向东延伸50米为界；南以烟墩山、象山、天台山分水线为界；西以黄花山分水线为界；北以昌瑞山分水线为界。清东陵陵区分为保护范围和建设控制地带。保护范围是指实施重点保护的各陵寝建筑物、构筑物、文物古迹遗址边沿向外延伸一定距离的区域，含各陵所属的宝山、砂山、案山、朝山、靠山等每个独立的山体及山体外坡脚向外延伸一定距离的区域。建设控制地带是对建设项目加以限制的保护范围以外的陵区。

该《清东陵保护管理办法》第六条又规定，陵区内下列文物以及与陵寝相关的环境要素，应当重点保护管理：（1）陵寝、墓葬（定陵、定陵妃园寝、普祥峪定东陵、普陀峪定东陵、裕陵、裕陵妃园寝、孝陵、孝东陵、景陵、景陵妃园寝、景陵皇贵妃园寝、惠陵、惠陵妃园寝、昭西陵、端悯固伦公主园寝、道光陵遗址）及所属的建筑物、构筑物；（2）与陵寝相关的实物及文献资料；（3）古树名木以及风景林木；（4）陵寝所属的宝山、砂山、案山、朝山、靠山及其自然生态环境；（5）陵区范围内的地下文物；（6）其他依法应当保护的遗址、人文遗迹。

二、陵寝

（一）皇帝陵

自顺治皇帝的孝陵在昌瑞山下落成以后，清代皇帝陵的规制就已基本形成。皇帝陵的布局可分为三个区，即神路区、宫殿区和神厨库区。孝陵的神路区建筑配置最为丰富，自南至北依次为石牌坊、东西下马牌、大红门、具服殿（供谒陵者更换衣服、临时休息的殿宇）、圣德神功碑亭、石像生、龙凤门、一孔桥、七孔桥、五孔桥、东西下马牌、三路三孔桥及平桥。宫殿区按照“前朝后寝”的格局营建，自南至北依次为神道碑亭、东西朝房、隆恩门、东西燎炉（焚烧纸、锞的场所）、东西配殿、隆恩殿、陵寝门、二柱门、石五供、方城、明楼、琉璃影壁，以及月牙城、宝城、宝顶，宝顶下是地宫。宫门以内环以围墙，前后共三进院落。神厨库区位于宫殿区前左侧，坐东朝西，建筑有神厨（做祭品的厨房）、南北神库（储存物品的库房）、省牲亭（宰杀牛羊的场所），环以围墙。围墙外建井亭。三个区的所有带屋顶的建筑（包括墙垣），除班房覆以灰布瓦外，全部以黄琉璃瓦覆顶（包括墙顶）。其中大红门为单檐庑殿顶建筑，圣德神功碑亭、神道碑亭、隆恩殿、明楼和省牲亭为重檐歇山顶建筑，具服殿、隆恩门、配殿、燎炉为单檐歇山顶建筑，朝房为单檐硬山顶建筑，神厨、神库为单檐悬山顶建筑；陵寝门为琉璃花门，井亭为逯顶建筑，班房为单檐卷棚顶建筑。

入关第二帝康熙皇帝的景陵承袭孝陵规制，宫殿区和神厨库区与孝陵相同，唯神路区有较大改动。主要表现在：一是神路与孝陵神路相接，不单建石牌坊、大红门、具服殿；二是圣德神功碑亭内改竖双碑，分书满、汉碑文；三是石像生由 18 对缩减为

5 对；四是改龙凤门为五间六柱五楼的牌楼门（道光年间为求统一，谕令将牌楼门也称龙凤门）；五是裁撤了七孔桥、一孔桥，保留了五孔桥和三路三孔桥；六是五孔桥改建在石像生以南。

入关第四帝乾隆皇帝的裕陵基本承袭了景陵规制，但稍有展拓：一是神路区的牌楼门以北增加了一孔拱桥；二是石像生增至 8 对，比景陵多出 3 对；三是在陵寝门前增设了三路一孔玉带桥；四是在三路三孔桥两侧对称地各增设了一座三孔平桥。

入关第七帝咸丰皇帝的定陵基本沿用了祖陵的规制，但又仿效其父道光皇帝慕陵的某些做法，裁撤了圣德神功碑亭、一孔拱桥、二柱门，将陵寝门前的玉带桥改为 3 座平便桥，将石像生改为 5 对。

入关第八帝同治皇帝的惠陵规制更为减缩，不仅未建石像生，连与孝陵相接的神路也被撤掉。

（二）皇后陵

清王朝建造的第一座皇后陵是孝惠章皇后（顺治帝的皇后）的孝东陵，孝东陵神路区仅设一路三孔桥，宫殿区不设二柱门，其余则与皇帝陵相同。但由于当时制度尚不完备，在该陵内又埋葬了 28 位顺治帝的妃嫔，因此形成了皇后陵兼妃园寝的格局。

慈安皇太后和慈禧皇太后的定东陵是清王朝营建的最后两座皇后陵，其规制基本参照了孝东陵，但又有所区别：一是在神路区增建了下马牌和神道碑亭，三孔拱桥两侧对称增建了平桥；二是陵内不再埋葬妃嫔，比起孝东陵来规制有所提高。

埋葬孝庄文皇后的昭西陵由于是由暂安奉殿改建而成，因而规制极为特殊：一是神路区只设下马牌和神道碑亭，未设桥涵；二是宫殿区建了两层围墙，外层围墙的正面设置了隆恩门，内层围墙的正面设置三座琉璃花门；三是陵寝门设在隆恩殿左右的卡子墙上；四是隆恩殿用的是清代建筑等级最高的重檐庑殿顶。其规制与其他皇后陵迥异，当为特例。

（三）妃园寝

在清东陵营建的第一座妃园寝是景陵妃园寝，这座妃园寝只有宫殿区，自南向北依次为一孔拱桥和平桥、东西厢房、东西班房、宫门、燎炉、享殿、园寝门，园寝后院建有 49 个小宝顶。厢房、班房均以布瓦覆顶。大门、享殿为单檐歇山式建筑，并以绿琉璃瓦覆顶。景陵妃园寝成为后世各园寝的蓝本。

景陵皇贵妃园寝是清东陵内建造的第二座妃园寝。乾隆皇帝出于对康熙帝的两位皇贵妃的尊重和孝顺，提高了园寝规制。皇贵妃园寝与妃园寝相比有以下三点不同：一是增加了绿瓦单檐歇山顶的东、西配殿；二是享殿月台前设置了丹陛石；三是为两位皇贵妃各建立了方城和绿瓦单檐歇山式的明楼。因而该园寝是清代等级最高的妃园寝。

清东陵内建造的第三座妃园寝是裕陵妃园寝。该园寝规制接近景陵皇贵妃园寝，不同的是享殿前未设丹陛石，园寝门开在享殿两侧的面阔墙上，有一座方城明楼，后院内建 34 座小宝顶。

定陵妃园寝和惠陵妃园寝是清东陵内营建的第四、第五座妃园寝，它们的规制均与景陵妃园寝相同。

（四）陪葬墓

清东陵外围还建有皇太子园寝、公主园寝、王爷园寝、贝勒园寝、保姆园寝、贵人园寝、大臣墓等陪葬基 10 余座。这些陪葬墓，是清东陵的重要组成部分。

端慧皇太子园寝位于清东陵西侧的西峰口外的朱华山南麓，坐北朝南，墓主人是乾隆时期的端慧皇太子永琏，为清朝唯一的一座皇太子园寝。现仅存遗址。

端悯固伦公主园寝位于清东陵陵区东南、风水墙外、许家峪村西，是隶属清东陵的唯一一座清代公主园寝。该园寝在清东陵保护区 80 平方千米范围内，建于道光三年（1823 年）至道光七年（1827 年），建筑由南到北依次建有东西厢房、东西班房、宫门、大殿、园寝门、宝顶、环以围墙。公主园寝有两个建筑特点：一是享殿前檐施用什锦枋心彩绘；二是围墙进深墙和后面罗圈墙为砖砌“蝇不落”式样。

清东陵西侧黄花山西麓，建有顺康时期的六座王爷园寝，即荣亲王园寝、理密亲王园寝、裕宪亲王园寝、纯靖亲王园寝、直郡王园寝、恂勤郡王园寝。以上王爷园寝仅存神道碑和宝顶遗址。

在今马兰峪镇以东，建有四座清代保姆园寝，即奉圣夫人园寝、佐圣夫人园寝、佑圣夫人园寝、保圣夫人园寝。这四位保姆因曾抚育幼时的顺治帝、康熙帝，特赐葬皇陵近地，以示荣宠。其中，佐圣夫人园寝现已无存，其余三座园寝尚有部分建筑物。

老贵人园寝位于今南新城村东南，坐北朝南，墓主人为孝庄文皇后的侍女苏麻喇姑以及雍正皇帝的老贵人。该园寝始建于雍正三年（1725 年），是雍正皇帝为苏麻喇姑修建的园寝，初称苏麻喇妈妈园寝。乾隆二年（1737 年），老贵人葬入该园寝后，改今名。该园寝早年被毁，现仅存两座宝顶。

傅达礼墓位于端悯固伦公主园寝西侧，坐北朝南。墓主人傅达礼为顺治帝亲信侍卫，在顺治帝死后，他毅然殉死。清廷感其忠贞，赐葬皇陵近地，以示褒奖。现仅存一座石碑。

穆成格墓在傅达礼墓东侧，坐北朝南。穆成格历任壮夫品级内司库、拖沙拉哈番品级内司库、内官监员外郎、拖沙喇哈番品级员外郎、孝陵掌关防郎中等职。穆成格性资端谨，恪尽职守，得以祔葬皇陵近地。该墓现仅存一统石碑。

三、建筑精品

清东陵现存各类建筑物（构筑物）500余座，堪称一座规模宏大的露天建筑博物馆，保存了大量优秀建筑精品，集中展现了东方古建筑的独特魅力，其中裕陵地下宫殿、慈禧陵三殿以及孝陵神路等建筑，在国内首屈一指，是精品中的精品。这些建筑不仅代表了当时最高建筑水准，而且反映了当时的最高艺术成就。胪举如下。

（一）孝陵神路

孝陵神路南起金星山下的石牌坊，北到昌瑞山下的宝城、宝顶，长达5.5千米，将孝陵的石牌坊、功德碑楼、石像生、龙凤门、神路桥、隆恩门、隆恩殿、二柱门、石五供、方城明楼、宝顶地宫等数十座建筑贯串起来，形成一条气势宏伟、序列层次丰富、极为壮观的陵区建筑中轴线。它虽然因势随形，多有曲折，但曲不离直，明确显现了南北山向的一贯，配合了山川形势，强化了主宾朝揖的天然秩序，产生了极富感染力的空间艺术效果。孝陵神路是清陵中最长的神路，也是最壮观、最富艺术性的神路。

（二）孝陵石牌坊

孝陵石牌坊为仿木结构形式，形制为五间六柱十一楼，面阔31.35米，高12.48米，全部用巨大的青白石构筑而成。夹杆石的顶部圆雕麒麟、狮子，看面分别浮雕云龙、草龙、双狮戏球等图案。梁枋上雕刻旋子彩画。折柱、花板上浮雕祥云。斗拱、椽飞、瓦垅、吻兽、云墩、雀替均为石料雕制，做工细巧，刻技精湛，历经数百年毫无走闪之迹，像这样高大精美的石牌坊，在国内已不多见。

（三）孝陵石像生

孝陵石像生共18对，由北往南依次为文臣3对、武将3对，均为立像；站卧马各1对、站坐麒麟各1对、站卧象各1对、站卧骆驼各1对、站坐狻猊各1对、站坐狮子各1对。另有望柱1对。孝陵石像生均以整块青白石料雕成，风格粗犷朴拙，气度非凡。孝陵石像生是清代陵寝中规模最大、最具特色的一组石像生。

（四）孝陵七孔拱桥

孝陵七孔拱桥是清东陵唯一的一座七孔桥，桥长110米，两侧安设石栏板126块、石望柱128根、抱鼓石4块。远观似长虹卧波，雄伟壮观。孝陵七孔拱桥的石栏杆富含方解石，在敲击时会发出金属般悦耳的声音。

（五）裕陵圣德神功碑亭

裕陵圣德神功碑亭为重檐歇山式建筑，黄琉璃瓦覆顶，厚重的墩台四面各辟券门。

亭内竖立两统石碑，碑身高 6.64 米，分别置于巨大的赑屃碑座上，东碑刻满文，西碑刻汉字。碑文由仁宗嘉庆皇帝撰写，文字由清代著名书法家、高宗乾隆帝第十一子成亲王永瑆亲书。此碑至今保存完整无损，字迹清晰。

（六）裕陵地宫

裕陵是乾隆皇帝的陵寝，其地宫由九券四门构成，进深 54 米。从第一道石门开始，所有的平水墙、月光墙、券顶和门楼上都布满了佛教题材的雕刻，如四大天王、八大菩萨、五方佛、二十四佛、五欲供、狮子、八宝、法器，以及三万多字的藏文、梵文经咒。裕陵地宫的雕刻刀法娴熟精湛，线条流畅细腻，造像生动传神，布局严谨有序，被誉为“石雕艺术宝库”和“庄严肃穆的地下佛堂”，是研究佛学和雕刻艺术难得的实物资料。

（七）慈禧陵三殿

菩陀峪定东陵是慈禧皇太后的陵寝。其隆恩殿及东西配殿用料考究、做工精细、装修豪华。木构架全部采用名贵的黄花梨木。梁枋彩画不做地仗，不敷颜料，而在木件上直接沥粉贴金，图案为等级最高的金龙和玺彩画。殿内墙上雕有寓意“万福万寿、福寿绵长”的砖雕图案，并全部筛扫红黄金。三殿的 64 根露明柱子上全部盘绕半立体的镀金铜龙。封护墙干摆到顶，拔檐砖上雕有“万福流云”图案。大殿周围的石栏杆，无论栏板、望柱还是抱鼓石上，全部浮雕各式龙凤呈祥、海水江崖图案。殿前“凤压龙”丹陛石采用高浮雕加透雕的技法，把丹凤凌空、蛟龙出水的神态刻画得惟妙惟肖，是难得的石雕艺术杰作。贴金的彩画、扫金的墙壁、镀金的盘龙、精雕细刻的石栏杆，把三殿装饰得金碧辉煌，精美绝伦。

（八）裕陵玉带桥

裕陵玉带桥在隆恩殿后、陵寝门前的玉带河上。单孔拱券，三桥并排。桥面两侧安装汉白玉石栏杆，龙凤柱头，两侧用靠山龙捧戗。裕陵玉带桥在清陵中仅此一例。

四、自然景观及附属建筑

（一）自然景观

清东陵陵址是顺治皇帝亲自选中的，被清朝统治者视为得天独厚的风水宝地。燕山山脉主峰雾灵山为风水源头，一路逶迤向南，重峦叠嶂，形似游龙，两侧碧水环绕，寓示王朝帝运绵长。清东陵自然景观符合明清时期盛行的江西“形势宗”风水理念要求，在陵寝选址过程中追求“龙、穴、砂、水、向”诸要素尽善尽美，在陵寝营造时崇尚“陵制与山水相称”的审美趣旨，以期彰显传统“天人合一”精神。

清东陵北以昌瑞山做“靠山”，前有金星山为“朝山”，东有鹰飞倒仰山形似“左辅”，西有黄花山宛如“右弼”，昌瑞山、金星山之间，更有天然形成的影壁山作“案山”。金星山以南，象山、烟墩山两山对峙，呈阙门之势，名曰“兴隆口”，又取鲤鱼跃龙门之意称“龙门口”。四象俱全，堂局开阔坦荡，宛似天子临朝。陵区东西两侧，马兰河、西大河二水东西环绕夹流。整个陵区负阴抱阳、藏风聚气、林木葱茂、物产丰富、钟灵毓秀。

清代文人张从孔赋诗赞美清东陵风水：“万载兴隆地，双峰锁口齐。金星高拱北，玉水曲流西。鸟语崖间树，鱼游石畔西。举头陵上望，常有彩云栖。”

（二）府邸营房

随着清东陵的渐次营建，各类守陵管理机构亦随之设置。按清制，守护东陵的最高职位是陵寝守护大臣，由宗室王公充任，全权负责东陵各项事务。各陵寝分别设有内务府、礼部和兵部；在陵区东北的马兰关设总兵署，称马兰镇绿营。上述管理机构，职责不同，隶属有别，其中，内务府负责制作陵上祭品，礼部负责祭祀典礼，八旗兵部负责各陵寝核心区警卫，马兰关绿营负责陵区外围和昌瑞山以北广大地区的风水守护。

1. 王公府邸

守护东陵王公府邸始建于雍正初年，在今马兰峪河东村，有王府一座，公府两座。同时，在王府以南建侍卫城一座。以后，因年久失修，半就倾圮。乾隆以后，撤销了侍卫城，王公府邸也迁到今马兰峪镇内，分别称“东府”和“西府”。东府在马兰峪东关横街南头。西府在今马兰峪城西关路北。西府今已无存。东府现有原建筑5座，包括大堂5间、后堂5间、南院正房5间、东西厢房各3间。东陵守陵大臣下辖的办事机构称“东陵承办事务衙门”，位于马兰峪城东关路北，是东陵直接与朝廷公牍往来的中枢所在，今已无存。

2. 内务府圈

东陵内务府守陵人的衙署营房一般都建在风水围墙以内，紧挨各自所当差的陵寝，唯孝东陵内务府建在陵区东侧的马兰峪。每座内务府营房都被高大的砖墙圈起来，所以乾隆朝以后俗称为“圈”，为帝后陵服务的称“大圈”，为妃园寝服务的称“小圈”。另外，昭西陵未建内务府营房，其所属人员居住在昭西陵礼部营房内。

终清一代，东陵共建有内务府圈11个，它们是孝陵圈（今西沟村前身）、孝东陵圈（今马兰峪一村前身）、景陵圈（今东沟村前身）、裕大圈（今裕大村前身）、裕小圈（今裕小村前身）、定大圈（今定大村前身）、定小圈（今定小村前身）、慈安陵圈（今裕大村西部）、慈禧陵圈（今新太村前身）、惠大圈（今惠大村前身）、惠小圈（今惠小村前身)。每座内务府圈设置内务府衙门一座,称“内关防衙门”。因昭西陵未另立圈,其内务府事务由景陵内务府衙门代管。各陵内务府圈除了办公衙署和内务府生活用房外,还配套建有供内务府人员制作祭陵供品的菜房、饽饽房、晾饽饽房各一座。以上古建筑已无存。

3. 礼部和兵部营房

清东陵原来建有九座兵部、礼部合一的营房,用于这两个系统的人员分别居住,中间用一条街道为界。其中在今马兰峪镇建孝陵营房、孝东陵营房,在今南新城村建景陵营房、昭西陵营房,在今马兰峪以东的营房村建裕陵营房、定陵营房、慈安陵营房、慈禧陵营房和惠陵营房,合称九营。各妃园寝不单建营房,其兵部和礼部员役都住在同一帝陵营房内。

同时,在兵部营房内都建有关帝庙一座,为两系统人员的集体活动场所。营房内还建有礼部管理的附属设施,包括金银器皿库(储存祭祀用金银器)、祝版房(储存祭祀的祝版和制帛)、果楼、暖果窖(储备干鲜果品)、冰窖各一座;另有加工祭祀供品的油面房、糖酱房、磨房各一座,酒房(烧酒)二座;饲养祭祀牲畜的铡草房、牛圈、羊圈、黑牛房(做整牛供即“太牢”用)、乳牛房(挤奶用)各一座。在今马兰峪以东仓房村,还有一座专门为守陵官兵兴建的粮仓,称“仓房”。上述营房、仓房建筑均已无存,唯一名称沿用至今。

4. 马兰关绿营衙署营房

马兰关地处陵区风水墙东侧,为长城关口,原有旧城两座,各自建有围墙。明崇祯十一年(1638年)称“马兰峪关”,入清以来一直称“马兰关”。雍正元年(1723年),为加强陵区风水防卫,升守卫陵寝副将为总兵官,在马兰关建总兵署、游击署及守备署,还建有演兵教场、军器库、广裕仓和镇标左右两营的马圈。镇标左营、右营两营的营房建在马兰关东西两城内,此外,墙子路等营分驻后龙各地。上述建筑基本无存。

至清朝中期,马兰关绿营兵逐渐增多,东西营已容纳不下,便增建了新的绿营营房。新营房位于马兰峪镇北约3千米处,紧邻瑞山桥,即今天官房村。官房村砖石砌筑的围墙东西宽207.6米,南北长285.5米,今保存完整。

(三)寺庙和行宫

清东陵原有二郎庙和隆福寺两座庙宇。其中,二郎庙位于陵区风水墙内,原来规模较小,仅有瓦屋三间。20世纪90年代,扩建成今天的规模。

隆福寺位于陵区西南天台山南麓,为皇家经营的喇嘛庙,乾隆初年仿沈阳实胜寺扩建而成。寺内置满洲喇嘛数十人，每届帝后陵寝举行忌辰大祭礼时，至陵寝西配殿唪经。咸丰皇帝和孝德显皇后曾停灵于此。隆福寺今已无存。

隆福寺旁边原建有隆福寺行宫一座，建于乾隆初年，为皇帝谒陵时的居所，今已无存。

五、馆藏文物

清东陵文物管理处现有馆藏文物 2867 件，其中一级文物 3 件、二级文物 129 件、三级文物 882 件、一般文物 1845 件，另有 8 具棺椁未定级。清东陵馆藏文物，绝大多数是清宫传世品和陵寝出土文物，具有珍贵的历史和文化价值。

（一）出土文物

清东陵现有 4 座陵寝地宫对外开放，即乾隆帝裕陵地宫、慈禧太后菩陀峪定东陵地宫、裕陵妃园寝中纯惠皇贵妃墓地宫和容妃墓地宫。这 4 座地宫在 20 世纪二三十年代均遭盗劫。其中，裕陵和慈禧定东陵两座地宫在 1928 年 7 月被孙殿英部队盗掘。纯惠皇贵妃墓地宫系 1929 年农历十一月被盗，容妃地宫在稍晚亦遭盗掘。

1975 年 6 月至 1977 年 12 月，裕陵地宫被清理并随即开放。慈禧陵地宫于 1979 年 2 月 17 日开始清理，同年 4 月 18 日正式对外开放。1979 年 10 月，容妃墓地宫前方踏跺盗洞处发生坍塌，遂进行了抢救性清理，然后对外开放。1981 年，纯惠皇贵妃地宫被打开并清理，1983 年 5 月 1 日对外开放。以上 4 座地宫在清理过程中，出土了部分幸免于盗的文物。情况如下：

裕陵地宫出土金质类文物鼻烟壶、金龙、金荷花、金团花、金帽顶、金簪、金花蝈蝈、金戒指、金桃、金磬等；玉质类文物有玉镯、玉簪、玉人、玉蝉、玉葫芦、玉兔、玉羊、玉鱼、碧玉方坠等；珠宝类文物有珍珠、珊瑚珠、琥珀珠、青金石珠、绿松石珠、松石佩件、猫睛石、碧玉坠、红蓝宝石等。慈禧陵地宫出土了檀香木谥号册宝、堆绫荷花枕套、铺绒加金丝绣荷花褥、元宝底鞋残片；福字龙袍、织金陀罗尼经被等。容妃地宫出土各色宝石、吉祥帽、哈达和袍料残片若干。纯惠皇贵妃地宫出土残破戒指、纽扣、耳环勾、宝石坠等。

除此之外，2015 年和 2018 年，警方分两批追缴回景陵妃园寝温僖贵妃墓被盗文物共 31 件（套），包括凤冠、金手镯、金耳坠、金项圈、金簪、素锻攒金绣八团云龙女夹龙袍、织金四合如意万寿云龙纹棉被、素缎面采帨等。

（二）宫廷文物

清东陵馆藏清代宫廷文物包括木器、金属器、漆器、珐琅器、书画、织绣、瓷器、玉器、杂项等。其中不乏清一代文物精品，如紫檀九龙闹海插屏心、黑漆描金龙木箱、金漆宝座、金漆喇嘛塔、红漆描金龙凤小箱、乾隆书《大宝箴》卷、乾隆书《知过论》卷、乾隆画紫兰轴中堂、慈禧书一笔龙中堂、慈禧画罗浮真影中堂、慈禧画富贵寿考中堂、乾隆石青色团龙衮服、貂皮黄马褂、慈禧绊丝竹枝袍、红木边框珐琅彩丹凤朝阳插屏、珐琅围屏式座钟、红漆描金捧盒、康熙款黄釉大瓷碗、康熙款黄地粉彩双龙碗、康熙款青花云龙碗、康熙款青花“见石成羊”瓷盅、雍正款粉彩仙鹤杯、乾隆款青花梵文高足碗（盅）、乾隆款黄釉兽耳罐、乾隆款青花海水鱼龙高足盘、黄地粉彩云龙盖豆、黄釉爵、光绪款鳝鱼黄釉直口瓶、光绪款粉彩花卉高足碗、光绪款霁蓝釉象耳琮式瓶、光绪款青花缠枝莲盖罐、玉如意、慈禧皇太后玉玺、描金纸彩象牙梳具等。

这些文物，或反映了乾隆、慈禧等著名历史人物的思想情趣，或材质名贵，或制作工艺精湛，深刻反映了清朝宫廷文化，见证了当时的工艺水平，都是宝贵的文化遗产。

第三节　清东陵文化的“识同”与“寻异”

少数民族文化作为中华文化的重要组成部分历来受到学界重视。少数民族文化有其自身形成、发展、变化的历程，但大多受到汉族文化的影响。探讨汉族文化对少数民族文化的影响，通过对文化趋同性与特异性的研究，能够为少数民族文化遗产的发掘和保护提供参考。本书围绕清东陵的文化发掘与保护，对这一在我国少数民族中汉化较为突出的民族在文化趋同性与特异性上进行分析，探寻少数民族文化发掘与保护过程中所应注意的问题，并进而探讨合适的实施路径。

一、民族与民族文化：从“满人汉化”到满汉族文化的融合

做好清东陵的文化发掘与保护，首先需要了解满族的民族特点，才能了解满族的文化。满族是中国众多少数民族中较为特殊的一个民族。满族从其来源组成到政治影响方面都有其他少数民族所不具备的特点，作为一个曾经建立过近300年封建王朝的少数民族，其民族特点以及文化的发展与改变都打上了深刻的政治烙印。这样一个民族的延续和发展面临的最大挑战不是族群的大小而是文化的独立性存在，满族文化在与先进而庞大的汉族文化的对抗共存中，最终实现了文化融合，为中华民族文化体系的形成作出了重要贡献。因此了解满族，就必须从“满人汉化”谈起。

（一）满族的来源组成有其他少数民族所不具备的特殊性

从来源和组成上来说，满族与其他少数民族相比有其自身的特殊性。满族的名称来源于满洲，满洲具有地理名词和民族名词的双重意义，但在清早期，满洲是部族名称而不是地名。对此问题，傅朗云、孙静等人都曾对“女真”到“满洲”的演变进行过探讨，笔者此次不再赘述。部分学者将满族作为一个民族共同体，例如王景义在《关于满族形成中几个问题的探讨》一文中认为，“满族是以建州女真和海西女真为主，吸收其他女真部族和其他民族部分成员而形成新的民族共同体”，这里的其他民族包括汉族、朝鲜族、蒙古族以及其他少数民族。中国艺术研究院的苑杰在《关于北京满族文化研究的几点思考》一文中指出：“在1635年满族成为一个新的民族共同体的称谓时，满族即是一个由女真人、汉族、蒙古族以及朝鲜族等东北民族共同组成的复合体（其中作为满族主体的女真人虽然不是金代高度汉化的女真人的直系后裔），但也是在‘东北边境上’‘向前发展’的社会群体。”正是因为满族的特殊性，因此在文化构成以及民族发展中，满族与汉族之间具有千丝万缕的联系，虽处于族群独立性的需要，满族拥有自己的文字以及很具特殊的文化习俗，但不可避免地从一开始就已经打上汉族文化的烙印。

（二）学术界关于满族“汉化”与“非汉化”的争论

“满人汉化”曾深受学界关注。学界基本认为满族在努尔哈赤时期就已经开始接触并学习汉族文化，重用汉族官僚，并建立起政治制度和官僚体系。入关以后，更是对汉族文化愈加倚重，大力提倡和模仿。清王朝近300年的历史就是满族汉族文化融合的历史。到了近代，满族已经基本上完成被同化的历程。持这一观点的学者很多，笔者不再一一赘述。近些年来，一些学者开始通过对一些个案分析来寻找“满人汉化”的依据。例如王海燕在《对“满人汉化”的思考——以清东陵汉学、汉教习的设立及裁撤个案为例》一文中，从清东陵汉学、汉教习的裁撤以及汉学的再设立这一个案展开分析，认为传统的汉化观点更加接近历史真实。王海燕认为：“清朝统治者与历史上其他曾经建立过统一政权的少数民族统治者相比，他们的聪明之处在于能够审时度势地根据自己统治的需要学习汉族文化和保留本民族的长处。……否认汉化，就无法解释清王朝入关以后的陵寝制度以及其他制度的确立，进而也就无法解释整个清王朝的历史。”

罗友芝则是“非汉化”观点的代表。她反对何炳棣的观点，否认“汉化论”和“汉族中心论”，强调汉族帝国与内陆亚洲非汉民族之间文化联系的重要性。何炳棣则对罗友芝的非汉化论进行了尖锐的批驳，认为，满族作为一个少数民族之所以能够统治中国近300年之久，就在于其能够审时度势地根据自己的统治需要学习汉族文化，“欲统治中国，首先应具备统治中国芸芸众生的能力。中国人口在1650年—1800年间剧增，面对这一严峻挑战，满族之所以能在很大程度上取得成功，就在于其运用了汉族传统的政策和制度”。可见两者关于满族“汉化”和“非汉化”问题所持的观点是截然相反的，也是大多数学者所持的两种基本观点。

另外，还有学者从融合的主动与被动方面进行探讨。其中，郭成康在《也谈满人汉化》一文中，在分析满族汉化的过程时，认为满人汉化不是被动的吸收，而是在受到汉族文化的影响时自觉地进行抵制，“处心积虑地裁量、陶铸、重塑、支配着汉族文化，从而使满汉族文化的交流和冲突最终达到一个新的层面、新的内涵的融合”。美国研究清史的学者欧立德认为用“汉化”没有用“同化”更为准确。他认为何炳棣和罗友芝的观点都具有极端性，对于汉化问题应该将“汉化”与“非汉化”折中理解。他说：“有些人认为满族人之所以能够成功是由于他们完全汉化了，但另一些人则认为满族人的成功是因为他们避免了汉化。我觉得折中理解可能更为合理。”

简而言之，“汉化”“非汉化”，甚而“同化”均属于目前学术界的重要观点。文化的形成则更多是互鉴互生的过程，可能因影响力不同从而各自所受对方的影响大小不同，但文化的差异性及其对于民族、对于世界的贡献则更应该成为学界探讨的中心。

（三） 满汉族文化是一个互融发展的过程，为中华民族文化的形成作出独特的贡献

正如前文所述，满族在入关之前，为保持满族文化的独立性，对汉族文化是吸收但拒融的态度。入关以后，清朝统治者将满族文化置于文化的顶端，并刻意凌驾于汉族文化之上。栾凡的《清前期满族民族意识与满汉族文化交融》一文就持这一观点，他认为清王朝对汉族文化的态度与以往少数民族政权有很大不同，既不是吸收，也不是破坏，而是融合后的君临。常书红在《清代北京的旗、民一体化进程——兼论北京满汉族文化的交融》一文中，以北京地区为研究区域，从聚居、婚姻、司法、教育等方面的研究来论述清代北京地区的旗民一体化的过程，展示满汉族文化的交融情况。从目前学界的研究情况来看，学者们大多侧重研究作为统治阶级的满族怎样学习汉族文化，而忽视汉族文化自身的特点及其在政治、经济、社会风俗等方面对满族文化产生影响时的主动性研究。

本书更倾向于满汉族文化融合发展的观点。文化的发展壮大是一个运动的不断融合的过程，积成春的《从乾隆时期满族文化传统的迅速转变看汉族文化的影响》一文就认为满族文化是在汉族文化的影响下才形成了具有时代特色的清朝文化，并认为这一文化的形成是在乾隆时期，这一时期“满族的意识形态、语言文字、生产和生活方式，也在汉族文化的强烈影响下迅速调适、变异、融合，逐渐形成了具有满族特色的清代文化。其间，尽管乾隆帝极力想保留满族旧俗，但在满汉族文化交融的强大洪流面前，所采取的一切措施都显得苍白无力，而且他本人总是自觉不自觉地充当了满汉族文化交融的先锋”。正如现代对于少数民族文化的保护，少数民族文化不能停留在被动的保护层面，这种被动式保护不能阻止文化生命力的逐渐衰弱。事实上，一种文化要得到长久的生存和发展，必然要吸收外来的新鲜血液，满族文化就体现了这一特点，满汉族文化的融合其实就是一种文化互促发展模式。能证明这一观点的证据非常多，比如清东陵的布局、祭祀风俗等都是这一融合的力证。

二、“识同”：清满汉族文化的趋同性

少数民族要保持本民族的存在和发展，往往更加注重对本民族文化特色的保留。

（一）满汉族文化的趋同性分析

风俗是文化的载体，往往受到政治、历史、经济、自然等各类因素的影响，满族传统风俗的形成就经历了这一过程。满族文化在发展中还融合了其他民族的文化元素，并通过风俗活动展现出来。总的来讲，满族文化具备的更多的是草原文化的特征，这使得满族在进入中原后，这些风俗就变得不合时宜起来。特别是其最初的文化特征不可避免地带有落后性，裁汰旧民俗，发展新民俗是文化革新的要求，这成为满族文化与汉族文化走向趋同的重要途径。

满族形成初期，因其还带有奴隶制度的特征，因此很多的民族风俗都较为原始。例如在婚姻风俗上，皇太极向汉族等文化先进民族学习，认为“夫明与朝鲜皆礼仪之邦，故同族从不婚娶。彼亦谓既为人类，若同族嫁娶，与禽兽何异，是以禁止耳”。于是下令禁止原风俗中存在的娶继母、伯母、叔母、弟妇、侄妇等行为，并为此设立了刑罚措施。再如，满族的丧葬风俗里还保留着人殉制度，这是早已被汉族文化淘汰的陋俗。从努尔哈赤到皇太极，甚至入关以后多尔衮等人死去时还都采用了这一制度。直到顺治皇帝颁布禁止八旗以奴仆殉葬的禁令，康熙皇帝亦下令禁止八旗包衣佐领下奴仆随主殉，这一落后的丧葬制度才逐渐被废除。

社会风俗民族文化的重要外在表现。满族在发展过程中裁汰落后的社会风俗的过程其实是剥离其原有民族特征的过程。随着移风易俗的不断进行，满族某些特有的民族表征被削弱，汉族文化表征逐渐增强，社会风俗中具有积极意义的表征逐渐与其不断增强的汉族文化表征结合起来，加快了满汉族文化的趋同性。

（二）汉族宗族文化对于满族文化的影响

清朝统治者标榜以孝治天下，对宗族组织积极倡导和维护，满族各族群都受到这一影响。宗族文化的核心在于族长制，族长的产生与职权的行使等诸多礼俗是汉族文化的重要表现，满族在发展中逐渐吸收和沿用了这一礼俗。何溥滢的《从吉林他他拉氏看清代后期汉族宗族文化对满族的影响》一文，对吉林他他拉氏这一满族的分支的宗族制度的运用和沿革进行了分析，并由此认为满族在发展过程中，社会生活存在与汉族趋同的趋势。虽然在趋同过程中，满族也在竭力保持其特殊性，尤其是民族意识方面仍很强烈，特别是以“保姓”作为最紧迫的事务，例如在修家谱时，修的是“他他拉氏”家谱，而不是修采用汉姓唐的“唐氏”家谱；并且在家谱的内容增设《移驻篇》，这些都是致力于显示与汉族家谱不同的表现。

修谱活动是中国传统宗族文化的一种行为，但更是一种具有自我保护功能的外显为宗族意识的群体认同行为，因此被广泛运用。族谱反映的是家族乃至族群共同体的向心力和凝聚力，但这种凝聚力发挥功能的层面主要还是家族或宗族，而非民族。也正因如此，族谱的修纂并没有起到保护满族民族意识的作用，反而因为借用了修谱这一具有浓厚汉族文化特质行为，对满族文化的汉化起到了一定的作用。

（三）北京旗人的迁移对挖掘清东陵满汉族文化趋同性的启示

北京旗人的迁移是文化趋同性的明证。定宜庄先生通过实地调查对满族史进行研究。她按照当时八旗分布格局的不同将清代旗人分为三类，即北京旗人、东北旗人和各省驻防旗人。她经过研究，认为生活在不同环境和不同生活经历下的旗人表现出的民族意识和民族认同感在强弱程度上有很大差异。清朝入关后将北京内城的汉官与商民等迁移到南城，从此形成清代京城独特的满、汉分居格局，旗人与非旗人畛域明显，形成特殊的文化圈层。清朝灭亡以后，经过百年变迁，北京人口流动频繁、社会生活发生变化，旗人原来的生活圈子被打破，也使得作为满族典型群体的旗人所独有的民族性在经济社会的巨大变迁中逐渐被淡化。

清东陵作为清朝规模最大的陵寝建筑之一深受汉族文化的影响，是文化趋同性的生动载体。在建筑形制方面，清东陵与明十三陵具有很多相同点，在建筑的样式、规格，甚至雕刻、雕塑等都能充分体现。例如，龙在中国政治文化和民间文化中一直占据主角的位置，对于龙的认同和崇拜是文化趋同性的重要表现，也是研究文化趋同性的重要切入点。清东陵石雕艺术作品中的龙雕刻就是文化趋同性的明证。据尹庆林在其《浅析清东陵石雕艺术的文化包容》一文的统计，清东陵各类龙雕刻达2587条。我们应该对清东陵历代陵墓文化符号进行整理与研究，就如同对旗人分类一样，再从中窥视满族文化变迁的历程，特别是趋同性的过程。

三、“寻异”：从梳理满族民族意识开始

随着社会的不断发展，人们对于文化趋同性的担忧愈加强烈。怎样才能保持少数民族文化的“异”成为学界普遍思考的问题。但正如费孝通先生所说：“经济越发展，亦即越是现代化，各民族间凭借各自的优势去发展民族特点的机会也越多。”也就是说，挖掘各民族的文化优势进而发展民族特点是少数民族文化保持独立性的应有之路。如何保持这一个“异”，其中，对于民族意识的认识、进行民族识别、保护少数民族文化的发展就起到这一作用。民族意识的载体有很多，其中历史遗存就是较为重要和显著的一部分。清东陵作为满族文化的重要承载物，必然要肩负起保持满族文化独立性的历史责任。因此，开展清东陵的文化发掘与保护，对满族民族意识的研究具有重要意义。

（一）认清并梳理少数民族的民族意识是保护民族文化的前提

民族意识是民族文化存在和发展的核心源泉，因此要拯救民族文化，关键在于了解并剖析民族意识的形成过程，进而开展民族识别，拓宽少数民族文化的保护和发展路径。认清民族意识的特点是开展民族文化鉴别工作和研究民族文化发展历程的基础。首先，民族意识的呈现包括文化制度层面和物质层面等诸多形式，在一定程度上决定文化的发展方向，并深刻影响本民族的思维方式、审美情趣、行为心理以及价值观念等。其次，统治者的思想决定民族意识的总体方向。最后，民族意识具有延展性，为了适应社会的发展变迁也在不断地调整。

满族的民族意识不仅仅表现为对自身文化的认同，还表现为对政权及政治、军事制度的认同。因此学界在研究满族文化时将满族所独有的民族意识、民族文化和数百年清朝政权不断发展的各类制度结合起来，以剖析梳理对满族和满族文化的认识，将其与汉族文化的趋同性和自身特异性充分发掘出来、展现出来。例如，俄罗斯人类学家史禄国从满族氏族组织的形成角度对“满州”展开剖析，他在《满族的氏族组织——满族社会组织研究》一文中认为“满洲”一词其实是“一种政治和文化的复合体的名称”。

（二）充分认识八旗意识作为满族民族意识的主体最能体现满族文化的“异”

八旗意识是在满族入关以后逐渐形成的。作为居于东北一隅的少数民族，满族在面对经历数百年民族融合、包容性和坚韧性无比强大、已经发展了数千年丰富多彩的汉族文化时，为了保持文化独立性，将其原有的政治社会组织形式八旗制度逐步过渡为满族的民族意识。

八旗意识是满族民族自信的充分体现，八旗也成为满族文化的鲜明符号。清东陵埋葬着顺治、康熙和乾隆这几位在清王朝历史上作出过重大贡献的几位皇帝，也是在他们的统治下，满族的民族自信得以充分展现。

（三）驻防旗人对研究清东陵满族文化的“异”的启示

驻防旗人因为所在地区经济不发达，人口流动相对较小，反而使得他们保留了比其他地区满族旗人更多的满族文化特性。定宜庄先生在进行实地考察时曾经对呼和浩特的绥远驻防城的居民进行过访问：“今天呼和浩特的绥远驻防城，是建在旧有的归化城附近的，生活在这里的八旗官兵直到现在还保持着许多当年从京城带去的习惯，特别是语言。我访问的两个老人都操一口地道的京腔。对我说话时也都称‘咱们’‘咱们的人’，表现出强烈的民族认同感。”

对清东陵特殊群体守陵人进行考察，发现这一群体与驻防旗人颇有类似之处，特别是因为他们大多有着特殊的政治身份和地位，从事的主要事务是看护陵墓、筹备祭祀礼仪等，满族文化的特异性在这一群体中充分彰显。清东陵重视对满族文化的开发和利用，如祭祀文化、饮食文化等，不仅研究的人较多，更是清东陵重要的旅游看点。

（四）结语

清东陵作为满族文化的重要载体，研究其承载的满族文化数百年的变迁，对于少数民族文化的挖掘和保护具有重要意义。对趋同性进行研究能够更为清晰地探析少数民族文化向汉族文化靠拢乃至同化的原因，探索文化融合过程中保持少数民族文化特点的路径。因此，清东陵文化的挖掘和保护应该注重“同”和“异”，要将清东陵打造成少数民族文化挖掘和保护的基地，为其他少数民族文化的挖掘和保护，特别是文化多样性作出独特贡献。

第四节　清东陵数字化保护开发利用现状及传承保护策略

文化是一个国家的“软实力”，我国应积极弘扬中华优秀传统文化，提升文化自信，提高中国文化在国际中的影响力。文化遗产作为中华优秀传统文化的重要组成部分，它的保护和传承对中华优秀传统文化的可持续发展也具有重要意义。

清东陵于2000年入选《世界遗产名录》，是中国封建皇陵集大成者，也是中华民族和全人类的文化瑰宝。毋庸置疑，开展清东陵数字化保护工程，是未来发展的必由之路。通过数字化保护，最大限度将清东陵的珍贵历史信息完整保存下来，可以为今后的遗产研究、科学保护、合理利用提供有力支撑，是一件功在当代，利在千秋的好事。

一、清东陵数字化保护开发利用现状

（一）前期阶段性成果

1. 与苏格兰文化局开展的合作项目情况

2011年12月，国家文物局和苏格兰文物局签署《中华人民共和国国家文物局与苏格兰政府关于河北省清东陵数字保存项目的协议》。协议规定，“清东陵数字保存项目”工作内容为扫描清东陵孝陵、景陵建筑的建筑物、构筑物。其中孝陵包括石牌坊、大红门、具服殿、大碑楼、石像生、龙凤门、一孔桥、七孔桥、五孔桥、神厨库、小碑楼、东西朝房、东西配殿、隆恩门、方城、明楼、宝顶。景陵包括大碑楼、五孔桥、石像生、牌楼门、小碑楼、神厨库、东西朝房、东西配殿、隆恩殿、方城、明楼、宝顶。

2012年11月9日，“清东陵数字保存项目”工程在清东陵正式启动。同年11月，苏格兰工作组赴清东陵完成了项目前期的野外数据采集工作。2013年3月17日—26日，国家文物局委派中国文化遗产研究院吴育华、国家文物局蒋玭、清东陵李秀清三位同志赴苏格兰执行清东陵数字保存项目后期数据处理工作任务。最终形成的项目成果有两项：一是《苏格兰与世界十大遗产项目：中国清东陵孝陵和景陵数字化文献报告》（共46页）；二是制作了3分38秒的孝陵和景陵的视频影像。项目成果可支持制定文物保护方案，文物状况监控，虚拟现实游览，以及清东陵文化教育与解说等。

2. 昭西陵VR与AR展示策略研究情况

2020年，清东陵委托天津大学开展了《昭西陵研究性保护与展示利用》项目研究。其中，有两项内容涉及数字化应用技术：一是昭西陵现存建筑与基址的三维激光扫描。通过对昭西陵总平面、方城明楼、宝城宝顶、石五供、隆恩殿（遗址）、琉璃花门、隆恩门（遗址）、值班房、神道碑亭（遗址）等现存建筑与基址采集完整的点云，形成第一手数字信息。二是昭西陵VR与AR展示。项目承办方指出，依据VR与AR技术的呈现特点，涉及虚拟模型与信息与真实场景叠加的部分更适合用AR技术展示，更依赖于虚拟复原环境的部分更适合用VR技术展示。按照这一思路，形成了昭西陵VR展示AR展示两套设计方案。借助数字虚拟搭建技术，用户可观看昭西陵营建历史过程的动画，欣赏业已消失的隆恩殿、隆恩门、神道碑亭等复建动画，生动领略昭西陵主体建筑结构、建筑构件拆装、陵寝图档信息、墓主人孝庄文皇后生平等丰富内容。

（二）工作短板与现实需求分析

保护与利用是清东陵发展的两大主题。由于自然的长期侵蚀和历史上人为的破坏，清东陵一些具有重要价值和典型意义的建筑物（构筑物）保存状况不甚理想。如地上地下石雕作品、野外石像生、砖雕、彩绘等，已经出现不同程度的损伤，历史文化信息容易消失，急需采取相应的保护举措。数字化技术在文物领域的广泛应用为上述问题的解决提供了可能。目前，清东陵数字化保护与展示工作尚处于空白期。

1. 文物保护方面

（1）裕陵地宫石雕

裕陵地宫为砖石拱券式结构，九券四门，是清朝皇帝陵地宫的典型代表。该地宫石壁、券顶、石门布满佛教题材的经文与造像，被誉为“石雕艺术的宝库，庄严肃穆的地下佛堂”，是清东陵建筑精华的典范。自 1975 年开放至今，裕陵地宫已暴露在自然环境下近 50 年之久。由于地宫夏季渗水严重，造成内部空间湿度较大，进而导致表面砖石酥碱，滋生绿苔，碳酸钙结晶等病害普遍存在，地宫雕刻图案文字漫漶不清。

（2）慈禧陵三殿装饰

慈禧陵三殿彩画、墙壁砖雕图案精美，金碧辉煌，在清朝陵寝中独树一帜，生动反映了慈禧太后乐享奢华的人生态度，具有高超的文化和艺术价值，现已经出现墙体裂隙、图案磕损，表面饰金缺失、表面污渍等现象，一些信息日渐流失。

（3）各陵木构架彩绘

清东陵碑楼、殿宇均施以官式彩绘，种类大体分三类：一是金龙和玺彩画，以慈禧陵三殿为代表，用金箔装饰；二是青绿旋子彩画，在其他各陵隆恩殿、东西配殿、功德碑楼等处常见，用石青等天然颜料绘成；三是雄黄玉旋子彩画，各陵神厨库、省牲亭等处使用，亦为天然颜料。另外，各陵大殿天花板绘以青绿“金莲水草”图案；隆恩殿明间金柱通身用泥金西番莲、“八宝”图案装饰。这些彩绘尚多为历史原物，弥足珍贵。但是，由于年深日久，缺乏及时保养，许多彩画已经出现胀裂、破损、缺失以及漫漶不清等现象，急需抢救性采集图案信息、提留原真影像。

（4）野外石像生

清东陵的 5 座皇帝陵，除同治惠陵外，其余 4 陵神道上均设置石像生以彰显墓主人尊贵地位。其中，顺治帝孝陵设置 18 对石像生，康熙帝景陵设置 5 对石像生，乾隆帝裕陵设置 8 对石像生，咸丰定陵设置 5 对石像生。这些石雕像，生动反映了清朝的石刻技艺水平，具有很高的艺术价值。清东陵的石雕，经历了数百年风雨侵蚀和无数次人为侵损，有的局部缺失，有的胀裂，有的伤断。

2. 展示利用方面

目前，清东陵在开放景区主要有 10 余个文化展示体验项目。慈禧陵大殿有“翰墨留香：慈禧书画展”、东配殿有“清东陵摄影图片展”、西配殿有“慈禧故事泥塑展”；裕妃园寝享殿有“神秘香妃图板展”；裕陵大殿有“震撼的遗珍：康乾时代文物展”；孝陵西配殿有“顺治帝传奇生平壁画（泥塑）展”；景陵三殿有“康熙功绩图板展”和“清朝廉政文化启示录图板展”；景陵东朝房有临时性的“天子学堂：满文书法体验活动”；孝陵大碑楼有“皇家建筑知识体验馆（图板、模型）”；具服殿有“清东陵文物保护史展（图板展）”；在景区商业街上还有“守陵人家民俗展”。以上展览对丰富景区游览内容有一定积极意义。然而，上述展览全部是利用古建筑作展厅，以展架、展柜为载体，以文物和图板静态展示为手段，在展览形式创新，尤其是数字化展示利用方面有待加强。

二、校城融合背景下清东陵文化传承保护的策略研究

近年来，学界针对清东陵发展现状及开发模式、清东陵旅游的可持续性发展、清东陵景区本身历史环境的分析及文化方面进行了大量的研究，郝明东从清东陵遗产的保存现状及面临的压力角度提出应对措施；李学东以清东陵为例重点阐述了如何处理好文物保护和开发利用的关系；伍长云从环境、体制、管理和服务方面剖析了制约清东陵文化遗产发展因素并提出改善对策；马磊通过游客体验满意问卷调查，从交通、环境、服务、价格等方面分析清东陵现有问题并探索解决方案；秦雅梅从文化价值的挖掘展示、建设管理、一体化发展等方面提出清东陵景区建设管理的思考；张立志通过对清东陵景区 SWOT 战略环境分析和波特五力模型的市场调研分析，提出清东陵景区可持续发展的路径。

总体来说，学界在制约清东陵文化遗产发展因素、清东陵景区文化价值的挖掘和可持续战略发展等方面的研究成果比较丰富，但针对清东陵保护区管理委员会与高校的双向互动模式研究相对薄弱。因此，应该从供给侧发力，深入调研清东陵文化传承与发展的需求特点，确定高校与清东陵保护区管理委员会学研合作，构建双向互动模式，推动清东陵文化传承保护研究的纵深发展，打造文化品质和文化基因，提升清东陵文化影响力和旅游地竞争力。

（一）基于遗产保护

文化遗产是凝聚着人类祖先精湛工艺和智慧的物质载体，具有稀缺性和独特性等特点，具有极高的历史意义和建筑美学价值，是不可再生的稀缺资源。自《保护世界文化和自然遗产公约》颁布以来，文化遗产保护一直是我国的主要研究课题。然而，随着时间的流逝、自然环境的侵蚀及城市化建设等人类活动，许多文化遗产的保护面临巨大挑战，迫切需要获得完整、真实的记录，以保护文化遗产及其承载的文明，生成民族文化基因，形成文化生态系统。如今数字技术在遗产领域的应用，越来越得到

全球学术和专业实践的认可，在将文化遗产概念化为文化、自然价值和属性的多层次化方面发挥着重要作用。曹梦田探讨了世界区域文化遗产保护网络的整合策略和数字技术的应用。Harold Thwaites 介绍了马来西亚吉隆坡双威大学研究创作中心针对有形和无形的土著文化遗产，利用数字媒体建立新形式的用户体验和遗产保护措施。孟丽从数据采集和处理、数字建模和数据库构建、数据应用和推广三个模块展示了与中国文化遗产保护和发展不同阶段相对应的计算方法，从数字保存和继承到呈现和推广，这都将为清东陵文化的可持续保护和发展提供建设性的参考。

综上，利用数字化技术，可以最大限度地保存清东陵建筑信息，为有效开展科学保护提供重要依据。通过信息采集和建模成像，完成空间数据分析，包括环境构成分析、结构性能分析、易损性与减灾防灾性能分析，可对世界文化遗产清东陵的古建筑要素进行比较、对建筑营造法式进行专业分析，如：比对已有的历史数据，分析古建筑老化和损坏趋势，模拟破损发展过程，为建立世界文化遗产的古建筑修复评估体系提供技术支持等。

清东陵保护区在清东陵文化遗产保护方面做了切实工作，可来自自然环境、资金短缺、经济开发、游客集中、建筑破损等方面的压力对清东陵的整体风貌、文物安全、遗产环境造成严重威胁，所以运用先进的数字技术保护清东陵文化遗产是时代赋予的神圣使命。校城融合背景下高校需要组建人文、人类学、媒体艺术、技术、设计和数字生产实践的跨学科团队，做好数字文化遗产保护工程，将大部分有形的建筑遗产用激光扫描、近距离扫描、摄影测量、激光雷达、移动测绘、建筑信息建模或所需技术的组合生成三维数据，然后运用 VR 技术、AR 技术、3D 打印物体、数字展览等形式传播给公众，形成文化认同和跨文化交流的媒介，发展成地区经济和社会发展的资源。高校图书馆应在数字化文献专项建设研究方面加大力度，广开思路收集和保存清东陵文化遗产的文献、图片、声音、音像及历史资料，构建系统化、集成化和数字化的清东陵文化数字保护资源库，通过传播、利用和共享，提高清东陵文化数字化建设、保护和使用效能，形成展示、传播与推广地方传统文化遗产的窗口，将有形、无形文化遗产呈现在读者面前，促进清东陵的文化遗产旅游，向游客传播文化遗产的知识内涵。

（二）基于遗产展示

建立数字化博物馆是现在和未来展示文物的重要途径之一。利用 3D 建模、动漫开发等数字技术，不仅能够对清东陵建筑遗产进行直观立体展示，而且能够展示大量隐性遗产文化信息。例如清东陵风水文化展示、清陵祭祀文化展示、建筑（地宫）结构展示、馆藏文物展示等，均有望成为现实。

在新时代，清东陵的遗产展示的路径将愈发宽广，可以预见并行之有效的做法如下。

1. 清东陵传统文化进校园

文化性是大学发展的“核心品质”需求，高校在“双一流”建设进程中要担负起传承优秀文化、耕种文化基因、传播文明成果的责任和使命。清东陵是世界文化遗产，它承载着清王朝极为丰富的历史信息与时代记忆，蕴含的文化、艺术和科学价值不可替代。高校应依托清东陵相关研究机构，发挥图书馆作为文化文献信息中心的职能，让清东陵传统文化走进校园，通过展览、展示、讲座、阅读、纪录、创意比赛等形式，让校园师生近距离感受非物质文化遗产的魅力，了解和认知清东陵的文化价值、经济价值以及社会价值，提高师生们对非物质文化遗产的认知水平和保护意识。还应利用高校学科、专业优势，组建专业学术团体研究史料，调研、挖掘梳理清东陵历史文化，为清东陵文化遗产的保护与传承提供人才智力支持。

2. 设计开发清东陵景区品牌形象和文创产品

清东陵是世界级的文化明珠，其皇陵建筑与自然环境形成了有机、完美的融合，造就了独特的文化景观。清东陵景区地理位置十分优越，外部交通便捷，是唐山标志性文化旅游地之一，也是唐山未来文化旅游发展的动力源泉。日益提升的精神文化需求使游客不再是简单地观赏皇陵，而是更加关注景观背后隐含的文化个性。高校应充分发挥艺术学院专业特色，展现服务地方、深度融合的办学理念，推进“校城融合”进程，通过对清东陵石雕图形元素的提炼、皇陵色彩元素的提取、信息元素的传达，针对性地进行以景区品牌定位、景区品牌标志、景区衍生品、景区品牌视觉识别系统为主的清东陵景区品牌形象设计开发研究，提炼清东陵景区独有的旅游品牌核心价值，设计清东陵景区独特的旅游标志性符号。清东陵雕刻纹样主要包括人物、动物、器物、植物、几何、云 / 火等，极具艺术性和观赏性，同时所承载的图腾、宗教、民间、祈福等文化内涵，是伴随有形遗产而来的“灵魂”，更具文化底蕴和历史价值，是文创产品设计与开发的宝贵资源。文化是旅游的灵魂，创建呼应游客审美和精神需求的专属视觉符号和文创产品，一方面使游客通过显性的标志性符号和文创产品挖掘隐性的文化、知识、理论，形成正确的兴趣走向，从而提升清东陵景区旅游层次；另一方面精准定位市场文创产品需求，通过具有象征性、高辨识度的独有的品牌形象和文创产品，强化清东陵景区旅游吸引力，带动清东陵文化遗产的宣传力，增强人们对清东陵文化遗产保护的意识，从而提升清东陵文化旅游地的知名度，最终扩大清东陵景区品牌影响力。

3. 多元化形式传播清东陵文化

华北理工大学以办学为纽带，以匈牙利研究中心、孔子学院、中德合作办学项目、国际合作院校为平台，积极开展市校国际合作项目。通过合作能使中国传统文化得以向海外传播、发扬光大。清东陵是世界文化遗产，清东陵文化的保护和传播应秉承“以人为本”的理念，应呼应受众对文化遗产价值的需求。华北理工大学与清东陵保护区管委会合作，以视频访谈、沉浸式园林实景话剧、舞台剧、展览、文化活动等传统形式，以微博、微信、朋友圈、快手、抖音等新媒体平台，以AR、多重拟像等虚拟与现实交互的数字技术，以学校图书馆的自身资源和人才优势，合作开展线上线下清东陵文化传播交流、分享会等多元化传播形式，使人们感受、感知、体验清东陵在风水、建筑、景观、祭祀、宗教、民俗方面的文化。

（三）基于文化挖掘

清东陵是中华民族皇陵文化的集大成者，蕴含着丰富的历史文化内涵，堪称一座历史文化宝库。这些文化元素，有的具象在有形的建筑上，有的交融在自然山水间，有的深藏在历史典籍中。在网络发达、数字技术突飞猛进的时代，汇集各方力量和智慧，打造清东陵数字文化资源平台，无疑正处在历史最好机遇期。

在数字化科技发展迅猛的社会大背景下，构建清东陵数字文化空间成为发展趋势。清东陵是知识、文化传播的载体，文化性是清东陵空间环境的重要属性和品质特征，也是区别于其他类型空间场所的重要标志。美国社会学家雷·奥登伯格提出了独立于第一空间（家庭：居住空间）和第二空间（职场：工作空间）以外的“第三空间”，认为“第三空间”是可供人们感到轻松、愉悦的空间。杭州市图书馆的褚树青馆长在“第三空间”理论基础上，提出了“第三文化空间”，这一理论指导研究人员通过积淀文化底蕴、充分挖掘清东陵多元文化，彰显清东陵文化特质，并通过传播实现增值。

有鉴于此，清东陵与高校应在校城融合的契机下，大力整合资源、人员、空间和服务等优势，参与清东陵文化建设。在物理空间、功能设计、布局划分等环境布局方面；在文献资源、现代化设施、智能设备等资源配置方面；在文献借阅、信息咨询、学科服务等服务体系方面；在交流休闲、创意分享、文化沙龙等文化属性方面充分协调发展，构建“清东陵文化空间”。开发清东陵文化资源，丰富清东陵文化遗产特色文献，抽取清东陵文化元素，实现文化空间的生产，使清东陵文化元素在空间中下沉、固着、被提取、被激活，能弘扬更高品质与更深层次的文化、精神内涵。

第三章　数字艺术在清东陵文化遗产展示中的应用研究

第一节　数字艺术及清东陵数字展示的相关概念

一、数字艺术的概念及特征

（一）数字艺术的概念

数字艺术是运用数字技术和计算机程序等手段对图片、影音文件进行分析、编辑等应用，最终得到完美的升级作品的一种应用。数字艺术通常利用计算机来处理或制作和艺术有关的创作或是其他形式的作品，相较于传统形式的艺术创作，数字艺术作品在传播、存储和复制等各个方面都有着不可取代的优势。

随着科学技术的发展，数字艺术已经成为21世纪的主流文化之一，国内参与数字艺术研究的人员无论是在数量上还是质量上都有了较大发展，计算机普及的同时已经覆盖各个行业。从工业时代到信息时代再到现在的数字化社会，数字技术和艺术结合在一起，形成了一种新型艺术表现形式，即数字艺术，其起源并发展于西方国家。而我国起步较晚，究其原因是数字艺术的更新必须建立在信息技术的飞速发展之上，在我国，数字技术虽然起步晚，但发展势头强劲，前景一片光明。数字艺术作品的主要形式有录像与互动装置、虚拟现实、多媒体、电子游戏、卡通动漫、网络游戏、数字设计、电脑插画、动画、3D动画、特效、数字摄影、数字音频。换言之，数字艺术是一门综合交叉性极强的新兴边缘科学。从这个意义上讲，数字艺术具有了“跨学科”“跨专业”和“跨媒介”三种特性，其涵盖范围相当广泛，内涵也不尽相同，形式多样。所以，利用计算机技术充当媒介的所有艺术创作，都属于数字艺术的领域。

（二）数字艺术的特征

数字媒体艺术是伴随着计算机科学技术和网络媒体的发展而形成的新兴艺术门类。

计算机技术不仅是发展数字艺术的基石，同时也对数字创作的方式和结果有着深远的影响。现代学者对数字艺术的界定主要可以总结为以数字化信息技术为载体，对传统艺术表现手段进行全面创新，对以往的艺术创作方式和承载媒介及其传递方式加以颠覆，从功利向美学转变，进而又从艺术伦理高度上进行深度变革的一种全新的艺术形式。数字美术兴起的根本原因是单纯的美术门类并不能很好地满足人类审美需要。绘画、雕刻和版画这种的美术表现形式纯粹以视觉形态来表达审美意向，但是视觉只不过是人体诸多感觉中的一个，听觉、味觉、嗅觉和触觉也同样不能忽略。这些感官在不同程度上影响人们对事物的认知与判断，同时也使观众更加容易解读艺术作品，更重要的是传统艺术作品因具有静态性、永恒性等特点，用户对于它所传递的信息只能够被动接收，但是数字艺术却为观众带来了空前的可能性，观者能够参与艺术创作，其体验也就成了被记录的内容。

1. 内容艺术性

内容艺术性是数字艺术最基本的特征。数字艺术不同于传统意义上的影视艺术设计，其需求更多地表现在多元化艺术应用中，通过不同的艺术内容和表达方式来达到产品的艺术化设计。以影视作品和游戏作品为例，CG 动画影视设计一般利用西方艺术的表达手法来表现东方艺术的文化内涵，利用不同艺术形式的组合和碰撞来形塑多元艺术文化系统，从而使 CG 动画的呈现更加完美。

2. 结构可塑性

结构可塑性是指数字艺术有编辑能力。在数字艺术领域中，将不同类型元素进行重新组合，以实现一种全新的视觉体验和审美感受，这也就是我们通常所说的结构重构过程。它是一个动态生成性的过程，具有较强的规律性，特点是可复制性强、可变性强、易变化以及可重复操作。

3. 产品互动性

产品互动性是数字媒体艺术的核心特征，VR、AR、MR、CR，这四个数字艺术最具互动性的技术尽管从呈现方式来看稍有差异，但是实质上都需要通过人与人之间的互动来完成。

4. 产业技术性

科技是数字艺术发展的最基本的依托，传统艺术与新兴科技融合后也产生了多种新型艺术表现形式。以数字媒体艺术行业为例，目前专业人员在进行数字艺术创作时基本会使用剪辑软件、图像处理软件、视频特效软件等计算机软件，以基础操作简单易学、软件与软件之间支持适配能力为发展方向，在满足多元化产品设计与创作需求的前提下，行业在技术发展上形成集约化的技术倾向，有效地保证了技术的应用效率和时效性，使得数字艺术在应用实践中可以伴随计算机技术的进步而进步。

二、数字展示的概念

数字展示是指以三维数字图像为主要内容，通过触摸屏、传感器以及投影等硬件设备进行展示的方法。其最明显的特征是能够将信息可视化，任何形式的艺术创想都可以通过三维图像所展示给屏幕前的观众，让观众能够最直观的理解创作者想表达的内容。数字展示由来可追溯到20世纪90年代初，3D效果图问世被视为数字展示雏形，主要应用在房地产行业中。至20世纪90年代末，三维动画的展示效果更突出、内容更丰富、应用领域更广阔。2003年触摸屏的问世把数字展示提高到一个崭新的水平，人机互动这一方式彻底改变了单向的信息传播方式，使虚拟和现实得以融合。从此，数字展示进入了高速发展阶段。数字展示成为现代社会重要的视觉传达手段之一，改变了人类获取信息和交流沟通的习惯，并对人类文明产生了巨大影响，给人们带来方便又快捷的体验。同时数字展示也推动了产业的发展。数字展示在博物馆展览、古迹修复、虚拟游览、房屋设计等领域均有广泛应用。其中博物馆的数字展示设计也越来越受到人们的重视，主要表现在两个方面：一是数字化展示技术的发展；二是虚拟现实展示技术的兴起。数字展示在美术馆及博物馆普遍表现为虚实结合的组合展示方式，通常对不可移动文物、丢失文物和极其贵重却有展出意义的文物进行虚拟展示，其余展品为实物展示。而虚拟展览是继数字展示技术成熟之后，又一崭新的，非实物展示形式。它利用网络，以VR和AR技术为手段，构建一个完整的虚拟展示体系，受众通过佩戴相应的装置即可观看和操作互动。

数字展示技术不仅能够展现大型和无形、动态的展品，而且还为单件展品的完整信息输出提供了可能性。因此，数字展示技术已成为博物馆展示设计中不可或缺的重要手段之一。相较于普通的展示方法，虚拟数字展示的强项在于，在时间上，虚拟展品的展示内容不会随着时间而改变，可以通过更新数据对数字展品更换与修复；从展示的方式来看，数字展示的形式更加新颖，易引起受众的关注。面对数字展品时，互动装置可以对参与者的体态进行捕捉分析并反馈，以此达到参与者和展品互动的目的；就观众服务而言，由于个人数字助理（Personal Digital Assistant，PDA）及语音导览等服务的盛行，用户可自主挑选自己感兴趣的展品进行深入了解。

三、清东陵数字展示相关概念的界定

（一）短视频的概念

短视频即短片视频，是互联网内容的一种传播方式，一般是在互联网新媒体上传播的时长在 5 分钟以内的视频传播内容，以高频推送，持续十几秒至数分钟。其传播形式包括网络直播、短视频短片、手机端 App 以及微信公众号。短视频以“碎片化”时间为主要特征。短视频的特点：一是呈现方式多样化；二是互动性强；三是时效性高，四是覆盖面广，内容涵盖技能分享、幽默搞怪、时尚潮流、社会热点、街头采访、公益教育、广告创意和商业定制等。因其内容短小，可独立成片或形成系列栏目。短视频是一种新兴的传播方式，以其短小精悍、时效性强以及互动性高等优势迅速占领了市场，深受大众青睐。短视频一般使用手机录制，经过剪辑软件进行简易的后期处理之后，通过软件的分享功能保存到手机或发送到社交平台。一般用户会把这类功能称为“秒拍”“短视频”“小视频”和“微拍”，下文简称“短视频”（如表 3-1 所示）。

表 3-1　短视频特征分析表

短视频特征	具体内容
短	短视频时间较短，一般在 15 秒到 5 分钟之间，在最短的视频时长内，最有效地将信息传达出来
小	话题一般不大，有聚焦，小而美，能够有情感、有价值观、有用户共鸣
轻	内容轻快明了，一般不是太沉重
广	覆盖面广，几乎可以涵盖任何题材和内容
新	新鲜、新颖、新奇、新意
快	时效性极强，热点转移快
碎	短视频的内容一般是碎片化的，而用户也会利用碎片化时间观看短视频

但对短视频时间长度的界定恰恰最困难。短视频的时长与内容质量息息相关，也直接影响着传播效果。快手 App 规定短视频产品标准时长为 57 秒，抖音则规定为 15 秒，但是由于信息承载量较少，2019 年 4 月抖音对所有用户开放一分钟视频权限，数月后延长至 15 分钟。微信于 2016 年 12 月推出短视频功能时，规定短视频时长为 10 秒，后又放开至 30 秒。

（二）虚拟现实的概念

1. 虚拟现实的概念

虚拟现实英文全称即 Virtual Reality，简称 VR，是一种基于多媒体计算机技术、传感技术、仿真技术的沉浸式交互环境。虚拟现实是由数字媒体艺术和仿真技术结合行形成的一个视觉、听觉相融合的虚拟空间，通过逼真的现实效果让参与者以最放松的状态在虚拟空间中感受到现实一般的感受，然后通过计算机实现人机交互，使人们产生各种感官刺激。VR 技术已经被广泛应用于各行各业中，取得了长足的发展，并且逐渐成为新兴的科学技术领域。

2. 虚拟现实游戏的概念及特征

虚拟现实游戏，即 VR 游戏，是指通过虚拟现实技术实现人机交互的游戏，同时也是对传统文娱活动的继承和在数字技术平台和交互体验的延伸。随着时代的变迁，新兴技术不断出现，新的艺术形式层出不穷，却始终无法摆脱先前的艺术形式。如今的 VR 游戏与当代的数字电影有着异曲同工之妙——都是通过搭建一个强大的数字平台来达到提升运算速度、优化游戏画面以及增强玩家体验的目的，而将来的数字电影与 VR 游戏一样，同样面临着巨大的变革。与数字电影这样一个早已经成熟了的艺术门类不同，VR 游戏还会在日益优化的图像处理能力和日益发达的人机交互技术推动下，不断挑战自己并寻求突破，成为一种有生命活力的艺术样式，以自身特有的艺术手法捕捉人类的根本需求。

虚拟现实游戏是集 VR、小说、影视等于一身的娱乐形式，在 VR 特性基础之上，还具有仿真性、互动性、目标性、趣味性。

VR 游戏是在真实世界中抽象出来的，是从现实生活中经过抽象和艺术化处理而获得的具体化社会模型，因此其具有高度的仿真性。游戏竞赛的仿真性让选手们对游戏的信息和内容有了信任，而这信任又保持了选手们完成各项比赛任务、闯过重重难关。

互动性是 VR 数字游戏不同于其他艺术形式最突出的特征。互动性让玩家在游戏中体会到一种前所未有的刺激和乐趣。

目标性是指游戏的每一个环节都会出现特定的任务，通常情况下由游戏者进行探索、尝试和通过系统给出线索来完成关卡。只要某一目标实现了，系统就给游戏者一定的奖励。与此同时，新目标也呈现在游戏者眼前。

VR 游戏的趣味性一方面表现为游戏内容本身的趣味性，同时也表现为游戏推进过程中的悬念迭出，构思新颖，并且能提供多种模式以满足不同玩家的需求，常常让参与者欲罢不能。

（三）增强现实的概念

增强现实英文全称 Augmented Reality，即 AR，是将现实世界和虚拟世界相结合的一种技术，能在真实的世界中展现虚拟的事物，是对现实世界的拓展。增强现实（AR）技术是在 1990 年首次被提出来的，并伴随着计算机算力的提高和硬件设备的创新发展而得到越来越广泛的应用。该技术的特点是通过屏幕等媒介将虚拟世界信息嵌套进现实世界环境并进行互动。

AR 技术是从虚拟现实技术发展而来。AR 技术的原理是利用摄像头对空间跟踪点进行捕获，再将生成的虚拟物体通过定位的方式叠加到显示器中的现实世界，使其为人的感官所感测，以达到增强现实场景效果，实现超越真实的感官体验。

与沉浸式虚拟现实相比较，增强现实不仅适用范围更广，而且安全性更高，这是因为增强现实系统能够使用户观看虚拟物体时看到真实场景，甚至断电后和设备发生故障时也能够确保用户安全。因此增强现实技术越来越受到人们重视，并已成为未来计算机视觉领域中一个非常活跃的分支。随着移动设备计算能力不断提高，对于室外增强现实系统以及支持分布式协同操作的增强现实系统研究显著增多。

四、数字展示在清东陵中应用的可行性与必要性

展览是“博物馆独有的一种语言”，也是博物馆和大众进行沟通的主要途径，亦是公众认知、辨别博物馆身份的有效途径。清东陵景区陈列主要采用实体陈列方式，将文物整齐平均地摆放在隆恩殿的两侧，辅以精要文字。从展示空间来看，受清东陵隆恩殿陈列室面积限制，数量庞大的藏品无法全部展出，即使已经展出的藏品也难以将完整的信息传递给受众，无法全方位地展现其价值内涵。因此，需要通过数字展示对文物展陈重新设计来实现这一目的，满足参观者的需求。在传统陈列中，各种材料、门类、尺寸的收藏都是单独陈列的，这就导致展览内容分离，观众参观展厅时不能将展厅已经陈列过的藏品与展外的藏品联系起来并加以比较，静止的展示方式也很难吸引观众兴趣，“只可看，不可触”的条款让观众和展品之间没有互动，形成的距离感也让观众很难全心投入。在观众服务方面，由于受传统展览的影响，观众以被动接受为主，而不是主动参与其中，造成了“灌输式学习”的现象。此外，展览内容以文物为主，缺少对历史文化内涵的介绍，缺乏趣味性和互动性等问题也严重影响了参观者的参与性和积极性。从展览时间来看，清东陵景区开馆时间基本上为 9：00—17：00，对清东陵这类规模较大的博物院来说，观众在一天内很难将全部展品全部鉴赏完毕。而且，博物院的临时展览仅在一段时间后就会撤展，错过了也许就再没有机会“见面”了。这类问题导致清东陵作为历史文化遗产的教育和传播价值没有得到应有的发挥。放眼国内，对陵寝类博物馆的数字展示研究还很薄弱。数字博物馆是未来博物馆的发展趋势，因此，构建清东陵数字化展示体系、增强清东陵文化遗产的保护能力、发挥文化中心历史文化教育交流功能等方面都有着重要的现实意义与深远历史意义。

第二节　数字艺术在清东陵数字展示中的应用方法

随着数字艺术的发展和数字媒体技术的进步，人们欣赏数字艺术的门槛也逐渐降低。在数字艺术发展的推动下，信息媒介及呈现方式发生了极大改变。清东陵景区的展示也应当打破导游口述、信息展板、玻璃展柜、科普视频等传统展示方式的桎梏，通过数字艺术与科技手段来满足当代年轻群体的观览需求。

本节将从数字展示的实际应用角度出发，与清东陵不同的应用场景、繁多的珍贵文物、复杂的陵寝文化进行适配，深度剖析数字展示各个形式的利弊，从而搭建完整的清东陵数字展示应用体系。

一、短视频在清东陵数字展示中的应用

本节将从流媒体短视频、剧情短视频、微纪录片三个方向对清东陵景区进行具体的数字展示，分别从时长、内容、形式、特征上对短视频进行区分（如表 3-2 所示）。

表 3-2　短视频的区分

类别	流媒体短视频	剧情短视频	微纪录片
时长	15—60 秒	3—5 分钟	5—15 分钟
内容	以清东陵特色 IP 展示为主，各个陵寝展示为辅	以清东陵寝文化、陵寝重大历史事件、民间历史传说展示为主	以清东陵文物的修缮工作、陵区日常维护运营内容的展示为主
形式	实拍陵寝风景静物，并搭配解说或导游讲解跟拍	还原当时真实事件的古装剧	清东陵文物修缮工作的纪实，对标《我在故宫修文物》
特征	“标题党”卖关子，短时间吸引观众的注意力，多元化，具有信息引导性	较高的还原度，提升观众代入感，使历史事件更加直观	展现最真实的工作，以真实引发观众深入思考
展示平台	短视频 App 线上或清东陵陵寝线下展示	短视频 App 线上或清东陵陵寝线下展示	短视频 App 线上或清东陵陵寝线下展示

（一）短视频在清东陵特色 IP 展示中的应用

1. 清东陵特色 IP 的展示

清东陵坐落于河北省唐山市遵化市西北约 30 千米处，陵寝南以金星山为朝山，北以昌瑞山为靠山，西有西大河、龙门湖环绕，依山傍水，地理位置十分优越，景区生态系统完整，有丰富的药材、水果、蔬菜等物产资源，其中“京东板栗”“东陵大樱桃”尤为出名。

归功于得天独厚的地理位置，清东陵前后安葬了顺治、康熙、雍正、乾隆、道光5位皇帝，孝庄、慈禧等数十位皇后，嫔妃更是多达136位，各陵寝皆具特色，皇陵文化十分丰富。

2. 清东陵短视频在线上展示的应用

在短视频迅速发展的今天，抖音、快手、西瓜视频等短视频App也逐渐成为人们获得信息的首要来源，短视频App的社交功能，使每一个App用户都有可能成为信息源，这也使得优质内容视频的传播量翻倍增长。

清东陵景区的文化IP在短视频的创作中有着明显的先天优势，将这些特色IP碎片化、系列化，结合第一人称和第三人称的视角拍摄制作短视频进行线上投放，利用精致的画面展示陵寝内不同寻常的画面，搭配婉转动人的音乐，营造出陵寝内轻松悠闲的氛围，缓解观众对陵寝阴森、恐怖的固有印象，对陵寝文化产生积极的理解和认知。

陵寝建筑同时适合宏伟壮丽的拍摄风格，运用航拍飞行器高空拍摄，运用居高临下的俯瞰视角、超广角的大场景，再搭配低沉浑厚的配乐，可以给观众以巨大的视觉冲击。

在新冠疫情的影响下，旅拍、解说跟拍形式的短视频逐渐被人们青睐，受众足不出户便可以“跟随”主播详细游览各个景点。“大龙来了”是旅拍解说类较有代表性的抖音博主，其曾用名为“大龙带你走遍5A景区”，他的视频以探索国内5A级陵寝墓穴为主，凭借详细的讲解、风趣的语言、良好的视频画质，仅在抖音平台就已吸引了近900万粉丝。相较于其他网络视频博主，清东陵景区对自身文化IP的解读更具有权威性，可以通过更加详细的解说，配合良好的画质，打造全网清东陵景区旅拍“天花板”，从而提高清东陵景区的知名度，达到宣传清东陵景区特色IP的目的。

3. 短视频在清东陵线下展示的应用

目前，清东陵在陵区内部的广告宣传、氛围烘托、信息传递等方面，仍依靠展板、海报、大型广告喷绘等传统表现形式，展示形式单一，内容单调，在文物相关信息的传递体量上也十分有限。乾隆皇帝裕陵隆恩殿前的简介牌（如图3-1所示），内容大致为陵寝建造历程、陵寝的特点和陵寝的变更，简介文字采用阴刻的手法刻于木制材料上，面积不足1平方米，尺寸约为70cm×90cm，简介牌内中文信息的单个文字仅有拇指大小，英文等外文简介密密麻麻，还缺少语音播报功能，总体阅读体验不好，清东陵全景一览图的展示面积虽比上文提及的简介牌大，展示内容却古板单调，并且此类展板都有共同的弊端——展示内容难以更改，一旦需要修改，整幅展牌都需要更换。

图 3-1　裕陵隆恩殿简介牌（左）清东陵全景图（右）

（图来源：作者自摄）

图 3-2　塞努奇亚洲博物馆内的触摸简介显示屏

（图来源：https：//m.thepaper.cn/newsDetail_forward_7210595）

将传统的展板替换为高清触摸显示屏，仍介绍陵寝建造历程、陵寝特点、陵寝的变更，把枯燥的文字内容转换为视频的形式播放，形成每个陵寝的专属“宣传片”，游客可以通过触摸显示屏选择播放的语言和介绍节点，在进入陵寝之前就对该陵寝有初步的了解，这为游客进一步游览提供了有效的思路。欧洲塞维奇亚洲博物馆内出口的电子触摸屏（如图 3-2 所示），它的设计者易凯表示游客在参观完博物馆后如果还想深入了解一些内容，便可以通过屏幕进行搜索学习。

（二）短视频在清东陵祈福文化展示中的应用方法

1. 清东陵祈福文化的传承

我国古代信奉“国之大事，在祀在戎”，其含义是，祭祀和战争是一个国家最重大的事务。自古以来，祭祀通常分为以下三种：一是消除灾害，一般指暴风、洪涝灾害、旱灾、瘟疫等天灾，以及起义、战争抢盗、兵变等人祸，在经受灾害时，人们通常会举行祭祀典礼，从而达到消灾补祸的目的；二是祈求福运，包括风调雨顺、五谷丰登、开疆拓土、子孙满堂、健康长寿等；三是答谢恩赐，当祈福消灾达到预期效果之后，古人将要再次举行祭祀仪式以报答神灵的保佑。而清东陵得天独厚的地理位置，十分契合清朝皇帝对祈福风水的要求，仅康熙、雍正、乾隆、道光四位皇帝到清东陵行谒陵礼的次数就达到了90次，由此可见当时的统治阶级对清东陵的重视。时至今日，为记录历史，彰显清东陵谒陵礼的传统文化，清东陵景区每逢清明时节都会参照历史资料，对祈福盛典进行排练展演，将清代皇家祭祖祈福典礼的盛况真实地为游客再现。

2. 剧情短视频在祈福盛典展示中的应用

祈福大典的再现，拉近了历史与现代的距离，使观众感受到祈福文化的魅力。然而受限于人力、物力、财力成本，祈福盛典每年仅举行一次展演，导致祈福文化传播的效率大打折扣。

以清东陵祈福大典为真实的人物、事件为背景，参照历史文献资料，结合视觉、听觉、蒙太奇等艺术手法进行创作的短视频与历史正剧都以真实的历史为基础进行艺术创作，对待历史严谨认真。二者的区别在于历史正剧通常包括剧本、话剧、戏剧以及电视剧，作品篇幅较长且叙事完整，而清东陵祈福大典剧情短视频的时长控制在10分钟以内，内容和主题都有着明确的指向性。

受限于祈福大典活动主题的严肃性，短视频的制作中使用大量的音乐元素，典礼中不同的环节搭配不同风格的配乐，神秘、震撼的配乐直击观众的心灵，全、中、近、特写镜头相互配合，在清东陵陵区内利用巨幅显示设备播放，极大地增强短片的情景表现力和画面张力，能使观众的心理产生共鸣，提升观众对祈福文化价值的认同和理解。

（三）短视频在清东陵文物修缮展示中的应用方法

历史文物的修缮工作是博物馆传承历史文化的重要工作之一，同时也是博物馆文化数字展示相对薄弱的环节，许多博物馆甚至未对文物修缮的过程进行展示。恰当的修缮展示可以为观众最直观地展现出历史文化元素演变的过程，不仅具有趣味性和教育意义，也能够充分地体现出博物馆管理部门对博物馆文化建设与文物管理工作的重视程度。

作为中国目前保护最好的古代陵寝建筑群，清东陵景区有着非常丰富的馆藏文物资源。由于历史跨度之大，时间久远，同时陵寝经历过两次不同程度的盗掘损坏，导致清东陵七大类49个小项大批文物受损严重。在文物的修复工作中，不同种类的文物对应不同形式的修复工作，这也是众多观众感兴趣的历史文化展现的一种方式。历史文物修缮工作展现方式的多元化，有利于提升清东陵景区的文化传承质量和文化传播效率。将清东陵景区的文物修缮工作以微纪录片的形式进行展示，把现代的文物修复工作当作一个时空，再把文物本身所蕴含的历史和古代的社会现实当作另一个时空，把两个时空联结，即可使文物所蕴含的意义与观众对文物的感情相通。

微纪录片是为了满足观众快节奏、碎片化、表现力的需求为发展特征的一种新型媒介形式。微纪录片的迅速发展归功于观众对碎片化时间的利用。《我在故宫修文物》就以纪录片的形式记录文物修复师的修缮工作，通过文物修复的过程表达现代人对文化的传承，从而使观众建立对中华历史文化的认同感。

《我在故宫修文物》采用当下与历史交叠的叙述手法，将文物修缮的过程与文物背后所蕴含的文化、历史相融合，更加立体化地展现文物的价值。

微纪录片在展现清东陵文物修复工作时，应当以文物修复师的修缮工作为主线，以皇家纺织品、棺椁、砖瓦、消防排水等文物与建筑的修复过程为主要内容（如图 3-3 所示），以陵区文物展柜附近的高清显示屏为载体播放微纪录片。

图 3-3　慈禧黄江绸绣五彩五蝠平今佛字女龙袍修复前后对比

（图来源：https：//baijiahao.baidu.com/s？ id=1674600673272959931&wfr=spider&for=pc）

通过文物修复展现清朝皇家陵园的特色遗产文化价值及其历史背景，反映清王朝历史的缩影，这不仅有利于激发观众对陵寝历史的兴趣，而且能够增强观众对于中华优秀传统文化的认同感。

二、虚拟现实技术在清东陵数字展示中的应用

虚拟现实技术相较于其他数字艺术展示方式，具有极大的时间、空间还原能力，具备其他展示手段所欠缺的沉浸式体验感。这些优点会使虚拟现实技术在博物馆文物的展示、文化的传播中都将产生十分积极的作用。

虚拟现实技术在清东陵景区数字展示应用中的核心是创造虚拟空间体验，真实地还原陵寝的布局、建筑、文物等内容，对数字画面三维重构，结合三维虚拟现实技术和视景仿真技术，实现高清图像合成。通过对摄影机采集的图像进行降噪处理，结合电子影像和三维重建技术实现图像画面升级，改善成像质量，再利用 3D 重构技术实现三维情景再现。虚拟现实的展现形式使观众能够得到跨时间、跨空间的沉浸式体验。

本节将从清东陵的布局、陵寝以及石雕三个方向举例，使参观者游览清东陵景区时得到更具有沉浸式的体验。

（一）VR 技术在清东陵布局展示中的应用

“文明是在游戏中，并作为游戏而产生和发展起来的”，在大众的认知中，游戏通常伴随着荒废、沉迷等负面标签。然而事实并非如此，游戏无处不在，充分利用游戏教育性、愉悦性和互动性等特点，探究如何将清东陵历史文化与 VR 游戏相融合，使之既有足够的游戏性又具有显著的教育意义，可以使游客对清东陵布局文化产生深刻的印象，达到寓教于乐的效果，使观众在游戏的过程中学习到更多的知识，才是现代游戏正确的发展方向。清东陵所在位置充满了传奇色彩，相传此处原本为明朝帝王所选中的风水宝地，但被清朝抢占先机，才致使明王朝全军覆没。清朝入关之后此处成为皇家陵寝，并一直沿用到清末民国时期。时至今日，许多满族后人仍以为清东陵居中华龙脉之首。

1. VR 游戏的教育性在清东陵布局展示中的体现

游戏化展示是对传统展示内容及方法进行分析后，以游戏的形式为载体，达到更好的展示目的的一种方式。在游戏化展示中，游戏仅仅是展示的方式，是实现高效传输信息的手段，其最终目的仍是展示。博物馆应致力于为参观游客提供藏品相关的历史文化信息，以多种多样的游览环境和灵活多变的展示方式，促进游客愉快、轻松、潜移默化地进行相关文化知识的自主学习。清东陵 VR 游戏教育化展示以科普和传播清东陵墓葬布局相关文化为主要目的，利用虚拟现实技术对清东陵景区的三维模型进行宏观展示，遵循寓教于乐的教育理念、设立合理的教育目标、选择有效的教育策略和丰富的游戏形式，将清东陵陵寝的布局文化以轻松愉快的体验方式传递给游客，使游客在体验休闲娱乐游戏的同时获取相关知识。所以说教育性是清东陵景区 VR 游戏的根本属性。

2. VR 游戏的愉悦性在清东陵布局展示中的体现

游戏的本质是“玩”，而教育的本质是“学”，所以游戏教育化的本质应当是“在玩中学”，通过让参与者沉浸于互动游戏中并产生愉悦的体验，从而达到有效的学习，所以愉悦性是游戏与教育结合后发挥价值激发参与者主动获取信息的重要条件。约翰·福克和林恩·迪尔金在美国史密森尼学会所属自然历史博物馆进行了一项公众调查研究，“那些选择参观博物馆的公众是期望在博物馆中寻求基于学习的娱乐休闲经验”。清东陵景区不仅仅是一个教育的场所，也是游客休闲娱乐、满足求知欲望的场所。在景区 VR 游戏开发的过程中，将陵寝选址、布局规划、风水讲究等以游戏的形式自然嵌入相关情节中，将文化内容、历史知识与游戏元素以及游戏过程巧妙融合，使游客在体验清东陵VR游戏的过程中不是侧重于知识的快速累积，而是在游戏的中收获兼具愉悦感的文化沉淀，在满足观众学习需求的同时满足其娱乐需求。

3. VR游戏的互动性在陵寝文化拓展中的应用

互动性是VR游戏的核心特征之一，在游戏中，学习者不仅与情境、角色、任务、设备等进行互动，而且可以利用虚拟世界的沟通机制与他人开展讨论和合作互动。清东陵VR游戏化展示利用数字技术使观众与数字设备、观众与清东陵实物、观众与观众之间产生深度持续的多方互动。

（二）VR技术在清东陵陵寝展示中的应用

孝陵是清朝皇家在关内所修筑的首座陵寝，其规模宏大，气势恢宏，在清东陵陵区中较为特殊，因顺治皇帝生前明确拒绝厚葬，再加上地宫防守森严，这使孝陵成了清东陵陵寝中唯一保存较好而未被盗的皇陵。近年来，由于陵寝修复、陵寝积水，运营成本过高等原因，孝陵时常处于关闭状态，陵寝内大量的历史文物也无法单独展出，同时常处于未开放的还有景陵、慈安陵、惠陵等陵寝（如图3-4所示）。

图3-4　游客在未开放的景陵隆恩殿前参观
（图来源：作者自摄）

无论由于何种原因，陵寝的封闭都阻碍了陵寝文化的展示，也导致了游客游览满意度的下降，对清东陵及游客都造成了损失。而VR虚拟陵寝恰好可以弥补这一缺点。通常来讲，人体所感受到的现实实际上是由人体的各项感知系统通过神经传递给大脑所形成的，本质是外界对人体的刺激在大脑中构成的真实形象，此形象是可以被虚拟的。运用多媒体与仿真技术，对未开放陵寝进行测量与计算、3D 模型建立、虚拟场景搭建等步骤（亦可使用 3D 扫描技术），利用高性能计算机构建出一座近乎真实的虚拟陵寝，游客可以借助 VR 眼镜在这个虚拟陵寝内来去自如地参观，使人从听觉、视觉等感官上都能得到更加高质量的体验。

VR 虚拟陵寝的应用使得游客可以更加直观地探索未开放陵寝内部的结构布局，避免了因陵寝因故无法开放和诸多如周围熙熙攘攘的环境、展示文物信息介绍的匮乏、排队时间长等不利因素的干扰。

（三）VR 技术在清东陵石雕展示中的应用

清东陵陵墓建筑群中分布有数量繁多的石刻雕像，这些石雕经历了上百年风雨的洗礼，包含着丰富的历史信息和文化内涵，具有极高的艺术价值、历史价值以及文化价值，堪称清朝石雕艺术作品博物馆。除地宫石雕作品以外，地面上的石雕文物大概分为石雕门（坊）、拱券桥、石像生、祭台、券脸石、功德石碑、殿座栏杆、擎天柱、丹陛石九大类，其中丹陛石和石像生在清东陵石雕文物中具有十分重要的历史地位。石像生作为帝王身份地位的象征，在清东陵存在的数量也十分庞大（如表 3-3 所示）。

表 3-3　清东陵景区石像生石雕分布表

位置	数量	人	兽（站）	兽（卧 / 坐）	备注
孝陵	18 对	文臣 3 对 武臣 3 对	马 1 对 麒麟 1 对 象 1 对 骆驼 1 对 獬豸 1 对 狮子 1 对	马 1 对 麒麟 1 对（坐） 象 1 对 骆驼 1 对 獬豸 1 对 狮子 1 对	大象无配饰
景陵	5 对	文臣 1 对 武臣 1 对	马 1 对 象 1 对 狮子 1 对	无	大象配鞍鞯、宝瓶
裕陵	8 对	文臣 1 对 武臣 1 对	马 1 对 麒麟 1 对 象 1 对 骆驼 1 对 狻猊 1 对 狮子 1 对	无	大象配鞍鞯、宝瓶
定陵	5 对	文臣 1 对 武臣 1 对	马 1 对 象 1 对 狮子 1 对	无	大象配鞍鞯、宝瓶

相较于石像生，丹陛石由于象征意义不同，数量较少（如表 3-4 所示）。

表 3-4　清东陵景区丹陛石石雕分布

位置	孝陵大红门	孝陵	孝东陵	景陵	景双妃园	裕陵	定陵	慈禧陵	慈安陵	惠陵	昭西陵
数量	1 件	1 件	1 件	1 件	1 件	1 件	1 件	2 件	1 件	1 件	1 件

石像生位于神道两旁，为所设的石人、石兽之统称。作为祭祀用的石刻艺术形式，它起源于新石器时代早期。随着生产力的发展和人们生活水平的提高，石像生的功能也从单纯的供奉神逐渐演变为显示逝者身份、地位，以及驱邪和镇墓等功能。石像生高 2—3 米，占地面积 1—4 平方米不等，通体雕刻花纹（如图 3-6 左所示），具有较高的观赏价值。丹陛石占地面积约 4 平方米，以慈禧陵丹陛石为例（如图 3-6 右所示），一般采取高浮雕以及透雕相结合的雕刻工艺，整幅图案别出新意，视觉效果独特，立体感十足。

图 3-6　景陵石像生之石象（左）慈禧陵丹陛石（右）

（图来源：作者自摄）

然而对于游客而言，丹陛石和石像生的体积都过于庞大，加之丹陛石周围设置了护栏，致使游客观赏视野受限。游客无法对石像生直观建立体量感，也无法近距离观赏丹陛石的精美工艺，只能走马观花式观看，观赏效果大打折扣。

西交利物浦大学智能工程学院的文化创意型应用“共临其境”是一个可支持多用户同时在线的 VR 应用，用户们通过 VR 端或者 PC 端进入虚拟博物馆中，不受约束地探索感兴趣的文物、查看文物的详细信息等，或者通过操作手柄拿取文物，收藏到自己的云展厅自行布展，与其他用户进行交流、互相参观。可以借鉴此应用，将虚拟现实的互动性这一特性运用到石像生、丹陛石等中大型文物的辅助展示中。首先运用三维扫描的技术对目标展品（慈禧陵丹陛石）进行前期数据采集，再通过三维合成软件对已采集的数据进行合成处理，得到目标展品的三维模型（如图 3-7 所示）。最终将三维模型与VR显示系统进行匹配，游客在观看该模型的同时可以通过VR遥控器360°旋转、放大和缩小，查看文物的细节信息。上述方法可应用于文中提及的绝大多数石雕中。虚拟现实在中大型文物的展示应用中打破了游客观赏清东陵石雕的局限性，转变了往常的展示模式，为游客观察清东陵中大型石雕提供了更多的观赏选择。

图 3-7　慈禧陵丹陛石三维模型
（图来源：作者自制）

三、AR技术在清东陵数字展示中的应用

AR是以虚拟现实为基础发展而来的技术，在1997年，美国北卡大学的Ronald Azuma教授将增强现实的特征定义为虚实融合、即时交互和三维注册。增强现实区别于虚拟现实完全虚构的空间，通过局部虚拟叠加实现对现实空间的拓展，强调的是局部虚拟，此特性对博物馆数字展示领域的支持是十分显著的。增强现实在对各类历史文物进行数字展示时，具有良好的时空延展性和立体展示能力，可以有效地引起游客好奇心。

本节将从清东陵珍稀文物的AR展示、清东陵破损文物的AR展示、清东陵被盗文物的AR展示三个方面结合虚拟现实技术的特征进行分析，改善清东陵单一的展览方式，提高游客游览体验。

（一）AR技术在清东陵珍稀文物展示中的应用

虚实融合是AR技术的基本特征，其目的是利用计算机技术，将通过一定艺术手法构建好的虚拟三维模型应用到现实的环境当中去，从而增强使用者对现实环境的认知和理解。在经历了盗墓贼数次洗劫之后，清东陵随葬品在数量和质量上都受到了严重的损失，但是仍有部分具有研究价值的文物得以保存。相关机构出于对所剩文物进行更安全的保护目的，将这些文物转移到清东陵文物库房进行保管，仅于特殊活动时才展出，通常情况下不在清东陵景区内部展示。以保护清东陵珍稀文物的角度来看，文物的封存保管的确能有效地起到保护作用，但是以宣传的角度来看，此种做法无疑阻碍了清东陵历史文化遗产价值的展示。此外，由于清东陵随葬品独特的代表性和唯一性，部分珍稀文物时常会在多个博物馆进行巡展和修复。2013年，中国丝绸博物馆接收了一批来自清东陵景区的纺织品文物，国丝馆作为纺织品文物国家重点科研单位，对此批文物展开了长达 8 年的修复。2020 年，位于河北唐山市的唐山博物馆联合清东陵文物保护区管委会等单位，共同举办了以“皇宫•皇陵——清东陵珍藏文物展”为主题的展览，此次展览共展示了红珊瑚钉子官帽、红漆描金攒盒等 200 余件珍藏文物，涉及服装、家具、器皿等多个门类（如图 3-8 所示），展览时间长达 3 个月。诸如此类的展览或修复时常会举办，在此期间，调动的文物长期处于异地，无法向清东陵景区的游客们进行正常的展示。

图 3-8　红漆描金攒盒

（图来源：https：//art.icity.ly/events/q7qgzxa）

清东陵在利用 AR 技术对珍惜文物进行展示时有着先天的优势。修复破损文物需要先对文物破损现状进行数据采集，再通过点云的方式合成三维模型，在此基础之上对照文物完好的区域对破损处进行三维建模，从而达到模拟修复的目的。而被盗文物的前期模型制作仅能依靠遗留的照片和文字记载的数据进行粗略的还原。珍稀文物则凭借相对完整的形态，可以直接进行三维扫描建模，无论是在精度上还是在显示效果上，都要优于其他两种情况。伴随着增强现实数字展示的快速发展，国内外诸多博物馆也紧跟时代的潮流，根据自身的文化特点结合增强现实数字艺术开发了各具特色的 ARW 文物展示项目，研究并总结国内部分博物馆的 AR 文物展示项目，以便于探寻适用于清东陵珍稀文物的 AR 展示形式，国内部分应用 AR 展示的博物馆及其 AR 项目的梳理结果见表 3-5。

表 3-5　国内应用 AR 交互博物馆及项目介绍表

博物馆名称	AR 项目名称	显示设备	展示平台	项目内容简介	实现方式
国家博物馆	国博 AR	手机 / 平板	手机 App	文物三维模型互动展示	二维码扫描
故宫博物院	故宫 AR	手机 / 平板	屏幕投影	文物三维模型互动展示	体态识别
苏州博物馆	苏州博物馆 AR	手机 / 平板	手机 App	文物三维模型互动展示	二维码扫描
山东博物馆	"鲁王之宝"	手机 / 平板	手机 App	文物三维模型互动展示	二维码扫描
浙江省博物馆	"良渚来了"	手机 / 平板	手机 App	文物三维模型互动展示	面部识别

由表中可以看出无论项目展示的内容如何，绝大部分 AR 项目的展示都是基于手机和平板的 App 进行扫码实现。虽然这种应用方式有着成本低、用户使用随意度高的优点，但是也存在一些弊端。由于游客使用的设备不同，观看 AR 项目屏幕的尺寸、网络延迟、颜色等方面的差异，导致游客体验同一 AR 项目的感受参差不齐。受现实设备屏幕尺寸的限制，被展示物主体的尺寸也普遍为中小尺寸，缺乏视觉冲击感，难以产生真正的增强现实的感受。绝大多数游客都以手机、平板作为显示设备，在充当观赏 AR 展示的窗口时，切断了电子设备其本身的功能（如图 3-9 所示），抬举胳膊时间过长易让游客有疲劳感、分心。

图 3-9　当下普遍的虚拟现实体验方式

（图来源：https：//www.163.com/dy/article/DIJIMLNK0526F4E7.html）

AR 技术在展示清东陵珍稀文物的过程中，利用增强现实强大的虚拟融合的特征，结合文物完整状态的优势，通过三维扫描、点云处理在软件中构建清东陵珍稀文物的三维模型，并使之与现存台基相匹配，以虚实结合的方式实现对文物进行 1 ∶ 1 的复原。在展示的过程中，应尽量避免前文所提到显示设备局限的问题，采取智能 AR 眼镜作为显示设备，减少游客观赏负担，提升观赏体验感。例如杭州良渚博物院 AR 智能体验馆，馆内引进了智能 AR 眼镜，此眼镜集合了图像识别、语音识别、AR 导览等技术，可以为游客进行 AR 特效、AR 地图导览、虚拟导游等 AR 展示体验。

增强现实在清东陵珍稀文物展示中的应用，使原本封存保管的珍稀文物以完整的状态呈现给游客，避免珍稀文物在发挥展示价值与文物保护之间的矛盾。既可以为游客带来珍稀文物独特的 AR 体验感受，又起到了对文物保护的作用，对清东陵历史文化的传播与保护有着重要的意义。

（二）AR 技术在清东陵破损文物展示中的应用

清东陵随葬文物是清代皇家陵寝的重要组成部分，随葬文物自身及其具有的艺术、科学、历史价值和社会内涵是探究皇家丧葬文化最为直接的研究资料之一。但是，清东陵在经历数次被盗后，其余遗物出土时，均已受到了不同程度的人为及自然破坏。所以无论是出于对文物的保护还是达到理想的文物展示效果，文物的修复工作都是十分必要的。

文物修复是一项对技术要求极强的工作，过程十分严谨。不同材质、颜色的文物，损毁程度也大不相同。但是，不是所有文物都能被完美修复，有的修复者直接将文物“改头换面”，与修复的初衷背道而驰，结果令人哭笑不得。

无论是“毁容式修复”，还是如同故宫文物修复工作者一般的专业修复，传统的文物修复工作都是直接在受损文物的本体上进行的，即使修复的手法再高超，也不可避免地会存在在维修过程中文物受到二次破坏的情况。除建筑外，清东陵现展示文物中损毁较为严重的有棺椁、器皿、首饰等（如图 3-10 所示）。

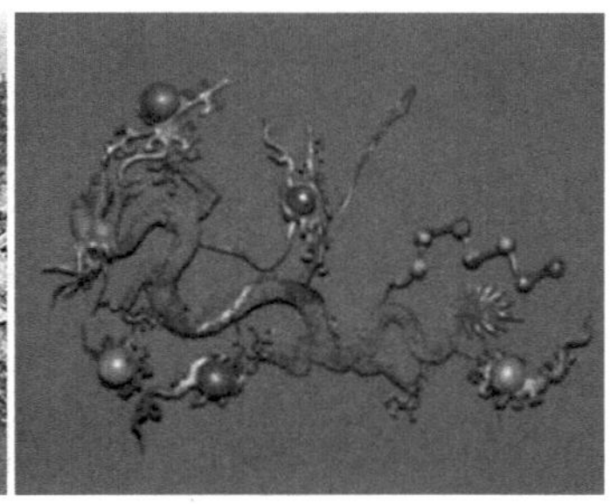

图 3-10　清东陵受损严重的棺椁（左）、器皿（中）和首饰（右）

（图来源：https：//new.qq.com/rain/a/20210329a05of000）

在此情况下便可利用 AR 技术的虚实融合、即时交互、三维注册的特点对文物进行数字化复原，特别是对文物碎片进行虚拟拼接。对受损文物进行对照研究，将文物缺失的部分使用三维建模技术加以还原，再利用增强现实精确的三维注册技术将还原出来的碎片与文物本体进行衔接，从而对文物进行“虚＋实”的完美复原。

AR 技术的修复展示方法不仅可以降低清东陵文物修复的难度，减少人为因素对文物的损坏，而且可以把复原文物的数字模型应用于清东陵景区的数字化展示，并保留了传统修复的余地，使文物更真实地还原与游客面前，为游客提供了修复前后两种观赏模式。

（三）AR 技术在清东陵被盗文物展示中的应用

清东陵一共经历了两次大盗窃，即 1928 年孙殿英盗陵案和 1945 年张尽忠盗陵案。

孙殿英盗墓案案发于 1928 年 7 月，孙殿英私率大军炸毁地宫，将随葬品洗劫一空，被盗最严重的陵寝就是慈禧的定东陵和乾隆的裕陵。随后孙殿英的劣迹被揭发。在巨大的压力之下，孙殿英不得不以所盗宝物四处打点关系以求自保。

1945 年 9 月，十五军分区情报队队长张尽忠趁日本战败，清东陵的管理防护出现了空前未有的松懈，勾结土匪王绍义，对清东陵进行了第二次盗掘，数十座陵寝在此次盗掘中遭受洗劫。

经过以上两次盗墓案后，清东陵损失惨重，随葬文物遭到极大损失和破坏，大量国宝下落不明，也有相当一部分流失海外，至今无法追回。清东陵大量珍贵文物的流失，无论对国家还是对人民来说都是极大的损失，同时也阻碍了文物相关历史及价值的传播。如何利用增强现实技术将丢失的文物更好地向游客进行展示，成为数字艺术在清东陵数字展示应用中的难点所在。即时交互作为虚拟现实的特征之一，是用户可以独立操作 AR 显示设备和已经信息强化的增强现实环境之间的实时交互过程，交互时用户的移动设备能够全方位地观察到物理世界上实时显示的虚拟对象并通过手指抓取、体态识别等动作与虚拟对象进行交互。在清东陵已丢失文物的 AR 展示中，一方面可以通过静态 AR 方式进行展示；另一方面，应该尝试还原文物本身的功能性。以良渚古城遗址博物馆的 AR 体感换装为例，游客停留在大屏幕前，AR 会自动识别并跟踪当前游客的体态，然后根据游客体态进行服装道具匹配，实现换装效果，还原良渚先民服饰的穿着效果。

上述 AR 展示方式在清东陵文物的展示中也同样适用，据资料记载，失窃器物内有慈禧太后金凤冠一枚，这枚金凤冠内有九只凤，而且每个凤嘴里都叼着“夜明珠”。据专家介绍，慈禧金凤冠是由一个叫“寿昌”的工匠制作而成，采用了一种特殊的工艺：用天然矿石烧制而成。这种工艺独特而复杂。英国伦敦大英博物馆展出了金凤冠残体（如图

图 3-10　金凤冠残体

（图来源：https：//new.qq.com/rain/a/20211203a022zo00）

3-10 所示）。博物馆利用三维建模对金凤冠进行最大程度的还原，使之具备 AR 试穿的功能。利用 AR 互动性优势，把文物的各种价值延伸至器物及文字意义以外，并鼓励受众通过动作体态识别和人脸识别与虚拟文物进行实时交互，有助于受众在交互体验过程中体验传统文化底蕴。

四、三维动画技术在昭西陵展示中的应用

三维动画是依托于计算机技术的发展而产生的一种全新的应用技术，利用计算机技术在其领域内可以搭建虚拟空间。在这个虚拟空间内，根据需要表达的具体对象，构建虚拟场景与虚拟物体，进而根据需要添加物体材质与灯光模拟，最终渲染出创作者所需要的虚拟模型与虚拟画面。当前，三维动画已经成为我国文化产业的重要支撑。伴随着三维动画的规模不断扩张，其应用范围也愈加广泛，文化遗产的保护与开发工作也与三维动画紧密相关。在三维动画的推动下，文化遗产的保护与开发方法有了进一步的改变。通过三维动画手段，文化遗产的表现方式更加丰富。动态、静态的展示方式各有所长，三维动画以虚拟表现真实，通过模型重建、情景模拟等方式，将原本生涩的历史以更加鲜活的形式展现出来，推动文化遗产保护工作的升级，同时丰富了广大观众的视觉体验，活化历史信息。

（一）三维动画展示历史文化

伴随着“文化 + 旅游”模式的兴起与大众文化的广泛传播，文化遗产也需要与时俱进，走出时代化、市场化的发展道路是大势所趋。因而历史文化在展示过程中必然要追求可视化与观赏性。

文化遗产数字化的重要价值，在于通过传播信息、还原历史，让观众了解真实历史。

历史纪录片《帝陵》中的西汉帝陵篇，就使用了大量的三维动画镜头来演绎汉高祖刘邦的生平，包括其与大臣议政的画面、未央宫的场景以及其陵寝修建时的场景。镜头运用了三维动画，将早已消逝在历史岁月中的汉朝和仅存在于文字记载中的汉高祖刘邦，通过影像的方式展示在世人眼前，让随着时间流逝逐渐模糊的历史人物与事件再一次“活”了过来。

三维动画因镜头变化与故事内容的组编具有叙事性。昭西陵是清东陵“祈福文化”的重要环节，清东陵每年有五大祭、二十四小祭，除此之外，清朝还有著名的红门遥祭（见表 3-6），昭西陵是这些事件的主要发生地点，这些活动都可以以三维动画的形式进行展示。

表 3-6　昭西陵文化活动

活动名称	活动内容
五大祭	清明节、中元节、冬至、岁暮、帝后忌辰行大祭礼
二十四小祭	每月的初一、十五与皇帝万寿、后妃忌辰需在各陵行小祭礼
红门遥祭	各地官员路过清东陵时，需进清东陵祭祀，如有要务在身，可以不进入大红门内，但必须进入昭西陵，在隆恩殿内祭拜孝庄文皇后

（二）三维动画展示现存遗址

文化遗产是一个民族智慧的结晶，也是民族精神文明和历史文化的重要载体。然而，受到各种主观和客观因素的影响，许多文化遗产受到了不同程度的破坏，这要求广大从事文化遗产保护工作的工作人员找到保护、继承历史文化遗产的新途径。

随着数字技术的进步，全球的数字化如火如荼，数字化已经成为文化遗产保护与传承的重要手段，也是增强国家文化软实力，提升文化自信的重要举措。目前，昭西陵现存部分的地表建筑与文物，可以通过摄影测量、三维建模等方式将其基础模型与当前数据保存，建成昭西陵特色数据库，再利用三维软件加工整合后，可以得到昭西陵的数字模型。出于对某些文化遗产的保护，又或者有的文化遗产存在不方便游客实地游览的情况，可以使用三维动画来模拟现有的文化遗产。在历史纪录片《东方帝王谷中》，就使用三维动画来展示秦始皇陵不对外开放的建筑部分，观众不进入墓内，便可观看墓内景观。

摄影测量是将昭西陵现存的地表建筑转化为数字模型的重要方法。摄影测量是一种“非接触式”的测量方式，通过相机拍摄图像来测量目标物体的形状、大小和空间位置的技术。通过摄影测绘拍摄同一被摄物体不同角度的图像，将多张图像对齐排列，利用相关的软件，算法自动识别图像之间相同的特征点，获取图像中的信息，将 2D 的图片转化为 3D 的数字模型。2022 年 3 月，B 站博主“影视飓风”联合大疆行业应用与山西达通团队，使用无人机航拍摄影测量，复刻出河南老君山的全貌。这一项目用时 30 天，拍摄照片 1 万张采用先整后零的拍摄方法，先获取老君山山顶建筑群的整体图像，计算出大概模型，再单独获取每个建筑单体模型，完美复刻出老君山全貌。

昭西陵特色资源库的整体模型，也可用摄影测量的技术获取并完成复刻。对昭西陵中细微的模型制作，如丹陛石（如图 3-11 所示）、石五供（如图 3-12 所示）、望柱（如图 3-13 所示）、琉璃花门，用相机拍摄出多角度图像，放入软件中识别并计算出其数字模型，再使用三维软件修剪模型，便可制作三维动画。

图 3-11　丹陛石模型　　图 3-12　石五供模型　　图 3-13　望柱头模型

（图来源：作者自制）

三维动画将昭西陵文化遗产的现存信息转化为视觉符号，再以视频的形式传递给受众，受众通过解读这些视觉符号，感受其中传递的历史文化信息的过程，就是昭西陵文化遗产创造性保护与继承性发扬的过程。三维动画将昭西陵现存的地表建筑加以加工改造，使昭西陵文化遗产与三维动画相互融合，相互补充，用数字坐标轴来构建和完善保护文化遗产的舞台，将昭西陵文化遗产中蕴含的深刻的历史文化信息储存、继承、传播。

（三）三维动画展示损毁遗址

著名导演罗伯特•雷德福曾指出："数字化的崛起是因为它们本身更具有可看性。"随着物质生活的丰富，大众对于精神生活的需求也逐渐提升，审美要求更是水涨船高。传统的对于文化遗产的欣赏形式，不外乎去文化遗产所在地当面欣赏、通过照片欣赏与通过视频欣赏。但这些欣赏形式都建立在文化遗产保护到位、保存完整的前提下。然而，昭西陵显然并不具备这一前提。实地去欣赏昭西陵文化遗产，具有一定的困难。就昭西陵的破损程度来说，游客即便可以实地欣赏，观赏价值也会大打折扣，更何况清东陵景区为保护昭西陵当前现存遗址，早已不对外开放。现存的昭西陵可看的图片信息与视频信息也寥寥无几。三维动画可以通过数字建模等手段来将昭西陵已经损毁的部分通过数字重建的形式重新展示给观众，带给观众以全新的视觉体验。例如在历史纪录片《大明宫》中，就用了大量的三维动画来展示大明宫遗址未损毁前的画面（见图 3-14）。此外，《故宫》《敦煌》《神秘的西夏》《新丝绸之路》等历史文化遗址类的纪录片也都使用了三维动画来展示已经消亡的场景。

图 3-14　大明宫三维动画展示损毁场景对比图

（图来源：作者自制）

数字重建是将昭西陵已经损毁的建筑实现数字再现。三维建模技术，可以对昭西陵损毁的部分进行高精度的艺术复原。既可以对破损的位置进行局部修复，如破损的琉璃花门、陵寝门、大殿栏杆；也可以使用传统的建模方式根据图片、文献资料、样式雷图纸以及参照建筑使昭西陵地表建筑原样再现，如昭西陵的隆恩殿、东西配殿，都可以根据资料和建筑遗址制作三维模型。根据清东陵文物研究所保留着昭西陵的老照片（如图 3-15 所示），天津大学的李超教授深入研究了昭西陵的复建方案，标注出昭西陵遗址各方面的详细数据。

图 3-15　昭西陵旧照

（图来源：https：//tieba.baidu.com/p/5528875356）

三维建模修复适用于多种软件，如 Maya、3Dmax 等都广泛应用在文物修复以及建筑修复上，这些软件拥有高精度的模型制作功能和高仿真性的材质渲染功能，可以最大限度还原出昭西陵这座集历史价值与艺术价值于一身的古陵寝的原貌（如图3-16 所示）。

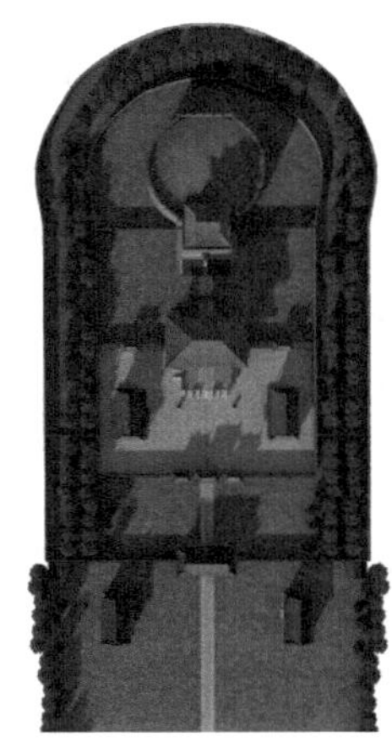

图 3-16　昭西陵三维建模复原图
（图来源：作者自制）

第三节　数字艺术在清东陵数字展示中的应用原则

数字艺术在清东陵数字展示的应用设计中应遵循“以人为本，创新应用”的展示理念，分别从文化遗产的传承性原则、短视频的视觉艺术性与舒适性原则、VR 和 AR 的适用性三个设计原则对设计方法进行佐证，规范设计内容，提升清东陵数字展示的价值理念，为游客提供更好的数字展示效果。

一、清东陵文化遗产的传承性原则

清东陵景区是蕴藏着丰富文化底蕴的世界级文化遗产景区，无论是出于对历史文物的保护和对精神文化的传承，还是对清东陵景区的形象宣传，通过数字媒体艺术对清东陵景区进行数字展示都是十分必要也是十分迫切的。所以数字艺术在清东陵的数字展示过程中，文化遗产的传承性原则必须从始至终地应用到每一个设计中去。

（一）短视频的文化传承性原则

短视频是当下最流行、最普遍的信息媒体承载介质，对承载的内容有着非常强大的包容性，通过高度自由的拍摄、剪辑，观众在观看短视频时，能够遵循短视频制作者的思维逻辑，对传播内容的理解有着指向性的特点，在传播途径上也十分丰富，因此短视频在传承清东陵文化遗产的过程中，应当基于地方特色，蕴含当地文化习俗，节目风格生动灵活。从线下实地传播和线上网络传播两种传播途径同时进行。线下实地传播既在清东陵景区文化所在地区进行传播，应当主要以清东陵景区的历史典故、传统习俗、风土人情、自然环境等方面作为短视频的主题，讲好“清东陵故事”，拉开清东陵与国内外其他同类型景区的距离，突出清东陵特有的文化核心，在游客观看短视频的过程中实现对清东陵文化遗产的传承的目的。

线上网络传播既在各大短视频平台发布，应当以宣传清东陵景区为重点，树立良好的清东陵文化 IP，使短视频通过网络传播提高景区的知名度，扩大清东陵景区在国内外的品牌影响力，从而使线上观众对清东陵景区产生浓厚的兴趣和强烈的探索欲望，最终吸引大量游客前往清东陵景区进行实地游览。

所以无论是网络传播还是线下传播，短视频都需要讲述清东陵独特的故事，加强清东陵景区的传播力和影响力。

（二）AR 和 VR 的文化传承性原则

1. AR 的文化传承性

从古至今，历朝历代所遗留传承下的历史文物，无论完整或残缺，都蕴含着其千百年来独特的经历。文物的修复工作并不是不择手段将破损的文物还原成完美的状态，而是遵循最小介入的理念。所以在利用增强现实对清东陵受损文物进行修复时，应当使其具有高度的原真性。原真性，顾名思义即物体的原本真实的性质，我国在文物的发掘和保护工作中一直以来都以“不改变文物原状”这一规定为基准，从而保持文物的原真性。但是随着时代的发展，中国文物的原真性也发生了变化，出现了一些新问题，如“原状”内涵的模糊、历史延续的断裂以及“原状”概念本身存在的缺陷等。原真性会产生变化和分歧的根本原因在于文物外在的展现形式和内在涵义不能完全达到统一的状态，而文化遗产表现形式又负载着诸多文化意义。增强现实数字展品，在文物残缺的基础之上，利用增强现实技术对文物进行高原真性的虚拟还原，既符合了国人追求文物修复完美状态的心理，同时对文物自身并没有进行实质性的改动，避免了“破坏性修复”情况的发生。

2. VR 游戏的文化传承性

游戏总是包含一定的文化内涵。它要么是人们对历史世界的重构，要么是使人们对理想世界的幻想。毫无疑问，游戏也有传承文化的特性。

VR 游戏在清东陵文化传承上的原则有两个方面：一是游戏中必须包含丰富的清东陵文化知识内容，并具有一定的独特性，加深游戏参与者对清东陵文化的理解和记忆。

从本质上看，VR 游戏和电影、小说没有什么区别，都是文化的一种展示形式，游戏也可以像其他表现形式一样包含着丰富的文化知识。例如，发布于 1985 年的世界首款三国题材的战略游戏《三国志》，对我国三国时期的政治、文化、历史、人物都进行了全面的介绍，使玩家在畅玩游戏的同时，也可以学习到三国时期的历史文化。二是 VR 游戏需要强大的文化渗透功能，游戏和其内容风格是在一定的文化背景下积淀而成的产物，不仅体现了当时的文化背景，并且可以有效地传播这种文化。借助游戏将清王朝丰富的历史信息展现给参与者，从而加深参与者对清东陵文化的理解，消除时代的隔膜，传承正确的清东陵文化观。

二、短视频的视觉艺术性与舒适性原则

相较于历代皇族生前所居住的故宫博物院而言，清东陵景区则是清朝皇族逝世后埋葬的地方。清东陵景区在大众近喜避丧的大环境中，作为陵寝的特殊性质博物院，品牌形象宣传的难度较大，因此，在进行短视频、纪录片等视频数字展示的制作过程中，应遵循视觉艺术性以及舒适性原则，颠覆陵寝类景区在大众认知中的刻板印象。

（一）镜头语言的艺术性原则

纪实性是清东陵景区纪录片的基本性质，也是专题纪录片的根本属性，艺术性是人们对于社会生活以及思想情感所反映出来的关于美好程度的表现。艺术性能够将纪录片的主题和内涵更好地展现出来，如果将艺术化的加工提取出去，真实又直白的视频纪录片则难以引起观众的注意力，与利用纪录片改变观众对清东陵刻板印象的初衷背道而驰。反之如果过度地追求艺术性，淡化纪实性，则丢失了纪录片真实、纪实的根本性质。在清东陵文物修缮纪录片的制作中，艺术性的处理方式并非仅存在单一阶段，而是从初期剧本创作、分镜绘制到中期主线拍摄和空镜头拍摄，再到后期剪辑、调色。其中初期准备工作是整部纪录片艺术性创作的重点阶段，中期拍摄过程中利用光线、色彩、构图等艺术创作手法，配合后期剪辑，将此前所做的艺术性创作得以升华，艺术性的创作原则应当贯穿完整的纪录片制作流程。

（二）视觉语言的舒适性原则

在保持较高艺术性的前提下，清东陵短视频的制作也必须以遵循人本原则为基础，清东陵短视频的鉴赏者是大众而并非特定团体，制作团队在表现自身艺术水平的同时也要兼顾观众视觉的舒适性原则。以色彩为例，视频色彩调配可以最直观地影响到视频的镜头语言，色彩的冷或暖、单一或复杂，都表达了环境与清东陵、清东陵与人之间的关系影响，利用高饱和度色彩的搭配，引导观众对清东陵固有印象的改变，以达

到清东陵短视频数字展示的应用目的。

三、虚拟现实与增强现实数字展示的适用性原则

首先应该确立以观众为中心的理念，国内有很多博物馆仍然沿袭苏联模式，保留以物为中心的传统展示设计理念，强调展品研究的核心地位。清东陵虚拟现实与增强现实的展示打破了传统展示空间上的局限性，提升了参观者在体验清东陵数字展示的过程中的自由度、舒适度以及趣味性，游客在与数字化的清东陵陵寝以及展品进行交互的同时，虚拟现实独特的展示体验也在对参与者的视觉、思维、情感进行激烈的碰撞，极大地满足现代年轻人的猎奇心理与审美情趣。因此虚拟现实和增强现实在清东陵的数字展示中应当有其独特的适用性原则。

（一）空间性原则

无论是历史纪录片还是当下流行的短视频流媒体，都是以单一维度的视频通过显示器将所要表达的内容向观众所展示，视频依靠不同焦段、不同景别、不同运镜的镜头推动故事的发展，所以无论如何运用蒙太奇的剪辑手法对视频进行剪辑加工，观众作为受众主体都只能被动地接受来自影片中的画面信息，接受以导演为主导的画面及故事情节，文化传输的过程中缺乏参与感。所以虚拟现实和增强现实在清东陵数字展示中应用时，应打破现有场景的空间限制，拓展虚拟的展示空间。

在清东陵 VR 虚拟陵寝以及 AR 虚拟展品的前期开发过程中，根据历史材料使用三维软件对已损毁的陵寝及展品构建超高精度的三维模型，通过色彩还原以及多场景的缝合，使消逝已久的文化古迹再现于观众眼前。使观众在虚拟陵寝中可以以任意角度、任意距离进行参观，以观众为中心，使观众投身参与到虚拟陵寝中，虽然本质上参与者仍然是通过二维的画面视角观察虚拟陵寝，但是在无限的数量和角度的加持下，参与者可轻松选取自己感兴趣的视角，编辑以自我审美为主导的观察角度，颠覆传统游览枯燥乏味的形式，打破观众与清东陵文物空间上的局限，拉近观众与清东陵历史文化之间的距离。同时也一定程度上消除了观众体验清东陵虚拟陵寝时所产生的视觉疲劳和心理乏味。

（二）沉浸感原则

沉浸理论最先由 Csikszentmihalyi（1975）提出，解释当人们在进行某些日常活动时为何会完全投入情境当中，集中注意力，并且过滤掉所有不相关的知觉，进入一种沉浸的状态。虚拟现实所展现的陵寝相较于传统视频而言，其重要特征之一就是能够为观众带来沉浸式的游览体验。所谓沉浸式游览体验，即参观者成为虚拟陵寝中的一

部分，以角色的身份和视角对虚拟环境进行遵循主观意愿的探索，参观者从信息的被动接受者转化为信息的主动发现者。

沉浸感是观众体验的重要一部分，观众可以在一定条件促进某种类型知识，包括与展览相关的陈述性知识的获取、过程性知识或技能演示、空间或建筑特色与物之间的关系、与经历有关的感情或情感回应等。在真实世界中，当观众突然来到一个陌生的环境中时，本能地会发生一系列的心理变化，包括对周围环境的观察、要素的提取、事件的感受等。并将自己观察到的感兴趣的信息元素进行整合再加工，从而使自己更好地带入新的环境中去。而通过虚拟现实与增强现实加工的清东陵虚拟陵寝及展品，就是对虚拟世界的“真实再现”，参与者在清东陵虚拟陵寝中参观时，如同穿越到陌生的真实世界中，强烈的环境冲击致使参与者产生巨大的心理变化，强烈的好奇心驱使参与者对清东陵虚拟陵寝的环境、氛围、展品等进行主动探索。逼真的虚拟陵寝配合恰当的音效，可以很大程度上引发参与者对清东陵历史文化的兴趣，通过虚拟现实和增强现实自身沉浸式的特性，让参与者对历史文化、文物进行更高程度的理解和思考。

（三）交互性原则

在利用虚拟现实和增强现实对清东陵数字展示的过程中，应当提高参与者在沉浸式环境中与清东陵数字展品的交互性，充分发挥现代科学技术的优势，使各类历史文化遗产和数字展品的价值得到升华。为参与者提供更多的语音识别、体态识别、表情识别等交互功能，参与者才可以通过交互进入虚拟世界。参与者的触摸、移动、抓取等主观行为必须体现在虚拟陵寝中，并且通过现实世界中人们正常的感知效果进行反馈，参与者才会其在虚拟陵寝的真实程度，由此产生自我存在感。较高的交互性是构建空间感的必要因素之一。在清东陵虚拟陵寝和数字展品的展示中，能互动的目标越多，互动方法越贴合现实世界，其交互性就越高，参与者在虚拟陵寝中的交互就越自然，在此过程中获取的沉浸感也越真实。在此前提下，应从交互及时性、主观参与性、娱乐性、资源丰富性和创造性这五点提升清东陵虚拟展厅的交互性。

交互及时性：增强现实与虚拟现实的交互及时性是参与者所能直观感受到的特性，在对虚拟展品进行互动操作时，其所有的动作都应当是有所反馈的，且都是实时的，贴近现实的。所有显示信息都应该毫无违和地叠加在真实的场景之中。

主观参与性：不仅限于虚拟现实与增强现实的交互中，参与者在清东陵所有的交互性展示中，交互设计都应当遵循人本原则，以人为本，着重于游客参与交互性设计的主动性，保证互动过程顺利进行。

娱乐性：交互体验往往是为公众营造一个能与展示空间进行交流对话的娱乐场景。

通过互动小游戏等活动，激发观众的热情，以人为本，为不同需求的观众提供多样化的体验，从而提高文化信息的传播效率。

资源丰富性：清东陵数字展示交互设计中应当涵盖图片、文字、声音、视频等不同的展示，通过丰富的展示形式为参与者提供更多的历史文化信息，从而得到不同的交互体验，实现信息的有效传播。

创造性：以现代科技为基础的成熟的虚拟现实技术和增强现实技术平台，为参与者提供了将天马行空的想法转化为现实的可能性，结合声、光、电等技术手段，加深参与者对清东陵数字展品的感悟和探索。

（四）VR 游戏的趣味性与整合性原则

VR 游戏在清东陵文化展示中需要寓教于乐的趣味性，其提供的游戏情境性和开放交互性能使参与者在激励中自由、快乐地探索；同时也需要将独特的清东陵文化遗产与游戏过程巧妙整合，游戏最终效果应向参与者提供丰富多彩的清东陵文化资源，成为出色的清东陵文化认知工具，使参与者能以充满兴致的状态对清东陵文化开展创造性的研究性学习，便于文化的传播，同时培养参与者的互助精神。

1. 寓教于乐的趣味性原则

不可否认，兴趣永远是学习者最好的老师。在对清东陵数字展示的应用中，VR 游戏应当具备使人愉悦的学习氛围，充分利用色彩对比强烈、交互设计优美的游戏画面及逼真的场景来激发参与者的兴趣，引起参与者的学习动机，激起参与者对清东陵文化的好奇心理。此种促进参与者学习的情境因素是传统眼看耳听的教学所不能比拟的，因此在应用的过程中将知识与游戏进行有机的结合，使参与者对清东陵文化知识的学习在充满欢乐的游戏过程中进行，充分体现了寓教于乐的思想。在这样的学习情境之下，游戏的参与者会身处于轻松、积极的学习氛围之中，将会主观调动自身智力因素与非智力因素，对清东陵文化进行探索和互动，从而便于参与者开展创造性的学习，迸发创新思想，开发创新的无限潜力。

在此原则下，清东陵 VR 游戏的体验中必须给予游戏者一定的奖励或者等级的提升，负向的反馈通常也会有一定的提示，为游戏者再次做出判断进行铺垫。合理的趣味性可以使清东陵 VR 游戏参与者把握探索游戏的节奏，保持对游戏的兴趣，从而使游戏内容得到更好的传递。

2. 历史文化与游戏过程的整合性原则

游戏不仅要向参与者提供多元的文化知识，还要以贴合现实世界的展示方式将文化以当下流行的形式与参与者进行交互，使历史文化与学习过程进行高度整合。即使是最简单的游戏，也会包含一定的文化和知识，因此VR游戏在清东陵数字展示的应用中，应当对清东陵的历史文化以及游戏的过程遵循整合性的原则。清东陵VR游戏可以给予参与者非同寻常的清朝历史文化背景展示，使参与者融入所选的历史背景中，通过体验虚拟的清代人文、自然环境，获取隐性的文化资源。例如在角色扮演类的游戏中，游戏参与者通常扮演着特定的人物角色，在取得胜利或者升级的过程中，参与者往往需要积累一定量的经验和知识与对手进行对抗，并且对手通常与参与者当前等级相当，所以需要其在游戏中与其他参与者进行交流，分享经验与心得，在游戏过程中学习，从而获取更多的信息量。清东陵VR游戏的设计过程中，适当通过“小提示”等互动标识向游戏参与者提供额外的引导信息，使参与者对在游戏中获取的信息进行收集、梳理和总结，并且以来自其他参与者的游戏经验为参考，可以将繁多的历史文化信息进行整合，得到自己独特的见解，构建自己的知识体系，对相同的历史文化衍生出不同理解，使核心内容得以更好的传播。

第四章　清东陵文献典籍数字化建设及研究

文化遗产蕴含着丰富的历史、艺术、建筑、技术等信息，也被人类活动和环境演变影响。2011 年，国际古迹遗址理事会（International Council on Monuments and Sites，ICOMOS）第 17 届大会通过的《遗产作为发展驱动力的巴黎宣言》明确提出“文化是可持续发展的第四大支柱”，强调文化遗产在人类社会生活可持续发展中的重要作用。文化遗产具有稀缺性、脆弱性和不可再生性等特点。由于人类活动、环境侵蚀、自然灾害等因素的影响，以及人类对文物保护能力和水平有限等多种原因，文化遗产的存在状况正在受到严重威胁，许多文化遗产已经消失或濒临消失。深入挖掘文化遗产的文化价值，解读和传递其中蕴含的多重信息，已经成为人类共同面临的重要任务。

国际图书馆协会联合会（简称“国际图联”，International Federation of Library Associations and Institutions，IFLA）于 2017 年发布了《保护文化遗产国际图联指南》，将数字化手段放在抢救性保护、日常性保护和协作性保护文化遗产的核心地位。党的二十大报告提出，要坚持和发展马克思主义必须同中华优秀传统文化相结合，实施国家文化数字化战略，加大文物和文化遗产保护力度。中共中央办公厅、国务院办公厅 2022 年 4 月印发《关于推进新时代古籍工作的意见》明确提出，要促进古籍有效利用，推进古籍数字化；2022 年 5 月印发《关于推进实施国家文化数字化战略的意见》，提出的八项重点任务之一是“促进文化机构数字化转型升级”，并要求“各地要把推进实施国家文化数字化战略列入重要议事日程”，于 2035 年建成国家文化大数据体系。在此背景下，文化遗产数字化建设成为国家文化数字化战略之一乃是题中应有之义。推进文化遗产数字化建设是保护、传承和弘扬中华优秀传统文化、坚定中国文化自信，从而最终提高我国文化软实力的重要途径，对创新实施文化惠民工程、助力乡村振兴、带动区域经济发展等方面具有重大的现实意义和应用价值。

文化遗产数字化是利用现代测绘与遥感技术、数字虚拟复原、三维重建、虚拟展示、大数据和人工智能等非侵入性的现代信息技术，使文化遗产从物质形态向数字形态转化，进行深度保护、传承、开发、利用与传播，以及进行预防性、抢救性保护与修复工作的重要手段，不仅可以使文化遗产得以永久保存和永续利用，也是推动数字媒体技术与旅游文创产业深度融合、创建“智慧文旅”的有效途径。文化遗产中的文献典籍也是文物的重要组成部分，文献典籍的数字化保护、开发与利用是推进文化遗产数字化建设当中极其重要的一个环节。

第一节 文化遗产文献典籍数字化建设进展和趋势

文献典籍不仅为专家学者从事文化遗产研究提供第一手原始的参考资料，同时在对文化遗产的建筑物和文物保护、复原和重建研究的过程中，能够提供相对可靠的依据和重要的实践基础。作为文献典籍的主要组成部分，古籍是中华优秀传统文化的重要载体，是全人类珍贵的文化遗产。据粗略统计，目前我国现存古籍共计 20 万个品种、50 万个版本。文献典籍数字化不仅是促进文化遗产保护，有效解决文献典籍保护与利用之间矛盾的重要手段，也是彰显文献典籍的文化价值、增进文献典籍的传播推广和转化利用、持续推动文化遗产研究，实现传承发展中华优秀传统文化、延续中华文脉、实现国家文化振兴战略、提升国家文化软实力等重大国家战略目标的有效途径。

但是，文献典籍数字化绝不是简单的电子版本的制作，而是数字信息时代利用现代信息技术对文献典籍开展整理工作的具体方式和发展方向，广义上属于古籍整理的范畴，是新时期人文学术研究的基础。文献典籍数字化是利用计算机与网络技术将古籍变为可浏览、可检索、语义关联与知识重组的数字化信息数据库的过程，即以文献典籍整理研究为基础，利用现有的检索技术，添加特有的一些检索项目，实现精确检索、模糊检索、逻辑检索等各类型检索功能，同时建立繁简异体字对照表，实现文献内部的智能转换，方便读者的检索文字输入，提高系统的查全率与查准率。此外，还应对已有的文献典籍数字化成果进行资源整合，将多种数字资源的检索入口整合统一，构建获取数字资源途径的知识库数据集。

一、文化遗产文献典籍数字化建设实践进展

按照时间发展脉络，文献典籍数字化建设实践的进程大致包括三个阶段。第一阶段是文本的数字化转换。本阶段可以运用文字录入、影像扫描、OCR 识别等技术方法，以及汉字的简繁转换、俗体字和异体字的识别、字符集标准等技术进行文献典籍文本录入和索引编制。第二阶段是内容的组织加工。本阶段可以运用计算机进行分类标引、书目编制、关键词索引，以及自动标点、校勘、注释、翻译、编纂等技术方法，建设

各种类型的文献典籍数据库（书目型、全文型和影像型数据库等），满足用户对特定主题或学科领域内的古籍原文内容及语义阐释的需求。第三阶段是对知识的发掘和可视化。本阶段可以利用计算机信息处理技术和数字人文技术对古籍数字文本进行深度加工和处理，如自动标点、自动校勘、自动注释、语义标引、文本聚类、知识挖掘等，使文献典籍数字化的内涵更加丰富。

20 世纪 60 年代，国外开始了文献典籍数字化建设的早期研究。1990 年，美国国会图书馆实施了对其历史类馆藏文献数字化并可供公众通过因特网自由访问的“美国记忆”项目。1992 年，联合国教科文组织实施“世界记忆”工程，旨在对世界范围内的重要文献遗产进行保护。新西兰国家图书馆（NLNZ）2000 年开启了一系列数字化项目，管理新西兰的文化遗产资源以满足用户此方面不断增长的需求。2003 年，联合国教科文组织提出了“数字化遗产（digital heritage）”这一概念，并强调数字化遗产具有的重要性。意大利文化遗产、活动及旅游部自 2005 年开始，通过意大利图书馆和书目信息联合目录研究所协调开展国家层面的重大数字文化遗产项目，为文化遗产资源的集成获取提供数字化标准和指导。2005 年，欧洲 19 个国家联合创建数字图书馆项目“Europeana”（欧州数字图书馆），通过构建统一的网络平台来整合欧洲具有代表性的文化遗产资源，为人们了解欧洲历史文化提供一站式浏览与检索服务，实现欧洲数字文化资源更广泛的传播与共享，成为文化遗产文献保存和保护科学这一领域的领导者。韩国 2015 年开展了“韩国文化时光机”（K-Culture Time Machine）研究项目，应用者可穿戴增强现实技术装备，将韩国多种现存的、不同元数据格式的文化遗产资源整合起来并实现无缝链接和共享，这种先进的新媒体技术极大促进了对传统文化遗产的保护和利用。国际图书馆协会联合会（IFLA）于 2017 年 8 月 23 日发布了《保护文化遗产国际图联指南》，倡议建立保存与保护中心网络作为全球保护文化遗产的专业中心，建立多样化的内容收集和保护标准进行数字化保护工作，将数字化手段放在抢救性保护、日常性保护和协作性保护文化遗产的核心地位。

在我国，文化遗产的数字化文献建设总体上来讲还是一个新兴领域。我国古籍数字化工作最早开始于 20 世纪 80 年代的台湾地区。大陆地区的古籍数字化工作起步较晚，自 90 年代中后期开始迅速发展，主要标志是一些大规模、基础性的古籍著作被开发成真正意义上的数字化产品并走向市场，同时还建立了很多古籍联合目录数据库，例如中国古籍善本书目联合导航系统、中国高等教育文献保障系统（CALIS）古籍联机编目、中国科学院古籍联合书目数据库等。1998 年，“中国基本古籍库”工程开始对中国古典文献进行数字化处理，2003 年，出版了“中国历代基本典籍库”大型数据库系列光盘。2000 年，我国启动了“中国档案文献遗产工程”以保护、管理和利用中国档案文献遗产。2002 年，文化部和财政部共同组织实施“全国文化信息资源共享工程”，通过对中华民族优秀文化信息资源进行数字化加工整合，实现在全国范围内文化信息资源的共享。2007 年，我国在开展“国际敦煌学项目（IDP）”的基础上启动了“中华古籍保护计划”国家级重要文化工程。以“中华古籍保护计划”为依托，开始建设国家古籍资源数据库，先后完成了《文渊阁四库全书》《中国数字方志库》《清代档案文献数据库》等古籍文献数据库，制定和完善了《古籍著录规则》《古籍元数据规范》等工作标准。2010 年，北京大学等高校研制了《全唐诗》及《全宋诗》全文检索系统，南开大学等高校研制了“二十五史全文阅读检索系统”网络版。通过以上这些研究工作，我国大部分重要的古籍都被电子化，但对古籍文献内容的深度标注，对古籍文献挖掘和利用的程度还有限。随着 21 世纪初“数字人文”理念和技术的兴起，古籍数字化借助数字人文技术的应用，凭借一系列数据处理及加工技术开发出新的知识产品，积极开展古籍文本结构化、知识体系化、利用智能化的研究和实践，加速推动古籍整理利用转型升级，向更高层次的知识服务迈进。

二、文化遗产文献典籍数字化建设研究进展

我国文献典籍数字化研究与文献典籍数字化建设实践几乎同步发展。自 20 世纪 70 年代末开始，大致经历了以下三个发展时期：（1）1997—2004 年为缓慢增长期，学界开展了古籍数字化的初期探索和论证，研究大多集中于古籍保护与利用，如古籍数字化的概念辨析、基础理论分析、可行性研究以及发展趋势等；（2）2004—2014 年为加速开拓期，文献典籍数字化开始应用数据挖掘、人工智能、可视化技术等现代信息技术，对文本内容的深度利用成为新的研究视角和研究方向，相关研究成果迅速增加；（3）2014 年后进入平稳发展期，研究视角和方向聚焦存储介质的转换、文本组织与检索、数据加工与知识服务，以及基础理论研究、数字化技术研究、数字化标准体系研究和专题数字化研究等。

文献典籍数字化研究总体呈现以下三个特点：一是理论研究稍稍滞后于技术实践；二是涉及信息技术、文献出版、档案管理以及人文社科等多类型跨学科的配合；三是计算机科学领域大大拓展和延伸了文献典籍数字化建设研究的技术理念、技术意识和研究范畴。

文献典籍数字化研究的内容主要集中在以下几个方面：

（1）古籍数字化概念及古籍数字化现状，主要针对古籍存储介质的转换、文本组

织与检索、数据加工与知识服务等进行研究；

（2）古籍数字化保护及建设的技术、策略、机制、模式等研究；

（3）古籍数字资源建设研究，主要涉及古籍版本数据库和专题知识库等各类型古籍数据库的开发、对已有古籍整理成果的数字化、古籍数字资源整合、古籍数字资源共建共享等方面；

（4）中医药古籍、少数民族古籍、地方文献类古籍等专门类别古籍的数字化建设研究；

（5）应用关联数据、知识挖掘、地理信息系统（GIS）、知识组织等数字人文技术进行古籍数字化建设及知识服务研究。

可以归纳为应用数字人文技术研究、文献典籍数字化标准研究、文献典籍数字化法律法规研究三大类。

（一）应用数字人文技术研究

随着经济社会的发展，为了应对人文学科研究面临的新挑战和出现的新问题，传统的文献典籍数字化开发与应用模式逐渐改变，研究重心逐渐从文献典籍的保护转向挖掘和利用、不断强化数字人文技术在文献典籍内容的知识组织、知识挖掘、知识发现、知识服务中的应用。

数字人文技术通过将现代信息技术应用于语言文学、历史学、文献学、社会学、艺术学、信息管理等几乎所有人文社会学科研究领域，为人文研究学者提供基于数据的、面向内容的、智能化的和精准的知识服务，这是进一步提升文献遗产数字化建设和利用水平的重要途径。换句话说，当纸质古籍的内容文本或版本影像被转换成可存、可读、可传输、可检索的数据之后，借助计算机大规模文本挖掘、社会网络分析、GIS时空分析、本体构建、知识图谱、虚拟现实等现代信息技术，可以达到知识发现、知识聚类和知识可视化的目的，实现一些具体的研究支持功能。

图像处理、文字识别、文本处理等数字人文技术的应用使得文献典籍信息实现了跨时空传播与利用，为文化遗产研究提供新的研究视角、研究方法和研究范式，大大拓展了文献典籍数字化的研究领域，增加了文化遗产人文学术研究的内涵、潜力、广度和深度。同时，知识图谱、三维动画、元宇宙能带给读者沉浸式的“阅读”体验，能极大促进文献典籍的利用和传播；促进文献典籍数字化保护、开发和深层次开发利用中技术逻辑和人文逻辑的耦合，可以丰富和优化文献典籍数字化建设理论以及面向文献典籍数字化建设的知识组织和知识服务理论。

在应用数字人文技术进行文化遗产文献数字化建设方面，世界发达国家较早开展了较为深入的研究。20 世纪 60 年代开始数字人文研究呈现萌芽状态。20 世纪 90 年代，电子文本和计算机开始辅助文本分析研究。1990 年，美国国会图书馆实施了历史类馆藏文献数字化并可供公众通过因特网自由访问的“美国记忆”项目。2003 年，联合国教科文组织提出“数字化遗产”概念并进行相关研究。在古籍文本的数字人文数据库构建方面，也已经开展一些重要的研究工作。2006 年，国际数字人文组织联盟举办了第一届数字人文学术会议，随后欧美、日本、澳大利亚等多国均陆续出版了大量的数字人文领域论著，探究数字人文理论研究与实践创新，并兴起大量面向人文研究的数字保存与管理项目建设。2008—2013 年，德国莱比锡大学的数字人文项目“eAQUA”将计算机科学与古代研究知识相结合，利用文本挖掘技术从古典文献资料中抽取特定领域知识并向研究者免费提供。2010 年，美国北得克萨斯大学与斯坦福大学合作开展了历史领域文本挖掘与可视化应用项目，辅助研究人员发现了历史事件随时间和空间的演变过程及变化规律。2011 年，谷歌与哈佛大学共同开发数据库，对 1800 年至 2000 年出版的近 520 万本书籍的单词和短语的使用频率进行统计，为人文学科的研究提供新方法。2013 年，Marijana Tomi 等以克罗地亚中世纪手稿和古版书数字化项目为案例，探讨了语义网技术在数字人文领域中的应用和在语义网中本体建立等问题。2014 年，Schich 等通过网络和复杂性理论的工具识别特征模式确定了文化和历史的关联，使用定量工具绘制了 3000 年来欧洲和北美的文化史图，探索文化中心发展的历史趋势。

我国自 2011 年开始进行大规模的数字人文研究，古籍文本的电子化已经取得了许多重大成果，如《文渊阁四库全书》《四部丛刊》《中国基本古籍库》《国学宝典》等全文检索数据库以及元数据加工方法。2012 年，国家古籍保护中心编制了《古籍数字化工作手册》，并开始应用数字人文研究进行古籍全文本数据库、历史地图 GIS 系统建设等。2014 年，上海图书馆学会召开了“数字人文与语义技术”研讨会，2016 年，推出基于关联开放数据的数字人文服务开放馆藏家谱资源，为读者提供多维分面浏览和交互数据展示等功能，古籍数字化中的数字人文研究不断深入。2016 年，欧阳剑以大规模中国古籍文本为研究对象，创建了一个以语言学、历史文献学、历史地理学等人文学科研究为主的古籍实时统计分析平台，可辅助研究者在大量的古籍文献中发现新的模式、现象、趋势等。2017 年，王兆鹏等开发的“唐宋文学编年地图平台”不仅强化了文学史的空间维度，还改变了文学地理空间的认知方式。2018 年，台湾政治大学开发研究出“中国古籍数字人文研究平台”，提供自动文本注释系统解读古籍文本和人物社交网络关系地图工具探索人物的社会网络关系，平台具有中文文本自动分词、自动标注、半自动人物社会网络分析和用户行为分析等支持数字人文研究的功能。

总体来说，世界发达国家应用数字人文技术进行文化遗产数字化建设研究开展得较早，研究主题主要分布于文化遗产数字化保护、数字历史项目开发、数字人文基础设施建设等领域，在探索如何为人文学者提供新的研究方法、研究手段和研究视角方面取得了大量研究成果，但仍存在数字人文实践项目丰富而理论研究不足的情况。我国在文化遗产数字化建设方面尽管起步稍晚，但几十年来在文化遗产数字化建设技术与标准制定、数字人文技术基础理论与应用探索、面向内容研究的古籍数字化软件平台开发等方面开展了大量研究和实践，应用数字人文技术进行古籍文献数字化建设研究的水平正在逐步得到全面提升。

（二）文献典籍数字化标准研究

文献典籍数字化并不是内容存储介质的简单转换，而是传统的文献典籍整理范式在数字环境下的发展和延伸，从本质上说仍属于古籍整理的范畴，这就需要遵循古籍整理的学术传统，因此在文献典籍版本认定、文本加工、技术处理、管理流程等方面必须建立和遵循科学、完善的数字化学术规范。在我国文献典籍数字化建设进程当中，曾经缺少对古籍整理学术传统应有的尊重，未能建立起必要的学术规范，具体表现为数字化之前不能精选底本；数字化过程中不能及时校勘文字；数字版本不能悉数保留原本上的讳字、异体字、俗体字、假借字，以及各种夹注、眉批、印记等，导致有价值的历史信息遗失；肆意删除原书序跋、注释或校记；变乱古籍书名或体例，正文与注文、佚文不分。文献典籍数字化必须以高质量的数据内容为基础。遵循和借鉴我国古代学者文献整理学术传统，建立古籍数字化学术规范，包括底本遴选规范、文字转录和校勘规范、历史信息保真规范等，才能保证以现存最优良的古籍版本实现高质量的数字化。

同时，为了避免在文献典籍数字化建设中出现的一些问题，包括对文献典籍数字化的概念认识模糊不清、储存格式众多、检索平台各异、缺乏协作兼容、存在重复建设等，也为了避免文献典籍数字化建设在质量上参差不齐和在标准上各自为政的局面，规范文献典籍数字化工作、建立高质量文献典籍数字资源库是建立文献典籍数字化标准的基础。文献典籍数字化标准，是为了使文献典籍数字化达到最佳有序化程度、获得最高社会效益需要共同遵守的准则。

20 世纪 80 年代发达国家的古籍数字化标准化工作步入了快速发展期，代表性的相关标准包括国际图联（IFLA）发布的《善本手稿数字化工作指南》、英国的《古籍数字化项目指南》等。美国在缩微技术、图像成像、目录描述、元数据管理、藏书保存等方面已形成一定的古籍数字化标准体系。英国已逐步形成了适合本国的古籍数字化标准化处理流程和管理体系。法国国家图书馆在一系列项目的实践过程中形成了古籍数字化标准体系，涵盖管理标准、技术标准与工作标准三方面。日本对古籍数字化的对象选择处理、图像数据处理、设备选择使用、成果质量评估及特殊情况处理等提出了内容翔实、操作性强的规范。总起来说，发达国家古籍数字化标准化工作进展迅速。

我国从20世纪80年代开始进行古籍文献数字化建设，但古籍数字化标准制定工作的开展仍相对缓慢。2008年，我国成立全国图书馆标准化技术委员会负责图书馆古籍善本的收藏、定级、维修、保护等标准的制定，逐步建立起一批基础性的古籍数字化整理标准。依据“标准先行”的原则，国家古籍保护中心组织专家编制了《古籍数字化工作手册》（试用本），对古籍数字化加工流程，包括古籍数字化加工准备、古籍元数据著录、古籍图像数字化、数据命名规范、数据提交、数据验收以及数据发布利用等内容都做了具体规定。

未来文献典籍数字化标准建设，主要包括以下几个方向。

（1）强化数据格式标准化，按照数字人文技术的要求，统一文件存储格式和元数据标引形式，形成一批数据格式标准。统一文件存储格式，既要适合汉字尤其是繁体字的存储，又具备强大的加密功能，以保护各自的知识产权，同时能够方便进行汉语拼音和人名地名标注，有利于全文检索；统一元数据标引形式，对古籍数字资源对象的语义信息统一为元数据格式，为全部古籍数字化资源的调查和格式转换或再度开发创造统一的数据环境。（2）强化标引语言标准化，研制一批能够实现系统与系统、数据与数据、应用与应用之间贯通的标准。（3）重点针对文字识别、自动校勘、自动标点、自动注释、自动翻译等一系列核心技术制定出相应的标准。

相关部门应责成国家古籍保护中心等单位出台数字化加工标准、元数据著录标准、格式转换标准、资源长期保存和发布标准等一系列统一的古籍数字化标准规范，确保各参建单位古籍数字化资源的长期保存、发布利用和共建共享，提高古籍数字化产品的使用效率和中华文化的传播能力，最终建设一个元数据标准统一、信息共享的全国性古籍数字资源平台，避免重复建设，提高资源配置效率。

（三）文献典籍数字化法律法规研究

文献典籍数字化的目的不仅是对文献典籍进行保护，还包括对文献典籍的开发和利用。但是出于对知识产权保护的目的，文献典籍数字化产品往往通过设置保护程序、设立侵权监测系统等手段防范和抵制网络侵权行为，但是这样就容易造成使用壁垒。文献典籍开发和利用是在打破使用壁垒的前提下开放共享的，因此需要解决文献典籍数字化中的侵权与使用之间的矛盾，还要避免数字资源的重复和浪费，推进学术研究的发展和繁荣。因此，有效促进文献典籍数字化建设和服务的前提是制定出完善的法律法规进行有效的支撑。

具体来说，文献典籍数字化法律法规的作用包括：（1）维持文献典籍数字化建设者、利用者与社会公共利益三者之间的平衡，为促进文献典籍数字化工作提供切实有效的法律依据；（2）准确提供合法、合理的数字化文献典籍使用界限，为用户提供切实有效的数字化文献典籍资源数据库开放获取服务。

在广义上，利用现代技术手段对文献典籍进行数字化转化属于一种复制。《中华人民共和国著作权法》规定，复制权、汇编权、演绎权、翻译权等权利是著作权人合法享有的财产性权利。文献典籍数字化产品的著作权问题是学术界议论的一个焦点。例如，有学者认为高校图书馆自建古籍资源数据库应该受《中华人民共和国著作权法》的保护并且应享有著作权。

我国在 2001 年《中华人民共和国著作权法》中新增了信息网络传播权，对解决计算机互联网环境下对知识产权侵权问题起到了积极的作用。其中第十条规定，信息网络传播权，即以有线或者无线方式向公众提供作品，使公众可以在其个人选定的时间和地点获得作品的权利。2006 年，为了进一步具体实施著作权法和保护信息网络传播权，国务院颁布并实行《信息网络传播权保护条例》，补充了网络传播环境下著作权合理使用的规范，其中第六条规定了 8 种合理使用行为。2013 年又进行了修订。总体来说，我国司法界关于信息网络传播权利的制定目前还处于探索阶段。

在文献典籍数字化建设过程中应有效利用现代技术手段保护著作权人的合法权益，避免著作权侵权行为的发生。在自建资源数据库的安全性时，可通过采取借鉴像素分级、图片碎片化下载、加水印、区块链赋码等现代数字化展示方法和手段，以及搭建专有 VPN 网络、使用文件加密、网络监控等技术手段保护数字化文献典籍资源库的安全，全方位保障著作权人的合法权利，实现文献典籍数字化保护的目的。

三、文化遗产文献典籍数字化建设及研究趋势

（一）完善数字人文研究基础设施

目前，在文献典籍数字化拓展阶段出现了由数字资源库向知识共享平台转变的新动向。这些知识共享平台，除了整合大量的文献典籍数字资源，提供浏览和检索功能之外，还建立了相应的知识社区，进行知识分享、主题讨论等。随着互联网技术的发展成熟以及元宇宙概念的出现，以数字信息技术为中心的发展路径将逐渐转向人文价值的重构和“新人文”主义的，如：从普通的扫描技术向三维高清可视化古籍整理的迭代发展，由互联网数字古籍向物联网信息可视化的古典世界转变，从当下的古籍数

字化向跨学科的数字人文化发展等。但是总体来说，我国目前仍然存在先进数字人文技术应用程度不足、数字人文研究基础设施建设欠缺和功能薄弱、数字人文研究范式单一、数字人文资源共建共享程度较低等问题，需要逐步加以解决再实现为人文研究学者提供高效知识服务的目标。

数字人文是进一步提升文化遗产数字化建设和利用水平的重要途径。数字人文通过将现代信息技术应用于人文研究领域，为人文研究学者提供基于数据的、面向内容的、智能化的和精准的知识服务，帮助人文研究学者从数据中发现现象或事物的本质和彼此间的逻辑关联。数字人文研究基础设施是指在数据收集、清洗、加工、组织和整理等基础环节之上，应用数据整合、数据分析、可视化工具等数字人文技术建成支持人文学者在数字环境下开展科研活动的必备的基础设施，包括与研究主题相关的数字化文献资源、数据、软件工具、硬件（云存储）、系统平台、学术交流和出版的公用设施及相关服务等。数字人文基础设施具有四个基本特征：文本字符的数字化、具有基于超链接设计的浏览阅读环境、具有强大的检索功能、具有研究支持功能。

在 2019 年数字人文年会国际会议上，出现了大量新的研究热点和研究方向，包括借助社会网络分析方法对历史事件和国家关系、经济发展、社会关系演变等任务的分析，应用 GIS 地理信息系统技术进行数字地图的构建和社会网络分析，利用 VR 技术为历史文物保护与重建提供新的途径等。刘炜、夏翠娟、Theron 等提出要加强数字人文研究基础设施建设，促进跨机构的资源整合、跨领域的知识融通和跨网域的开放获取，优化公益性数字工具和数据网络服务，提供学者交流空间和数据存储空间，打通数字人文研究领域的各个环节，降低数字人文的研究成本，促进和提升研究者对古籍文献研究价值的开发、利用、共享和交流的水平。图文数字化建设方式是先将文献典籍进行扫描加工，建成图像数据库，之后逐步通过 OCR 技术转换进行全文数据库建设，最终实现基于内容的全文检索。

文献典籍数字人文研究基础设施建设应用数字人文的研究手段，借助数字人文的技术优势，以文化与科技的深度融合促进对文献典籍的深层次分析、挖掘、开发与利用，加强人文领域与数字领域的跨界合作、借鉴与融合，拓展人文学者检索、利用、生产与传播学术知识的视野与能力，加快人文研究学者的知识共享，促进人文学科领域的知识重组和知识创新。

（二）进行多维度的计算转向、科学分析和智能介入

李慧楠、范佳、王丽华等认为数字人文学者要更多地采用词频统计、特征提取、结构分析、文本摘要、文本分类、主题模型、关联分析等文本挖掘技术，使人文学术研究更多地呈现“计算转向”的特征。应用文本挖掘、可视化、社会网络分析和计算科学等数字技术和计算方法，将语义网、关联开放数据、图像集合和元数据更多地应用于提高文化遗产数字资源的知识组织和可搜索性。刘炜、郑永晓、Steiner、Upadhyay等提出未来的古籍文献数据库应充分利用人工智能、大数据等最新技术向“专家系统”过渡，将知识图谱、时序图谱、神经网络、关联挖掘等前沿性技术，应用于知识表示、知识关联和知识组织，在古籍词频分析、版本分析比较、计算机辅助句读等方面力求完成人力难以完成的宏观分析和微观比较等工作，突破时间和空间的障碍，揭露文化、历史、艺术和信息技术等彼此之间多维交叉形成的关系系统。

（三）呈现出“视觉转向”的研究特点

数字技术和信息通信技术正在改变文化遗产的传播方式。特别是，混合现实应用程序正在无处不在地将现实和虚拟持续结合。一种以物质遗产与数字遗产相结合为特征的新型高级文化遗产正在形成，使得现实因虚拟而丰富，虚拟因与现实的匹配而获得新的潜力。这一过程由三维数字信息模型和数据库复杂模型发展而来，其特点是可实时操作、信息导航和交互应用。这种语境更新了人们与数字图像的关系，数字化“视觉转向”这一领域为文化遗产的研究、计算、体验和价值创造了新的机会。

利用可视化技术、虚拟现实技术在呈现数字文物和数字文化遗产方面的应用，从概念、理论与方法介绍，到空间、地理、文献、数据库的广泛应用，人文学术研究将越来越明显地呈现出“视觉转向”的趋势。例如，用摄影测量技术生成高分辨率的3D重建图像、扁平页面图像；开发能够生成文本的3D模型，允许对文献进行虚拟拉伸和对齐，其总体目标是生成扭曲和弯曲的页面的“扁平”图像，以及一种数字压平和不扭曲单个页面的方法，增加数字文献的易读性等。

（四）应用先进数字技术

文献典籍数字化是将文献结构和重要信息计算机化的必要步骤，不仅包括成像活动即扫描书籍以获得数字替代图像，还包括任何将文献典籍及其特征转化为数字媒体以及使用这些数据的行动。实现数字化，把对文献典籍的物理破坏降到最低，需要开发和获得一系列新的手段和工具。例如，多光谱成像技术在文献典籍数字化中的运用。在之前的研究中，光谱成像已应用于重写本或底图，以恢复隐藏的文本和图形。通过保护专业人员、保护人员和策展人之间的密切合作，这种成像技术可以用于更多的领域。光谱成像可以用来跟踪随时间的变化、评估保存处理的效果、描述和识别墨水和颜料、研究早期印刷技术的数据层次，并用于恢复隐藏或褪色的文本。在美国国会图书馆，光谱成像被作为第一种调查工具实施。物体在45℃的标准LED照明下成像，以绘制墨水和着色剂的光谱响应，表征出现污渍或变色，15°的斜光光照有助于捕获文档的形态，透射光可用于捕获水印、层压层中的文本，并检测处理区域。此外，检测荧光（一种对光的二次响应，能量以较低的频率重新发射）可以帮助确定退化区域和评估有机着色剂。捕获只是光谱成像的一部分。这样获得的数据可以被处理（通常通过PCA技术），以进一步揭示特征，并通过假彩色图像绘制和可视化光谱响应，例如，区分肉眼看起来相同的特征，如两种不同的墨水或伪造品。绘图还可以突出其他分析技术（XRF、FTIR、FORS等）需要进一步研究的领域。光谱成像也是一种比较好的技术，可以将物体的物质性数据存档（在特定日期），还可以使用适当的文件格式（TIFF）来确保归档数据的质量。出于同样的原因，需要将全面的元数据保存并嵌入图像中。此外，由于档案数量庞大，任何光谱成像工作都需要与机构的IT部门建立明确而牢固的关系，以保证长期保存和使用具有足够处理能力的机器。

第二节　清东陵文献典籍体系建设

收集和整理文献资料是文化遗产研究工作的基础和起点。对清东陵文献资料进行收集、整理和组织，建设和完善清东陵文献体系，是清东陵文化研究重要的基础保障性工作之一。目前，与清东陵文化研究相关的历史文献资料被不同机构收藏，或以文本片段、图片等形式散存于诸多不同文献类型的文献典籍当中，还未形成清东陵文献典籍体系及文献专题研究成果。正如著名清史专家、清东陵博物馆馆长李寅所说："清东陵的历史犹如碎片，散落在浩如烟海的典籍、史书、档案中。"因此，为了深入开展和促进清东陵文化研究，构建全面、系统、科学的清东陵文献典籍体系成为一项亟待完成的重要任务。

清东陵文献典籍为清东陵文化研究提供重要的文献保障。不仅需要进行有针对性的保护，而且需要进行充分的挖掘和利用。目前，清东陵文化遗产的文献典籍被不同机构收藏或散落民间，不仅尚未形成全面而系统的文献典籍体系，文献典籍数字化建设研究成果尚为空白，成为深入开展文化遗产研究的重要障碍因素之一，亟需开展有针对性的研究。构筑全面性、系统性、集成化和数字化的文献资源支撑和保障体系，实现对文化遗产文献典籍的"永久保护、永续利用"，能够充分发挥文献典籍在传承和弘扬中华优秀传统文化、持续而深入地促进传统文化研究中起到的重要作用。

因此，要在对清东陵文献典籍的收集范围进行清晰界定的基础上，针对现存清东陵文献典籍的类别形态、收藏分布、保存现状等情况制定调查、收集和整理的方案和措施，对清东陵文献典籍进行全面、系统和收集和整理，力求形成完整而科学的清东陵文献典籍体系，使建设形成的清东陵文献典籍数字化知识库具备坚实的文献数据资源基础。

一、清东陵文献典籍的收集策略

要将分散于各处、数量庞杂、卷帙浩繁的清东陵文献典籍收集与整理齐全，形成全面、系统、完整和科学的文献典籍体系，前提是需要制定出科学、系统和有效的清东陵文献典籍收集方案。换句话说，科学地确定清东陵古籍文献的收集范围是制定清东陵古籍文献收集策略的重要前提和基础，也能在理论和实践两个层面对清东陵古籍文献的收集标准、收集对象和收集原则形成较强可操作性的指导。为此，要明确界定清东陵文献典籍的内涵和外延，并在此基础上根据清东陵文献典籍的不同类型分别制定和形成具体的、有针对性的、具有可操作性的收集策略。

清东陵文献典籍的主要组成部分是清东陵古籍文献。制定清东陵古籍文献体系建设策略是实施构建清东陵古籍文献体系的基础。清东陵古籍文献体系建设策略是指对清东陵古籍文献进行收集整理的具体方案和措施。清东陵古籍文献的收集策略包括确定清东陵古籍文献的收集范围和收集途径，在此基础上调查和了解清东陵古籍文献的存藏情况。

（一）清东陵文献典籍的内涵和外延

明确界定清东陵文献典籍的内涵和外延，对科学合理地制定清东陵文献典籍的收集标准、收集范围、收集对象和收集原则具有重要的理论和实践指导意义，是制定清东陵文献典籍收集方案的重要基础。从广义上讲，凡是用文字、图形、符号、声频、视频等手段记录知识的一切载体都统称为文献。在古代，图书被称作“典籍”；反过来说，“典籍”泛指古代图书，也称之为“古籍”。中华人民共和国国家标准《汉文古籍特藏藏品定级 第 1 部分：古籍》《GB/T 31076.1-2014》中对“古籍”这一术语的定义为：中国古代书籍的简称，主要指书写、印制于 1912 年以前又具有中国古典装帧形式的书籍。因此，一般意义上的古籍是指除了简帛古籍、敦煌遗书、佛教古籍、碑帖拓本及古地图等特殊类型藏品以外的，未采用现代印刷技术印制的、习见的、普通形制的古代汉文书籍。可见，“文献”包含了“典籍”，“典籍”是“文献”的一种；“文献典籍”则是一个复合概念，特指以古籍为主体但不限于古籍的多种类型形式的文献。

（二）清东陵文献典籍的收集范围

科学合理地确定清东陵文献典籍的收集范围，是从理论和实践两个层面对确定清东陵文献典籍的收集原则、收集标准和收集对象等提供可操作性指导的基础。

清朝皇帝选择和建造陵寝吉地是非常重大的事件，贯穿于陵寝的整个建设过程，其间涉及的一系列重大环节包括陵寝工程选址、规划、设计、施工、管理、监察和验收等。在中国历史上，清朝统治时期是从顺治元年清朝入关到宣统三年清帝逊位（1644—1911 年）。清世祖顺治皇帝的孝陵是清东陵的第一座陵寝，始建于顺治十八年（1661 年），清东陵自 1663 年葬入第一帝顺治至 1935 年葬入同治皇帝的最后一位皇贵妃，历时 272 年。清王朝覆灭之后，清东陵历经军阀混战、抗日战争等战争洗礼和磨难，遭受多次盗劫和抢掠，直至新中国成立后清东陵文物保管所成立，才得到我国政府的专项管理和保护。因此，为了对清东陵文化研究提供全面、完整、系统的文献保障，本书将清东陵文献典籍的收集时间范围界定为从顺治皇帝即位（1644 年）至新中国成立（1949 年）。新中国成立以后，现代、当代清东陵文化历史学家和研究学者创作出版的图书和撰写发表的报刊论文，是基于清东陵历史文化研究产生的创作作品、取得的研究成果，不纳入清东陵文献典籍的收集范围。

因此，基于“文献”和“典籍”的一般性定义，结合清东陵文化研究的实际需求，本书将清东陵文献典籍的内涵界定为在历史上形成的，与清东陵的陵寝规制、皇家葬俗、工程建设等有关的，并且具有重要历史、思想和文化价值的文献资料。将清东陵文献典籍的外延界定为自清朝入关到新中国成立（1644—1949 年）期间留存的，一切记录清东陵的陵寝规制、皇家葬俗以及与清东陵陵寝选址、规划设计、施工验收、维护修整等清东陵工程建设过程的各个阶段相关的事件和人物的古籍，以及书册、谕旨、档案、图纸、碑刻铭文和照片等形式的文献。

（三）清东陵文献典籍的收集

1. 清东陵古籍文献的收集

在确定清东陵古籍文献收集范围的基础上，笔者通过以下途径获得清东陵古籍文献。

（1）途径一：国家图书馆古籍检索入口

2007 年，中国国家图书馆成立了“国家古籍保护中心”，负责全国古籍普查登记工作和汇总古籍普查成果，并正式启动和实施“中华古籍保护计划”，组织由各省级、市级、县级公共图书馆管理支持的古籍保护分中心和各个古籍收藏单位进行全国古籍普查登记工作，普查、登记、汇总的结果通过“中国古籍保护网”发布。2014 年，全国古籍普查工作的重要成果“全国古籍普查登记基本数据库”正式开通，该数据库提供了一个全面了解我国古籍文献存藏现状的工具。通过该数据库提供的普查编号、索书号、题名、著者、版本、册数、馆藏单位等基本信息检索字段和途径，能够浏览和查找我国目前已经普查到的并且经汇总整理的所有古籍文献。因此，“全国古籍普查登记基本数据库”是全面了解清东陵文献典籍存藏现状和文献线索的首要途径和重要工具。

2016年，“中华古籍保护计划”的重要成果“中华古籍资源库”正式开通运行，陆续发布国家图书馆藏善本和普通古籍、天津图书馆藏普通古籍、日本永青文库捐赠汉籍以及云南省图书馆善本古籍等古籍影像资源。2020年4月，国家图书馆国家古籍保护中心将自建、征集的15万部古籍资源统一整合在“中华古籍资源库”下并提供图像格式的古籍全文。该数据库按照资源类别细化分类，具有单库检索和多库检索、基本检索和高级检索、支持模糊检索等功能，检索字段包括标题、责任者、出版者、出版发行项和善本书号。但是由于收录的古籍全文是图像格式，因此缺乏古籍全文检索功能，这是该数据库的不足之处。

登录“全国古籍普查登记基本数据库”和“中华古籍资源库”，使用“东陵”“孝陵”“景陵”“裕陵”“定陵”“惠陵”“昭西陵”“定东陵”“普祥峪”“菩陀峪”“胜水峪”等检索词，能够检索到文献题名中包含这些检索词的、与清东陵文化密切相关的一批古籍文献。笔者使用“中华古籍资源库”数据库查到不同作者、出版时间、卷目、版本或收藏地点的清东陵古籍文献百余种。由于“全国古籍普查登记基本数据库”未提供全文检索字段，仅通过题名字段无法检索和收集在全文中包含与清东陵有关的文献内容的古籍文献，还需要制订其他更完善的检索策略。同时，该数据库仅仅是书目数据库，未提供古籍文献的全文浏览功能，只能了解文献的物理描述信息和存藏线索，无法满足对古籍文献全文的获取。

（2）途径二：权威性古籍专题书目检索工具

我国公开发布了许多古籍书目类工具书、古籍文献专题数据库等古籍书目类检索工具，选择其中具有较高权威性的古籍专题性检索工具，可以比较全面地查找、了解和掌握清东陵古籍文献的存藏情况。其中，2009—2013年，由中华书局和上海古籍出版社出版的《中国古籍总目》是中国现存汉文古籍的总目录，全面反映了中国（大陆及港澳台地区）主要图书馆及部分海外图书馆现存中国汉文古籍的品种、版本及收藏现状，这是反映中国古籍流传与存藏状况的最全面、最重要的成果。2018年，中华书局下属古联（北京）数字传媒科技有限公司通过“籍合网”推出“中华古籍书目数据库”，该数据库收录了《中国古籍总目》五部（经、史、子、集、丛书）的全文数据，在确保数据准确、权威的前提下，将这些书目资源进行数字碎片化处理并统一呈现，成为实现一站式检索的平台。“中国知网国学宝典”收录了先秦至民国的用汉字作为载体的历代典籍，均为文史研究人员常用资料，具有极强的实用价值，而且每年更新。“鼎秀古籍全文检索平台”广泛收录从先秦至民国的中国大陆及港澳台地区公共机构、私人藏家、研究机构及博物馆所藏历朝历代汉文古籍资源，收录范围涉及广，收录时间跨度长。另外，还可以通过“中华善本古籍数据库”“文渊阁四库全书电子版”（内联网版）等进行清东陵古籍文献线索的查找。

（3）途径三：当代清东陵文化研究成果

新中国成立后，清东陵得到了我国政府的专项管理和保护。随着清东陵文化遗产保护事业持续不断发展，清东陵文化研究水平也在不断提升，取得了丰硕的研究成果。据笔者不完全统计，由当代史学家撰写并公开出版的清东陵文化研究类图书有50余种，各类相关学术论文200余篇。唐山市清东陵保护区管理委员会、清东陵文史专家通过互联网设立的博客或微信公众号等自媒体途径也不定期地更新一些清东陵文化研究成果。这些文化研究成果是在参考和引证大量清东陵古籍文献和清宫档案等文献典籍的基础上，对清东陵史实进行综合考证和探究后产生的，成果内容与清东陵文献典籍具有较强的传承性和关联性。通过查阅这些当代清东陵文化研究专著，如《清东陵的满族》（李寅著，2018年）、《清东陵史话》（徐广源著，2017年）、《清东陵档案解密》（李寅著，2015年）、《清东陵密码》（李寅著，2012年）、《清东陵拾遗》（于善浦、张玉洁编著，2012年）、《清东陵揭秘》（李寅著，2001年）、《清东陵大观》（于善浦著，2000年）以及相关学术研究论文，查看其文后所附的大量参考文献，能够收集获得一批清东陵古籍类文献的具体信息，成为收集清东陵古籍文献的重要途径之一。

（4）途径四：其他来源

除了前文所述的三种重要收集途径之外，还有其他一些能够拓展和补充收集清东陵古籍文献的途径。

其一，我国各级各类图书馆历来是古籍文献的重要和主要收藏单位，也是开展全国古籍普查登记的重点单位，因此应作为清东陵古籍文献收集的重要来源。这些全国古籍收藏单位的官方网站中设置了类似“珍贵古籍名录”等专栏，浏览这些专栏可以了解该单位对清东陵古籍文献的收藏情况。

其二，在明清两朝皇宫——紫禁城的基础上建立起来的故宫博物院，其文物收藏主要来源于清代宫中旧藏，藏品总目中包含古籍文献597811件（套），其中包括大量清东陵陵寝的工程做法、图纸、账本等文献典籍，可作为筛选清东陵古籍文献的重要来源。

其三，通过咨询清东陵文史专家和研究学者，或调研和走访相关的清东陵管理单位和个人，实地查找、筛选和收集清东陵古籍文献的存藏线索。

其四，通过媒体宣传、扩大影响，进行长期性的清东陵古籍文献的征集，采用购买、捐赠、复制等多种方式，收集大量散落民间的清东陵古籍文献，不断补充和完善清东陵古籍文献体系。

2. 清东陵古籍文献存藏现状

通过上文所述清东陵古籍文献的收集途径，笔者查询到一批清东陵古籍文献的存藏现状，其中部分古籍文献的存藏现状如表4-1所示。基于这些古籍文献的内容特点，可将其分成以下两大类型。

一是专门记述清东陵陵寝建设、维护等情况以及相关事件或人物的古籍文献，包括《昌瑞山万年统志》《陵寝易知》《东陵工程处堂片簿》《菩陀峪万年吉地工程备要》《菩陀峪万年吉地工程辑要》《平安峪工程备要》《东陵日记》等。其中，《昌瑞山万年统志》是由遵化马兰镇总兵编纂的、专门记载清东陵沿革的重要典籍。《陵寝易知》是光绪十二年（1885年）由清东陵的守陵大臣编写、供守陵官员当作工作指南和内部教材的工具书，内容包括陵园建设规制、帝后奉安年限、妃嫔入券月旦、圣德神功碑文、皇上谒陵宸翰、陈设供奉、祀典仪注、俸饷员役等与清东陵有关的第一手资料，是用毛笔手抄的共六卷的真迹和孤本，具有极高的真实性、准确性和可靠性，其原件现存藏于唐山清东陵保护区管理委员会。《菩陀峪万年吉地工程辑要》详细记载了慈禧太后定东陵的选址和绘图说帖的全过程，包含陵寝工程营造全过程的完整档案，非常系统、丰富而翔实。《平安峪工程备要》《菩陀峪万年吉地工程备要》和《惠陵工程备要》分别是清咸丰皇帝定陵、慈禧太后定东陵和同治帝惠陵的陵寝工程竣工验收并移交后，陵寝工程处整理全工档案文件编制而成的案卷总汇，除了工程始末还包括全部有关旨谕、奏折、堂谕、行文等，并且汇集了工程《原估做法》《续估做法》等，历史研究参考价值极高。清朝潘祖荫撰写的《东陵日记》记录了作者于同治四年（1865年）和光绪五年（1879）先后因参与清文宗、清穆宗葬事，九次被派往东陵办事的行程始末，非常详细地记述了清代梓宫奉安陵寝礼制等相关内容。

表 4-1　部分清东陵古籍文献的存藏现状

序号	题名	责任者	版本	收藏地
1	《昌瑞山万年统志》	（清）布兰泰和（清）张世龙纂修；（清）布兰泰原纂、（清）英廉续纂	清光绪抄本；清光绪刻本；清光绪写本	国家图书馆；北京师范大学图书馆；天津图书馆；唐山清东陵保护区管理委员会
2	《畿辅通志》	（清）唐执玉、（清）陈仪纂修；（清）于成龙修、（清）郭棻纂；（清）李鸿章（清）张树声修、（清）黄彭年纂	清乾隆刻本；清康熙二十一年（1682 年）刻本；清雍正十三年（1735 年）刻本；清光绪十年（1884 年）刻本；清内府刻本；清宣统二年（1910 年）北京石印本等	国家图书馆；首都图书馆；北京师范大学图书馆；中国民族图书馆；天津图书馆等
3	《遵化通志》	（清）何崧泰等修、（清）史朴纂	清光绪十二年（1886 年）刻本	国家图书馆；北京师范大学图书馆；天津图书馆；南开大学图书馆；保定市图书馆等
4	《遵化州志》	（清）刘堉修、（清）边中宝纂；（清）郑侨生修、（清）叶向升纂；（清）刘堉纂修、（清）傅修续纂修	清乾隆二十年（1755 年）刻本；清康熙抄本；清康熙刻本；清乾隆五十九年（1794 年）刻本	国家图书馆；北京师范大学图书馆；天津图书馆；天津博物馆；保定市图书馆；辽宁省图书馆等
5	《八旗通志》	（清）鄂尔泰、（清）涂天相等纂修	清乾隆武英殿刻本；清乾隆内府刻本；清乾隆抄本；清嘉庆武英殿刻本	国家图书馆；中国民族图书馆；天津图书馆；内蒙古自治区图书馆；辽宁省图书馆；扬州大学图书馆等
6	《钦定大清会典》（《钦定大清会典事例》《钦定大清会典则例》）	（清）张廷玉等纂修；（清）李鸿章等纂修；（清）托津纂修（清）曹振镛等纂（清）庆桂等纂图；（清）昆冈等总裁（清）刘启端（清）夏孙桐总纂；（清）文保等纂修；（清）庆桂纂	清抄本；稿本；清朱丝检抄本；清嘉庆二十三年（1818 年）清会典馆刻本；清光绪三十四年（1908 年）清会典馆商务印书馆石印本；清光绪二十五年（1899 年）清会典馆石印本；清宣统三年（1911 年）商务印书馆石印本；清苏州江南省署刻本等	国家图书馆；北京师范大学图书馆；中国民族图书馆；天津图书馆；天津博物馆；山西省图书馆；陕西师范大学图书馆；贵州省图书馆；兰州大学图书馆等
7	《皇朝文献通考》	（清）张廷玉等撰；（清）嵇璜纂；（清）汤斌辑；	清光绪八年（1882 年）浙江书局刻本；清乾隆武英殿修书处刻本；清光绪二十七年（1901 年）上海图书集成局铅印本；清光绪二十八年（1902 年）上海鸿宝书局石印本等	国家图书馆；北京师范大学图书馆；南京中医药大学图书馆；石家庄市图书馆；绵竹市图书馆；兰州文理学院图书馆等
8	《陵寝易知》	清朝东陵守陵官员	光绪十二年（1885 年）手抄本（孤本）	唐山清东陵保护区管理委员会
9	《啸亭杂录》	（清）昭梿撰	清光绪六年（1880 年）耀年、潘骏德刻本；清光绪二年（1876 年）申报馆铅印本；清光绪二十七年（1901 年）扫叶山房石印本；清宣统元年（1909 年）中国图书公司铅印本等	国家图书馆；首都图书馆；北京师范大学图书馆；南开大学图书馆；天津图书馆；天津师范大学图书馆；内蒙古自治区图书馆等

（续表）

序号	题名	责任者	版本	收藏地
10	《东华录》《东华续录》	（清）蒋良骐撰；王先谦编 周润蕃 周瀹蕃校；王先谦 潘颐福撰；（清）潘颐福编（清）卢秉政校等	清抄本；清光绪二十年（1894年）刻本；清光绪石印本；清宣统三年（1911年）存古斋铅印本；清光绪上海图书集成印书局铅印本等	国家图书馆；辽宁省图书馆；温州市图书馆；宁波市图书馆；宁波市天一阁博物馆；绍兴市图书馆等
11	《钦定日下旧闻考》	（清）朱彝尊、（清）英廉、（清）于敏中等	清乾隆间（1736—1795年）刻本	国家图书馆
12	《澄斋日记摘要甲至戊编》	恽毓鼎撰	清末稿本	吉林省图书馆
13	《东陵承办事务衙门工程处堂标簿》		清光绪抄本	国家图书馆
14	《东陵工程处堂片簿》	（清）东陵工程处编	清光绪三十至三十一年（1904—1905年）抄本	国家图书馆
15	《东陵日记》	（清）潘祖荫撰	清光绪刻本；清宣统（1909年）刻本	国家图书馆；北京师范大学图书馆；复旦大学图书馆；苏州图书馆；新疆维吾尔自治区图书馆
16	《定东陵工程清册》		清末民初抄本	陕西省图书馆
17	《定东陵行礼恭纪》	（清）贵荣撰	清光绪九年（1883年）刻本	国家图书馆
18	《孝陵神功圣德碑原报情形并查估存册》	（清）毓棣撰	清抄本	国家图书馆
19	《惠陵工程备要》	（清）白延昌撰	清光绪七年（1881年）抄本	国家图书馆；首都图书馆
20	《惠陵工程处收文档》	（清）惠陵工程处编	清光绪写本	国家图书馆
21	《菩陀峪万年吉地工程备要》	（清）全庆等辑	清光绪朱丝栏抄本	国家图书馆
22	《菩陀峪万年吉地工程辑要》	（清）铁良 （清）绍英等辑	清宣统抄本	国家图书馆；辽宁省图书馆
23	《普祥峪万年吉地工程备要》		清朱丝栏抄本	国家图书馆

二是部分包含清东陵陵寝建设、维护情况以及相关事件或人物的古籍文献，包括《钦定大清会典》（《钦定大清会典事例》《钦定大清会典则例》）、《八旗通志》、《畿辅通志》、《遵化州志》、《皇朝文献通考》（《清朝文献通考》）、《啸亭杂录》、《东华录》（《东华续录》）等。其中，《钦定大清会典》是记述清朝典章制度的官修史书，是研究清代典章制度、法律规章、行政组织等的重要文献。《八旗通志》以八旗兵制为经，以八旗法令、职官、人物为纬，分为志、表、传三部分，是一部研究清史的重要的参考书。《畿辅通志》为清代官修省级地方志（其中，“畿辅”指京都周围附近的地区，在清代

是直隶省的别称），是研究河北省历史地理的重要资料。《清朝文献通考》原名《皇朝文献通考》，为清代张廷玉等奉敕撰典制文献，记载了清朝政权建立（1616年）至乾隆五十年（1785年）这一历史时期内的典章制度。《啸亭杂录》保存了大量有关清道光初年以前政治、军事、经济、文化、典章制度、文武官员的逸闻轶事和社会习俗等方面的宝贵史料。

3. 清东陵档案文献的收集

档案是“过去和现在的国家机构与社会组织以及个人从事政治、军事、经济、科学、技术、文化、宗教等活动，直接形成的对国家和社会有保存价值的各种文字、图表、声像等不同形式的历史记录”。档案文献具有原始第一手资料、更加贴近真实史实等特点，而且内容记载丰富、能够提供细节性的资料。在国家、省、市、县各级各类档案馆中收藏有大量清代宫廷档案资料，其中有大量未被刊布的档案内容还未被挖掘、整理和公开出版。基于档案文献具有的重要研究价值，应将清东陵档案列入清东陵文化研究的重点文献收集对象。

中国第一历史档案馆作为国家级档案馆，目前保存清代档案数量约1000万件，包括清入关前天命九年（1607年）至宣统三年（1911年）300多年时间里形成的文书档案，以及溥仪退位后于1921—1931年间形成的档案，内容涵盖了清代政治、经济、军事、文化、艺术、民族、宗教、重大事件、重要典章制度、重要历史人物等诸多方面，不仅是研究和纂修清代历史的第一手宝贵资料，也是收集清东陵文献典籍档案类资料的最重要的来源和渠道。其中，在《清实录》《内务府来文•陵寝事务》《内务府来文•礼仪》《内务府来文•修建工程》《内务府奏销档》《内务府奏案》《内务府舆图》《上谕档》《军机处议覆档》《朱批奏折》《溥仪档》《新整溥仪档》《宫中杂件》《钦定工部则例》《工部案卷》《录副奏折》《诸陵规制尺寸略节》等档案中都记载了大量与清东陵有关的人物和事件，尤其是大量内务府档案，对清东陵文化研究具有极高的、可供挖掘的文献价值。《定陵工程黄册》《定陵工料奏销黄册》《顺水峪定陵妃园寝销算黄册》《菩陀峪金井安放帐》《菩陀峪万年吉地销算黄册》《普祥峪万年吉地销算黄册》是部分陵寝工程完成后核销所有耗费工料、钱粮明细的决算册；《工程备要》等定东陵工程籍本详细辑录了上谕、奏疏、施工监理、施工预算、施工决算以及工程作法等与陵寝工程各个环节相关的内容，能够翔实反映普祥峪定东陵、菩陀峪定东陵的具体建设过程和细节，这些档案文献对陵寝建筑研究具有非常重要的、有针对性的参考价值。

另外，中国第二历史档案馆的北洋内务部档案中收录了与清东陵被盗案相关的部分史料，也可作为清东陵档案类文献资料的重要补充来源。

4. 清东陵样式雷图档的收集

自乾隆朝的雷家玺规划设计陵寝开始，清朝各陵寝的设计、修葺或重建，均由雷家承担。由清代雷氏家族设计、绘制和写作的建筑图样与文字档册，统称样式雷图档。样式雷图档不仅包括画样和烫样，还包括记录皇帝皇后的旨意、管理机构堂官的堂谕的《旨意档》《堂谕档》，以及在施工过程中形成的预算资料、工程日记、工程做法等多种资料，资料涵盖清东陵陵寝建筑选址勘测与规划设计以及施工的理念、过程、方法、人物、事件等详情细节，具有独特的建筑、艺术、美学研究价值和珍贵的文献价值。例如，《堂谕档普祥峪菩陀峪纪事》详细记载慈禧派大臣带领风水官在东陵境内为两宫皇太后选陵址的事情经过，以及自同治五年（1869 年）八月二十六日至光绪二年（1876 年），各承修普祥峪菩陀峪王公大臣、监督监修等管理人员对样式房工作的具体指示；《样式房日记随工事》（或称《随工日记》）逐日记录样式房人员上工当差情况、工程进度、所绘图样、上交图样以及与其他各部门的相关事务等。

当前主要保存清代样式雷图档的单位有中国国家图书馆、北京故宫博物院、中国第一历史档案馆、清华大学建筑学院和台北故宫博物院，其他零散保存样式雷图档的机构包括中国国家博物馆、日本东京大学、法国巴黎吉美博物馆等。样式雷图档可经过拍照或者 3D 处理采集信息后转换成数字化信息进行收集。其中，天津大学建筑学院自 1982 年起对北京图书馆（中国国家图书馆的前身）善本部所藏的样式雷图档持续进行系统性的编目和分类整理，完成数字化扫描，形成了“中国国家图书馆藏定东陵样式雷图档目录”，成为首批有代表性的样式雷图档数字化成果。

5. 其他类型清东陵文献的收集

清东陵文献典籍除了清东陵古籍文献、档案文献和样式雷图档等常见的主体文献类型之外，还包括一些具有重要研究价值的其他特殊类型的文献，同样需要重点进行收集、整理和利用。例如，耗时达 3 年多完成的居清陵之冠、有“为目前所知历代帝王陵寝最华美者”之称的裕陵地宫内部的明堂券、穿堂券、金券以及各个洞券内刻有的大量佛教题材的石雕图像和佛教经文。据档案记载，平水墙下的围墙上均匀地雕刻着数以万计的佛经咒语中有藏文 29464 字、梵文 647 字。这些经文和图像雕刻，图案复杂，内容繁多，工艺绝伦，体现了中国古代传统墓葬文化与祈福文化的思想内涵，反映了清代满汉民族融合下经济、政治、宗教、艺术和哲学发展状态，具有独特的历史、文化、艺术、美学等学术研究价值与商业应用开发价值。

另外，据不完全统计，清东陵中有顺治帝的孝陵神功圣德碑碑文（1000 余字汉文）、康熙帝的景陵圣德神功碑碑文（4000 余字汉文）、乾隆帝的裕陵圣德神功碑碑文

（2000余字汉文）及其他碑文共计近20000字汉文。其中，雍正皇帝胤禛以弘扬康熙“在位六十余年，功德隆盛，文章字数甚多，一碑不能尽载”为由将镌刻康熙大帝一生文治武功的圣德神功碑亭诏建两碑，一刻满文，一刻汉字，每个碑文长达4300多字，并自此成为定制。由此可见，清东陵碑文也是不容忽视的重要文献收集和整理对象。

除了清东陵陵寝建筑中雕刻的经文、佛像和碑文之外，还有与清东陵有关的舆图（如《清东陵风水形势全图》）、照片（包括清东陵实景和清东陵文物）等，都具有较高的历史和文化研究价值，也应作为特殊文献采用相应的特殊手段进行收集、整理和利用。此外，还应深入民间进行清东陵口述史资料的抢救、挖掘、收集与整理研究。

二、清东陵文献典籍整理策略

清东陵古籍文献是清东陵文献典籍的主要组成部分。清东陵文献典籍整理的目的是对现存的清东陵文献典籍进行科学化的组织和加工，形成有序化的清东陵文献典籍资源体系，为清东陵文化研究起到有效的文献支撑和保障，可以通过以下几种策略完成。

一是基于社会需求原则制定清东陵古籍文献整理策略。保存古籍、重现古籍等古籍文献整理活动的终极目标是为了服务当代文化研究，因此需要结合清东陵文化的独特地域性，清东陵文化研究的现实状况和未来需求，考虑清东陵古籍文献整理成果的社会使用价值和社会需求程度进行科学的清东陵古籍文献整理活动。

二是遵循古籍整理的现行标准和规范。目前，古籍文献数字化建设标准体系存在国家标准数量少、范围窄、缺乏行业标准和地方标准等现象，在此情况下，仍应在古籍文献体系建设流程中执行我国现行的古籍文献整理标准和规范，如《古籍著录规则》《古籍元数据规范》《古籍数字化工作手册》等，构建科学、有序、系统的清东陵古籍文献组织体系，为整体规划、共建、共享和共用清东陵文献体系打下良好的基础。

三是采取多种有效的整理方法形成多种类型的文献整理成果。古籍文献整理手段包括标点、注释、校释、笺证、今译、辑佚、汇编、孤本善本的影印等，在对清东陵古籍存藏文献进行充分整理的基础上，可以通过点校、影印或点校与影印相结合等多种形式和手段，梳理古籍文献书目、各类索引或文献汇编等多种类型的清东陵古籍文献。在整理过程中应力求版本、考证、注释的准确无误，同时避免出现成果的重复建设。

四是建设清东陵古籍文献数字化平台。古籍文献数字化是利用现代信息技术对古籍文献进行深度保护、传承、开发、利用与传播的重要手段，能够有效解决古籍保护与利用之间的矛盾。广义上，古籍文献数字化也属于古籍整理的范畴，是古籍整理和传播的未来发展方向。清东陵古籍文献数字化平台的建设目标是利用计算机与网络技术将清东陵古籍文献变为可浏览、可检索、语义关联与知识重组的数字化信息，为清东陵文化研究提供现代信息技术的支撑和利用水平的提升。在古籍文献数字化平台建设过程中除了要规范建设流程之外，在平台的设计结构选择、数据库制作软件、数据存储和加工系统等应用技术方面应具有前瞻性。

依据保护和利用并重的原则，按照我国古籍数字化建设的相关国家政策、规范和标准，如国家图书馆《古籍数字化技术手册》中的古籍数字化操作程序规范、古籍数字化技术标准规范和古籍数字化内容质量规范，对清东陵文化现存各种类型和形态的文献典籍进行全面、系统、完整、科学的收集、整理、分类、标引和组织，在此基础上应用现代数字人文技术进行数字化加工、存储和利用，形成对清东陵文献典籍“收集→整理→存储→利用→推广”的数字化建设一体化架构。

第三节　清东陵文献典籍数字化资源库建设

一、清东陵文献典籍数字化资源库建设标准

清东陵文献典籍数字化资源库建设标准有以下几点。一是制定对清东陵文献典籍进行全面、系统、完整、科学的收集、整理、组织和数字化加工的方案，致力于形成和构建内容全面、组织有序、功能齐备的清东陵文献典籍体系和数字资源知识服务平台，完善清东陵文化数字人文研究基础设施建设。二是应用数字人文理念和先进数字化技术分期分批建设清东陵文献典籍数字化知识库，使其不仅具有查询和阅览清东陵文献典籍资源的功能，而且具有自动词语切分、文本标注、文本统计分析、社会关系可视化分析以及研究交流等数字人文功能，为清东陵文化研究者提供新的研究视角、研究方法和研究工具，达到丰富和拓展清东陵文化研究层次和内涵的目标。三是借鉴数字人文学术研究范式、研究方法和研究成果，遵循开放、合作、共享和可持续发展的原则，提升清东陵文献典籍数字化知识库的技术水平，使平台具有标准性、兼容性、灵活性和可扩展性，最大限度地促进对清东陵文献典籍的有效管理、开发和利用。

应用数字人文技术制定完善清东陵文献典籍数字人文研究基础设施建设的路径和方案，要通过科学研究方法和计算机辅助研究工具相融合，以构建清东陵文献典籍资源元数据记录集为基础，形成标准化、开放性、共享性和可持续发展的清东陵文献典籍数字化知识库，为清东陵文化研究提供全面的、集成的和高质量的数据集支撑。详细分析、设计和确定清东陵文献典籍数字化知识库的平台体系架构和功能模块以及元

数据规范，使其具备可操作性、兼容性、可扩展性和可靠性，形成稳定的、统一的、开放的、可共享的元数据交换平台。

二、清东陵文献典籍数字化资源库建设路径

使用应用数字人文技术对清东陵文献典籍资源进行组织、描述和揭示，建设关系型数据资源知识库，使其具有对各类非结构化文本进行统计、处理、挖掘、分析和可视化等功能，成为辅助研究者进行清东陵文化研究的基础性资源平台和数字人文研究工具。

从清东陵文化研究的具体需求出发，按照数字化、结构化、知识化和平台化四个依次递进的环节和流程，提出对清东陵文献典籍进行描述、组织和揭示，并且应用嵌入个人知识环境的各类分析和处理工具，以及提供平台化服务的清东陵文献典籍数字人文基础设施建设的策略。具体环节和流程如图 4-1 所示。

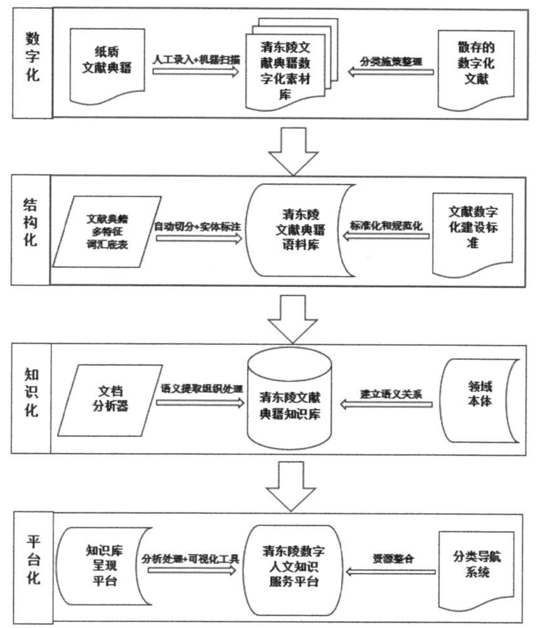

图 4-1　清东陵文献典籍数字化建设环节和流程

（一）数字化：整理和组织形成清东陵文献典籍数字化素材库

根据清东陵文献典籍实际存藏现状，对清东陵文献典籍进行整理和组织，形成基本数字化素材库，是建设清东陵数字人文研究基础设施的第一个基础环节。

首先，根据清东陵文献典籍的不同类型和特点，进行分类整理。对专门记载清东陵相关情况并且尚未被全文数字化的清东陵文献典籍，根据文献研究价值的大小和版本存世稀缺程度，分步骤对其进行全文数字化加工和整理；对零散记载清东陵相关情况或零散存在于已建成的古籍全文数据库中的清东陵文献典籍，通过汇集散佚在文献典籍中的相关内容和知识点，形成文献汇编专题数据库；对已经被收录进权威性的古籍全文数据库的数字化清东陵文献典籍，提供链接和导航供用户使用。对以上各种类型的清东陵文献典籍数字资源进行有效整合，编制清东陵文献典籍数字化书目目录和各类型数字化清东陵文献典籍索引，使其成为清东陵文献典籍基本数字化素材库的原始素材。然后，选取人工录入和机器扫描相结合的方法进行编码设计。最后，对录入

的电子文本，依据行文格式及相关内容设置数据库字段，结合机器扫描图像处理，完成不同类型清东陵文献典籍的数字化素材的收集、整理、组织和集合。

（二）结构化：进行数据转换形成清东陵文献典籍语料库

使清东陵文献典籍实现从数字化文本到结构化语料库的转换，是构建有序化的清东陵文献典籍知识库的重要基础。在这一环节中，需要在已形成的清东陵文献典籍数字化基本素材库的基础之上，完成词语切分和时间、人物、地点和事件等实体标注，对半结构化和非结构化文档进行结构化处理，对知识进行结构化存储，用基于本体的元数据进行分层管理。

首先，由领域专家对清东陵文献典籍数字化素材进行主题分析，研究并归纳不同文献典籍多特征词汇底表。其次，构建基于清东陵文献典籍的自动分词、自动词性标注、自动命名实体识别和自动断句模型，由数据科学家针对词汇的显性与隐性语义知识，通过人工标注与机器学习的策略完成数字化文本的分词、词性、命名实体和断句的自动标注。其中，以古汉语自动分析技术为基础进行词语切分，结合人工标注和校对，以实体标注的方法，对清东陵文献典籍中所记载的词语、时间、地点、人物、事件等要素的命名实体，以及词性、地点 GIS 等信息进行标注。最后，创建实体同现表、人名表、人物表、时间人物表、地名表等数据表，最终得到一个多层级标注的、结构化的清东陵文献典籍语料库，成为后续构建有序化的清东陵文献典籍知识库的基础。

在对元数据进行数据清洗，对语料进行整理、入库与标注的过程中应注意保持语料的统一性和规范性，如，参照《我国数字图书馆标准与规范建设》标准中有关元数据与知识组织标准，并遵循相关文献数字化建设标准，对清东陵文献典籍数字化建设流程进行标准化和规范化管理，使清东陵文献典籍数字人文基础设施建设具备开放、合作、共享和可持续发展等功能特性。

（三）知识化：形成有序化的清东陵文献典籍知识库

知识库是一种通过对知识客体分类、整理、加工、揭示、控制等方法进行存储和管理形成的数据集合体，是事实、规则和概念的集合。利用计算机与网络技术将清东陵文献典籍变为可浏览、可检索、语义关联与知识重组的知识化的数字信息集合，形成有序化的清东陵文献典籍知识库，是知识化这一环节需要实现的目标。

首先，由清东陵文史研究专家指导专业人员利用语义标注工具对清东陵文献典籍进行知识抽取与语义化处理，考虑同义词、概念的歧义、概念的上下位关系，借助人工参与及现有的分词工具，设计清东陵文献典籍研究文档分析器嵌入知识库系统当中，进行语义提取、组织和处理，构建形成结构化的数据集合。其次，通过构建领域本体的知识库组织方式实现语义检索，利用本体对相关资源进行语义标注，建立词汇间的语义关系，如上位词（属关系）、主题词（用关系）、下位词（分关系）、参见词（代关系）等，并存储对象类、属性以及对象之间的语义关系，提供深度的语义层面知识，展开语义知识组织，满足书目控制和规范控制等需求。最后，在对清东陵文献典籍的内容进行描述、组织和揭示的基础上，建立更多的语义关联，采用知识本体、关联数据等方式组织、开放资源并提供平台化服务，提供能够嵌入个人知识环境的各类分析处理和可视化工具。采用关联数据的技术、方法和流程发布关联数据，运用 SPARQL 查询语言与语义技术开发框架存取和操作数据，同时运用可视化技术构建知识库呈现平台展现数据，提供数据开发接口供其他程序调用，实现知识聚合应用。最终使清东陵文献典籍知识库除了能够通过精确检索、模糊检索、逻辑检索等检索技术，实现条目检索或字段检索、全文检索、高级检索之外，更重要的是具备基于知识的语义检索功能以及文本挖掘、语义分析和知识发现等数字人文功能。

（四）平台化：构建清东陵数字人文知识服务平台

构建数字人文知识服务平台是数字人文基础设施建设的主要内容和核心，能最终实现为人文研究学者提供人文研究支持和知识服务的目标。该平台将基于清东陵文献典籍知识库为领域学者与公众用户提供面向数字学术的各项知识服务的软件应用模块，实现诸如研究数据存储、知识检索与可视化、众包编辑、专题服务、网络传播以及社交化共享应用等各项数字人文技术功能。

清东陵数字人文知识服务平台在选择设计结构、数据库制作软件、数据存储和加工系统等具体方面应具有技术前瞻性，除了具有全文检索功能外，还基于底层的数字人文知识库，提供人物、地名、人物关系等多种查询方式，将仅仅基于关键字符匹配的检索系统，升级为使字符之间具有语义关联功能，从而实现基于知识的语义检索，最大程度地减少漏检和误检的发生，改进检索效率，提升检索质量。不仅能实现文献资源的数字化集聚，而且具有强大的检索功能、具有研究支持功能、具有知识共享和人—机交互功能、具有基于超链接的浏览阅读环境，以不断满足学术研究和社会发展的要求。并通过提供 API 接口，使得网络上的资料、工具与平台相互连接，促进资源的整合、互联，避免重复，共同为数字人文研究者提供可信赖的数据和网络基础设施。

由于清东陵文献典籍包括清东陵古籍文献、清东陵档案文献、清东陵样式雷图档，以及陵寝中的经文、佛像、碑文、舆图、照片、口述史资料等多种类型的文献，因此，以上各种类型的文献典籍需要在分类的基础上进行整合，以库、类、目的树形结构进行存储和展示。经数字化整理之后形成的知识库数据集合，必须具备基于分类导航和分类检索的数据统一检索与获取功能，为用户提供科学、高效和便捷的知识服务。目前我国在文献典籍数字化组织方面虽然没有统一的标准，但可以按照实际需求选择传统的四库分类法或中图法进行科学选择和规划，参照和结合传统的文献典籍分类方法和现代国际通行的图书资料分类法，构建符合现代用户检索思维和习惯的知识体系和文献检索系统，从而便于用户快速全面地了解文献典籍收录情况和充分挖掘和利用古籍文献中的知识信息。

文化遗产数字化是利用现代信息技术对文化遗产进行深度保护、传承、开发、利用与传播的重要手段。将数字技术与人文学术研究深度融合，使文化遗产数字化平台具有内容分析、社会网络分析、计量分析等功能，实现文化遗产资源提供、文化遗产知识关联和文化遗产知识服务三方面功能的互鉴和可持续扩展，从而完善文化遗产数字人文基础设施建设，是进一步提升文献遗产数字化建设和利用水平的重要途径。文化遗产研究要以可靠的文献收集和科学的整理工作为基础。对清东陵文献典籍进行收集和整理形成全面、系统、完整的清东陵文献典籍保障体系，是深入开展清东陵文化研究的重要前提和文献保障。以上研究存在的不足之处是还未形成清东陵数字人文知识服务平台的技术实施路径和具体实施方案，有待后续进一步开展相关研究。

第四节　文化遗产文献典籍数字化建设典型案例

一、中国文献典籍数字化资源库建设

“中华古籍资源库”是国家图书馆“中华古籍保护计划”的重要成果，目前已在线发布超过 3.3 万部古籍影像。国家图书馆收藏古籍约 15 万部，其中善本古籍直接继承了南宋缉熙殿、元翰林国史院、明文渊阁、清内阁大库等皇家珍藏，以及明清以来许多私人藏书家的毕生所聚。宋元旧椠、明清精刻琳琅满目。在线发布的古籍影像资源有国家图书馆藏善本古籍、《赵城金藏》、法国国家图书馆藏敦煌遗书等资源，资源总量超过 2.5 万部、1000 余万页。该资源库通过全彩影像数字化和缩微胶卷转化影像方式建设，从 2016 年 9 月 28 日起正式开通运行并陆续在线发布，目前已发布馆藏古籍 2 万余部。“中华古籍资源库”在线发布国家图书馆善本古籍影像 10975 部；2017 年 2 月 28 日，在线发布国家图书馆善本古籍影像 6284 部；2017 年 12 月 28 日，在线发布国家图书馆《赵城金藏》1281 部、善本古籍影像 1928 部；2018 年 3 月 5 日，在线发布法国国家图书馆藏敦煌遗书 5300 号。

中国基本古籍库是综合性的大型古籍数据库，先后被列为全国高校重点项目和国家重点电子出版物。由北京大学教授刘俊文总纂，北京爱如生数字化技术研究中心研制。中国基本古籍库分为4个子库、20个大类、100个细目，精选先秦至民国（公元前11世纪至公元20世纪初）的历代重要典籍，包括流传千古的名著、各学科基本文献以及罕见而实用的特殊著作等。每种典籍均提供一个通行版本的全文和1—2个重要版本的图像，即各取通行善本全文录入，另附1—2个珍贵版本影像作为参考。总计收书1部、20万卷，版本1.4万个、30万卷，影像1200万页、录文18亿字、压缩后数据量1.2T。收录范围涵盖全部中国历史与文化，内容总量相当于三部四库全书，不但是全球目前最大的中文古籍数字出版物，也是中国有史以来最大的历代典籍总汇。中国基本古籍库采用爱如生独有之数字再造技术制作，还原页面，左图右文，逐页对照；原书之版式及眉批、夹注、图表、标记等无障碍录入，并在原位置非嵌入式显示，全息再现；同时配备强大的检索系统和完备的功能平台，可从多条路径和可用多种方法进行海量全文检索，检索速率快至毫秒；可利用多项基本功能和多个辅助工具，可轻松实现古籍浏览、校勘、标注、分类、编辑、下载、打印等的全电子化作业，轻松实现从研读、批注到下载、打印的一站式整理研究作业，并可随时进行软件升级和数据更新以确保在持续改进中日臻完善，从而帮助用户在获得空前广阔学术视野的同时，极大提高研究工作的效率。中国基本古籍库自2005年正式面市以来，经过七次更新升级，以其宏伟的规模、精粹的内容、实用的设计和优质的服务，受到国内外学术文化界的热烈欢迎。

中华经典古籍库是中华书局推出的大型古籍数据库产品，也是中华书局版点校本古籍的首度数字化，收录了中华书局出版的整理本古籍图书，涵盖经史子集各部，已发布3000多种、15亿字的点校本古籍。包含了“二十四史及《清史稿》”“通鉴系列”“新编诸子集成”“清人十三经注疏”“史料笔记丛刊”“学术笔记丛刊”“古典文学基本丛书”“佛教典籍选刊”等经典系列。中华经典古籍库提供了丰富的古籍数字化阅读、检索服务以及必备的辅助工具。不仅提供了保留专名、注释、校勘等全部整理成果的数字文本，更实现了文本与原书扫描图像的逐一对照，并能自动生成引用格式，省去了读者核对纸书的麻烦，还添加了独具特色的人名异称关联检索，为学者研究提供便利。

鼎秀古籍全文检索平台由北京翰海博雅科技有限公司开发，广泛收录中国大陆及港澳台地区公共机构、私人藏家、研究机构及博物馆所藏历代古籍资源。特色古籍采录海外所藏中国古籍，尤以日本、韩国数量最多。鼎秀古籍数据库收录从先秦至民国撰写并经写抄、刻印、排印、影印的历朝历代汉文古籍，稿抄本、刻本、石印本、铅印本、活字本等版本均有收录。著录规则分类标准在沿用“经、史、子、集”传统分类的基础上，增设丛书部。鼎秀古籍数据库能够全文检索2万余种古籍，包括地方文献志、《四库全书》、续修四库全书、《永乐大典》、敦煌文献、道家文综等具有学术价值和收藏价值的古籍文献资源。此外，北京书同文数字化技术有限公司开发了一系列的古籍资源全文检索数据库，包括《四部丛刊》、《大明会典》、《大明实录》、历代石刻、明代史料、清代史料、中医中药古籍大系、韩使燕行录、金石书画等。文献内容全、底本好、数据质量高、全文检索强、关联技术多、支持生僻字、在线功能丰富是书同文数据库的几个重要特点。

2017年，中南民族大学承担的国家社会科学基金重大项目“唐宋文学编年系地信息平台建设”核心成果（此外该项目组还开发完成了1000多万字的唐宋文学编年系地数据库与600多万字的《唐宋文学编年系地研究丛书》）——“唐宋文学编年地图”正式上线。作为教育部优秀项目成果，“唐宋文字编年地图”以唐宋文学为切入，充分利用了当前相关领域多年积累的资料成果，突破了传统人文学科的限制，有效结合了GIS系统，对唐宋时期“重要作家的生平事迹与文学活动进行时空建模和数据采集”，最终实现了作者、作品与唐宋时期历史地图的有机结合。该项目的评审专家认为，该地图“标志着古典文献数据库建设由单纯的数字化实现了向数据化的升级”，在某种程度上，确实“具有划时代意义”。不仅能使读者观众直观地了解唐宋主要文人的创作轨迹，还能有效获悉唐宋文学的时空分布与流变。正如王兆鹏先生所言，围绕时、地、人、事、文这五大要素来设计与建模，可以将全部古代典籍建设成为关系型结构化数据库，从而极大地解决传统文献资料的时空离散性问题。不仅如此，数据库还具有迭代更新性质，所有新出材料和研究成果，皆可适时地补充进数据系统，从而避免低质量的重复性整理和研究。

二、《大羊皮纸书》项目

《大羊皮纸书》的创造者是爱尔兰协会（the Honourable The Irish Society），源于1639年查理一世委托爱尔兰协会调查爱尔兰协会和伦敦同业公会共同管理的伦敦城（德里－伦敦德里郡）的所有财产而形成的调查资料。这份调查是在重大的政治和社会变革时期进行的，提供了伦敦城对北爱尔兰在新教殖民、统治管理以及人口发展等方面起到的作用等重要信息。1639年以来，这本书一直保存在伦敦。1786年2月，伦敦城市政厅的伦敦议院发生火灾，烧毁了爱尔兰协会的大部分早期档案，仅有包括《大羊皮纸书》在内的少量17世纪档案文件幸存于世。经历过大火之后，文件只遗留下来165张纸的碎片和身份不明的书籍残片，丢失部分的数量目前还不清楚。《大羊皮纸书》所用的小羊皮的整个表面都已严重糊化，特别是在纸的脊折边缘和下角部位。有些地方凝胶化程度很小，但有的地方羊皮纸又完全融化在一大块非常坚硬的凝胶中，书的平面和垂直两个方向都呈现出严重的扭曲。这些扭曲造成了非常深的折痕和折叠，导致很多地方的文字模糊不清和文本内容缺失。纸张由于严重糊化、边缘极端刚性导致文件整体严重收缩，同时中心部分较软、损坏较少，这种不均匀损伤形成一个极凹形状的薄片。此外，许多地方的明胶非常坚硬，使得纸张存在很高的破裂风险。

200多年来，这本书一直被存放在盒子里无法查阅，无法对其开展利用研究。单靠传统的保存和处理方法无法使其恢复到可接受和安全的状态。因此，有必要创建一份数字副本以揭示该手稿的内容。德里市政厅（Derry Guildhall）计划在“纪念城墙建成400周年”的展览中展示《大羊皮纸书》的部分内容，这个活动使得“伟大的羊皮纸书”项目应运而生。《大羊皮纸书》项目汇集了档案学家、古文字学家、伦敦大都会档案馆（London Metropolitan Archives，LMA）的管理员，以及伦敦大学学院（UCL）计算机科学系和数字人文中心的数字技术专家共同协作完成。项目旨在通过创造超越原始的数字替代品来解决物理保存无法解决的问题。这不仅是一个定制的高级成像数字化项目，而且是一个由多学科和专业成功协作进行数字化实践的典型案例。这项研究工作由英国国家手稿保护信托基金资助，还支持完成了一个伦敦大学学院虚拟环境、成像和可视化项目的四年制工程博士学位（EngD）项目。

《大羊皮纸书》的保护性修复工作由伦敦大学学院与LMA合作进行。在对《大羊皮纸书》进行数字化之前，文物保管员全面评估了《大羊皮纸书》的物理状况。首先他们采集了一块碎片样本送到伦敦国家档案馆，以确定羊皮纸的恶化程度。依据修订的《羊皮纸破损评估（IDAP）协议》对该碎片进行水热稳定性、收缩活性测试，使用微热台法（MHT）测定结果显示，这些纸张边缘的胶原纤维被严重破坏，但中部的胶原纤维状况相对良好。为了避免对羊皮纸书进一步损坏，修复者只能采取最低程度的干预措施。为了放开折痕和褶皱，使隐藏的文本显示出来，修复者需要对羊皮纸进行加湿处理，让胶原纤维重新吸水湿润，然后在张力作用下晾干。为了避免羊皮纸进一步糊化，文物保管员测试了各种控制羊皮纸加湿的方法，然后又测试了如何在张力下干燥软化羊皮纸从而消除折痕。

传统的数字化技术只适用于处理对象文档尽可能平整的情况，现有的标准二维数字化技术和三维扫描方法都不能发现折痕和褶皱中隐藏的文本，为了以数字方式获取、处理和重建手稿信息，伦敦大学学院的数字化研究团队组开发新的技术克服了这些问题，包括设计了一个数字重建工作流程软件，结合多视图立体技术与附加算法建立一个数字重建管道，开发了一种查看器，使书籍页面的图像虚拟恢复到物理恢复方法无法达到的程度。

最终，伦敦大学学院数字化团队对《大羊皮纸书》中有价值的信息进行了有效揭示，并且提供在线访问功能，还通过在网站撰写和发布博客、制作视频，阐释《大羊皮纸书》数字化开发和保护工作的详细步骤，为研究人员、学者、历史学家提供相关信息。该网站自2013年5月30日上线，截至2020年2月浏览量已超过18.2万次，成为文物保护专业人员和学生的重要参考工具。2014年7月，团队组织了“伟大的羊皮纸书活动日”，与参与者分享和讨论项目开展过程中面临的挑战和完成设定目标的措施。该项目采用对《大羊皮纸书》最小的干预和损坏措施，形成了高质量的数字副本研究成果，成功实现了预定的主要目标，对数字人文和文化遗产保护利用领域产生了重大影响。

三、惠康收藏馆的中世纪西方手稿数字化

位于英国伦敦的惠康收藏馆（Wellcome Collection，又译名“韦尔科姆收藏馆”）收藏了可以追溯到11至15世纪的大约335份西方手稿。这些与医学和健康相关的拉丁语、希腊语和地方语言的中世纪手稿都是羊皮纸和纸质物品，不仅包括装订的抄本，还包括未装订的文件、折叠日历和卷轴，内容包括从理论医学文本、关于植物和动物的信息概述，炼金术、占星术和魔法的著作，以及食谱和治疗符咒。这些文献资料反映了中世纪人们在医学方面的理解和实践的广度。这些关于自然世界、魔法和占星术的信息使人们对人体的认知更加全面，思考更加深入，医疗从业者能够依据这些信息更好地进行诊断、预测和实施治疗，因此具有重要而独特的文献价值。

手稿这种纸质档案遗产随着时间的推移以及其他因素的影响会变得脆弱易碎，以层叠方式无法很好地保存。现代数字化技术为文化遗产保护和获取带来了不可估量的益处。对手稿数字化使其实现永久保存，并且在原件不复存在后仍然能够长期使用，2014年，惠康收藏馆开始对这些藏品进行数字化，数字化手稿可以在网上免费获取，为历史研究人员、文物保护人员、遗产学家和其他感兴趣的人提供了丰富而详细的文献资源。

收藏馆建设了承载数字化手稿内容的数字化平台（现在称之为浏览器，当时称为播放器）Goobi（Göttingen online-objects binaries，哥廷根在线对象二进制数），这是一

个被档案馆、图书馆、收藏馆、出版商广泛使用的开源软件套件，旨在支持文化遗产机构的大规模数字化项目，用于摄取和处理在浏览器中出现的图像的后端系统。图书馆的中世纪专家与数字团队基于手稿档案文献研究者的需求，共同制定了一份增强和改进 Goobi 功能的清单，使阅读者能够在不同的手稿文本之间自由地切换浏览，还使其具备了在数字化手稿中添加正反面排列结构的能力。

在数字化项目开展之前，团队对手稿藏品逐项进行调查，以评估每一份手稿的整体状况是否适合数字化。图书馆数字化支持团队将数字化前调查内容形成标准并依据标准进行。手稿数字化是分批次完成的。每一批次开始前，手稿保管员与数字成像摄影师会面讨论具体的细节问题。对于特别脆弱和难以处理的手稿单品，在数字化过程中需要提供协助性处理，尤其是对于那些又长又硬的羊皮纸卷，需要避免不必要的和侵入性的处理。手稿数字化由技术高超、经验丰富的摄影师承担。首先要使用中画幅相机来制作高分辨率的图像，并使用特定的保护书支架和专业设备以不同的开口角度拍摄手稿页面。获得 TIFF 格式的图片，在经过后期处理后由摄影师直接上传到 Goobi。摄影师将在 Goobi 中接受每个手稿的任务，使用手稿的书架标记作为参考编号，确保图像被自动分配到正确的元数据。

惠康收藏馆的数字化项目还带动影响了图书馆的其他工作。中世纪手稿数字化之后，为了满足在线元数据目录的要求，团队聘请了一名数字手稿专家分别于 2014 年和 2016 至 2017 年两个阶段，对 1962 年形成的纸质馆藏目录进行修改和完善。2014 年，大英图书馆的中世纪和早期现代专家计划在大英图书馆网站上开设一个专门介绍 1700 年前的医学和健康历史的博客专题，并挑选了一些与博客主题相关的最初几批数字化项目的手稿照片。2015 年，中期博客专栏上线时，这些数字手稿的链接嵌入了博客文章中。从 2015 年初开始，惠康收藏馆的手稿收藏和研究部门的档案管理员及中世纪和早期现代专家对 Goobi 里的数字化图像定期进行数字编辑，检查图像是否具有重复性或丢失情况。图书馆的网络团队在网上及时进行数字化时间表的信息发布和定期更新，对新增加的数字化手稿创建描述网页和链接，确保研究人员对手稿的使用。

惠康收藏馆对中世纪西方手稿的数字化称得上是一个奇妙的过程。在这种相对较小收藏规模的数字化项目中，团队能够有充足的时间对每项手稿进行详细检查，发现和揭示其中包含的信息，包括书稿里的污渍、蜡烛蜡、折页、虫害、旧的修复痕迹，等等。惠康收藏馆机构内部的专业人员与外部机构目前正在加强合作，努力寻找文献遗产修复、保存、保护和利用的新方法。

四、梵蒂冈图书馆文献数字化保护

梵蒂冈虽然是目前世界上最小的国家，梵蒂冈图书馆却是西方最著名的图书馆之一，收藏了涵盖神学、艺术、建筑、语言、文学、历史哲学、数学和科学诸门类的学术资源。自15世纪中期建立以来，梵蒂冈图书馆一直把保存和保护其馆藏文献资源并向学者免费提供作为主要任务，还以不断采用新技术以更好地传播和保存图书馆文化遗产作为实现目标。

早在19世纪，人们为了阅读“重写本”（palimpsest，一种通过刮去全部或部分原有文字后再在上面可多次书写的羊皮纸书）中的文字内容，采用鞣酸处理重写本导致其物理状况不断恶化。为了应对这一情况，20世纪初，梵蒂冈图书馆建成了摄影实验室，用摄影技术保留副本作为保护这些文献资源的手段和措施，同时及时修复受损严重的手稿文本。20世纪上半叶欧洲处于动乱里，当很多文化遗产的原始图像面临着被摧毁的厄运时，这种使用摄影技术为文化遗产保留副本或形成替代品，为后代保留和传播文化遗产发挥了重要的作用。1994年，梵蒂冈图书馆与IBM和里约热内卢天主教大学合作开始馆藏资源数字化工作。从馆藏资源中选取最著名的150份手稿作为样本进行扫描处理，然后逐渐扩展到其余馆藏手稿。进入21世纪，文献资源数字化技术和网络在线发布等新技术成为有效促进梵蒂冈图书馆遗产传播和利用的重要手段。

“手稿”（manuscript）一词来源于拉丁语manu scriptus，意思是“手写的”。该术语也可用于以其他方式，如用尖头设备在记录面上凿刻或划痕书写的文本。在现代语境中，手稿也指提交给印刷厂出版之前的手写文本稿子。现代印刷技术出现之前，所有可记录的文本知识都是以文字手稿形式存在。即使后来有了印刷技术，由于印刷成本昂贵，手稿在南亚地区仍然广受欢迎，直到19世纪晚期打字机进入公众视野之时为止。手稿写作费时费力，一些手稿因为添加了需要大量技巧来创作的插图和装饰大大增加了价值。手稿可以是捆在一起、装订在一起的散页，也可以是抄本格式。研究手稿写作的学科被称为古文字学（palaeography），研究手稿本身的学科被称为手稿学（manuscriptology）。梵蒂冈图书馆曾经计划将所有馆藏中共计约82000份手稿进行数字化。这些手稿资源不仅数量庞大，而且不乏很多历史悠久又具有重要价值的物品。其中一些手稿在人类历史发展中起到过很重要的作用，可以称得上是世界上最有影响力的手稿收藏资源之一。而且大多数都装订成古书手抄本形式。因此，将这些馆藏手稿数字化是一个大规模的项目，也是一项艰巨的任务。

手稿是当时历史文化的映照，让我们得以一窥其刻印时代，包括当时的文化、历史、艺术、文字、书法、语言、社会、政治和经济状况。它们间接地记录了当时的技术状况、纸张质量、墨水、装饰、装帧材料、流行和可用的技术等，并使我们能够深入了解当时思想和文学的发展和进步阶段。如此丰富的历史宝库绝对应该有明确的处理和保存政策、做法，以便尽可能延长它们的生存能力。和任何材料一样，手稿也容易老化和变质。大多数手稿都是纸质的，尽管有保存措施，但它们的寿命自然有限。手稿会受到时间、天气、温度、湿度、火、水、昆虫和人为疏忽或破坏等因素的影响。虽然原作的精神和技术无法以实物形式真正复制，但以文字和图形形式包含的信息可以以数字形式保存下来。数字化的实践将物理模拟数据转换为虚拟的数字等价物，可以在计算机屏幕上显示或通过打印在任何其他物理材料上再现。这使得手稿中包含的信息在原件消失后仍能保存很长时间，同时也增加了任何人访问和利用这些信息的方式。这就是数字化发挥出来的最重要的作用。

梵蒂冈图书馆将馆藏文献数字化确立为核心使命，促进了学者们对馆藏资源的充分利用和深入研究。其目标不是仅仅创建一个数字资源集合，而是一种长期的数字保存策略。因此，基于馆藏手稿资源的物理特性和内容特性，梵蒂冈图书馆积极遵循和参与 IIF（International Image Interoperability Framework，国际图像互操作框架，是由一个研究型数字图书馆组织共同创造，为研究人员提供查看、比较、操作、引用和注释图像等功能的一种互操作性技术框架）技术框架协议。还率先使用了 FITS（flexible image transport system，灵活图像传输系统）文件格式，这种格式由美国宇航局在 20 世纪 70 年代创建，用于保存在太空任务中获得的图像和天文数据，最大优点在于它是非专有的、免费的、没有容量限制的，并且科研用来记录三维和四维数据。

由于梵蒂冈图书馆保存手稿的数量和种类都很庞大，进行这一大规模文献数字化项目之初需要注重对数字化技术的选择，包括选择能保证最高图像质量和效率的扫描仪，可以长期有效进行图像保存、查找和利用的软件等。其中扫描仪不仅能够提供倾斜支撑，并且能够随着书本的打开进行移动。为了减小扫描过程对书本的损害，摄影专业人员和文献保管员分别对所有扫描仪操作人员进行图像捕捉技术质量标准培训和安全处理书籍操作培训。

数字化项目不仅仅是制造数字化图像复制品的过程，因为图像永远无法替代原始物品，由书籍的物质存在状态所传达的历史和文化信息不能通过二维图像传达出来。手稿文献自身传递的历史和文化信息，以及与它们所处的历史和文化背景之间的紧密联系，这些都是不能忽视的重要内容。面向信息整合和重建历史的研究和分析，必须在对知识和文化产生的过程具有实质性补充的基础上进行。例如，从书写支架的厚度，到更精致但同样重要的书页气味。尤其是一些珍本书籍、手稿，都是书籍考古学研究的对象。数字化工作需要文物工作人员、数字化人员和IT专家之间密切合作，并进行建设性对话和沟通。为此，梵蒂冈图书馆建立了文化遗产数字化保护实验室。每一本书都要首先经过实验室的研究检查，然后采取最安全的处理措施进行数字化保存，扫描完成后再返回实验室进行检查，以确认和记录在扫描过程中是否发生对手稿的损害以及损害的程度。为了方便和统一文物保管员和数字化人员之间对手稿资料的描述和交流，图书馆开发了一套技术用语手册，以促进手稿数字化过程的精确度和准确性。另外，图书馆IT部门开发了基于网络的管理软件，以系统管理整个数字化项目的工作流程。

梵蒂冈图书馆数字化项目不是阻止对原始手稿的使用，而是减少对原始手稿的直接使用，使它们的物理状态得到更好的保护。梵蒂冈图书馆通过数字化保护项目不仅保存和传播了馆藏手稿文献资源的图像和文本的原始功能，研究学者还可以通过数字图像看到肉眼无法感知的东西，这种数字化的保存和传播吸引了更多的研究学者对梵蒂冈图书馆馆藏手稿文献资源进行更加深入的研究。

五、旁遮普数字图书馆建设

人类历史充满了辉煌的奇迹。后人能够通过前人流传下来的典籍、档案等文献资料，以及纪念碑、建筑、艺术品和其他手工艺品等媒介传达的信息了解历史。因此所有珍贵的人类文化遗产都需要“保存和保护”，这是世界各地的图书馆员、档案馆员、馆长、化学家和考古学家都在关注的问题。手稿、书籍、录音、档案、胶片、光盘等形式的文献资料是脆弱的，它们因天气、火灾、昆虫、啮齿动物、洪水、病毒和许多其他因素而容易损坏，或者由于战争、大屠杀、灾难、宗教仇恨等原因遭到破坏。

文化遗产的“保存”（preservation）和“保护”（conservation）是两个不同的概念。保存是保护的一部分，涉及诸如修复、除尘、熏蒸、去酸、控温、控湿、覆膜、装订，以及对手稿、书籍、胶片、光盘和光学材料的储存等问题。美国历史与艺术作品保护协会（the American Institute for Conservation of Historic and Artistic Works，AIC）对“保存”和“保护”“修复”作出的定义和解释如下：保存是通过尽量减少化学和物理方面的变化和损害并防止信息内容丢失的活动来保护文化遗产，首要目标是延长文化遗产的存在时间；保护是在研究和教育的支持下，通过调查、记录、修复和预防性护理等保护活动，致力于面向未来的文化遗产保护行业；修复通常是指通过添加非原始材料，旨在将文化遗产恢复到已知或预期的状态的处理程序，首要目标是延长文化遗产的存在时间。根据上述定义，保存是与维护图书馆和档案资料有关的活动，使其能够以原始的物理形式或其他可用的方式使用，涉及收藏层级活动（如环境控制）和文物层级活动（如保存处理）之间保持平衡。前者管理起来可能比较困难、成本较高，但大多能最大程度地带来长期利益；后者往往更容易理解和管理，但效果有限，特别是如果文物回归具有破坏性的环境中去之后。基于现代信息和通信技术的快速发展，文化遗产保存借助数字保存（digital preservation）技术的出现走出了以上困境。文化遗产文献数字化之后具有以下四个优势：一是实现了远程访问，通过提供持续的免费在线访问将世界各地的人们连接起来；二是实现了多点访问，多个用户可以同时访问；三是实现了数字化保存与保护，避免遭受环境、人类造成的破坏和损失；四是实现了传播与推广，通过互联网传播知识和文化，丰富现在，启迪未来。

旁遮普是印度西北部的一个邦，属于旁遮普地区的一部分。旁遮普邦的首府是昌迪加尔，也是哈里亚纳邦的首府，作为联邦属地单独管理。旁遮普的主要城市包括莫哈里、卢迪亚纳、阿姆利则、巴蒂达、帕蒂拉和贾朗达尔。1947 年印巴分治后，英属印度的旁遮普省被印度和巴基斯坦瓜分。由于时间老化、环境灾害、人类入侵等破坏性因素影响，旁遮普许多珍贵资料、稀有文献、建筑和承载着历史记忆的著名标志物完全被破坏了，原本丰富的文化遗产正在迅速减少和消失。旁遮普数字图书馆（Punjab Digital Library，PDL）是一个致力于采用新技术和新方法，对旁遮普文化遗产数字化进行保存和保护的非政府组织。该项目开始由一个共同关注正在迅速消失或已经消失的锡克教徒和旁遮普邦文化遗产的群体提出，出于保护和捍卫旁遮普邦的遗产、文化和语言，经过深思熟虑和集思广益之后确定项目的重点是保存和保护濒临灭绝的珍贵手稿和其他档案文献。PDL 得到了来自纳纳克沙希信托基金会（The Nanakshahi Trust）、锡克教咨询研究所（Sikh Reference Institute）以及一些个人捐赠者的经费资助。项目于 2003 年启动之时，只是位于昌迪加尔的一个小型但却肩负着巨大使命的组织。目前其从一个只有三名员工的组织发展成为印度数字保存领域的主要非政府组织之一。

PDL 从建立之初就一直为维护锡克教徒和旁遮普人的文化身份和地位而努力，数字化文献收藏范围包括锡克教和旁遮普文化手稿、书籍、杂志和照片等。其中收藏的手稿始于 15 世纪早期，涉及神学、历史、哲学、医学和工具书等不同学科主题，类型包括古鲁穆奇语、夏尔达语、德温那格利语、旁遮普语、乌尔都语、梵语、阿拉伯语和波斯语的文本和语言。馆藏来源包括旁遮普语言管理部门、昌迪加尔政府博物馆、昌迪加尔美术馆、卡尔萨•迪万酋长、SGPC 和 DSGMC（Shiromani Gurdwara Parbandhak Committee，Delhi Sikh Gurdwara Management Committee，两个锡克教团体）、库鲁克谢特拉大学贾瓦哈拉尔•尼赫鲁图书馆手稿、数百件个人藏品。PDL 项目于2009年8月上线。在过去的6年时间里建设开发了国家数字档案数据库，拥有超过500万页的数字化页面，是旁遮普最大的数字存储库。文献类型包括手稿、书籍、杂志、官方记录、报纸、绘画、图片、微缩图、壁画等。共以数字形式存储了3400份手稿、2200册书籍、1990期杂志、5578期报纸、3152张照片、24.8万份法律文件和约168小时的视频影像，总数据量约为15000GB，存储了许多历史上重要的文献档案并提供在线获取。PDL成为为研究人员提供具有强大的搜索和浏览功能的电子资源数据集合。

不同类型文档的数字化需要不同的技术标准，尤其要遵循相关的国际技术标准。PDL重视技术进步对文化遗产保护带来的积极变化。自2003年以来，它为个人和机构提供数字化服务，在数字存档数千份手稿、珍本书籍和其他文献的原件方面发挥了重要作用。根据限制条件在现场和场外提供数字化服务。PDL经过前期研究和基础工作阶段之后，仔细研究了全球各地成功的数字化项目，参考并遵守本领域国际公认的相关标准，在资源保存、数字化、数据管理和存档的软硬件设施方面都获得了长足发展。还基于南亚的现实状况组织制定了符合国际标准的标准性文件。另外，PDL还通过扩展提供PDL论坛、数据挖掘、馆际互借、展览、图书馆商店、文物保护、数字化培训等活动服务内容，努力唤醒全新的大众文化意识，为保护文化遗产作出贡献。

2008年PDL发展到15个工作小组，具体包括内容选择工作组、版权和知识产权问题工作组、数字数据管理工作组、财务管理工作组、营销工作组、数据库规划工作组、数字化标准（审查）工作组、元数据工作组、技术标准与架构工作组、数字图书馆计量工作组、展品工作组、产品工作组、设计工作组、数据迁移工作组和备份工作组等。其中有8个是常设工作组，由各自领域的专家组成。小组成员由程序员、专业人员和研究人员组成。他们在跨学科的基础上协作完成项目任务。工作组的作用还包括对现有应用程序进行审查，包括对目标完成度、有效性、可用性和设计情况进行评估，以便为进一步改进和完善其表现和功能提供反馈。PDL正是依靠这些工作小组成员的专业知识取得了成功。依据项目的具体规模大小，每个工作组的活动时间长度一般在几个月到几年之间。与其他任何组织机构一样，拥有训练有素的、能够在不同情况下做出正确决策并完成各种任务的人力资源对PDL是至关重要的。PDL的工作人员组成结构包括：（1）专门的程序员，开发并维护在线数字图书馆；（2）计算机专业人员，具有高度熟练的处理数字化和后期数字化的技能，每天能批量处理多达10000页的数字化文档；（3）教授、语言学专家和图书馆专家，兼职或全职地从事创建元数据和研究工作；（4）聘请的短期本地员工，在数字化项目过程中协助工作。

PDL 在项目进行过程中使用了大量数字化基础设施和设备。为了满足不同的、特定的数字化需求还独立自行开发了许多内部所需的数字化设备。其中，发明创造了一种专门定制的数字化工作台，这是一套集成了照明系统和计算机系统，能够宽屏实时观看并与安装的设备实时同步传输数据的完整的数字化设备。这一设备极大地提高了 PDL 数字化工作的成果质量。PDL 因这项服务成果得到表彰，被授予 2010 年度南亚曼森奖（The Manthan Award South Asia）数字包容发展类别奖。

PDL 致力于旁遮普邦丰富的文化遗产的数字化保存和展示，避免珍贵的历史文献遭受巨大的损失。PDL 不仅将这些文本以原始形式、颜色、图形和纹理进行数字化存档，而且还将改变公众访问和利用这些文本的方式。PDL 设定了文献资料数字化建设未来发展目标，包括促进手稿的长期管理和保存；促进新的数字资源访问和使用形式；加强、改善和不断扩大对用户群体的服务访问等。PDL 重新定义了图书馆的角色和范围。学者和公众可以通过强大的搜索和浏览功能轻松访问这个在线数字图书馆。从宏观意义上讲，PDL 所做的是打破大型图书馆、大学或学术机构与普通公民之间的传统障碍，为学术研究、教育和意识，以及节约时间和财政资源带来了巨大的希望。

第五章　清东陵古建的数字化监测保护

第一节　我国文化遗产监测的实践

世界文化遗产具有突出的价值，是人类的共同财富。文化遗产具有不可再生性、不可替代性和稀缺性，是全人类具有艺术、历史、教育和科学等价值的珍贵资源。

《保护世界文化和自然遗产公约》（以下简称《保护公约》）所规定的一项核心内容就是遗产监测。根据《保护公约》的要求，遗产监测工作应当从两个方面入手：其一，缔约国的遗产保护者应当定期对遗产的保存现状进行检查（实验室检测、人工检测、人工巡视以及监测工作），并且将检查和监测的数据与结果整理成监测报告提交世界遗产委员会；其二，世界遗产委员会根据缔约国所提交的遗产监测报告对遗产的保护状况以及所存在问题进行评估，从而更好地保护遗产、维护价值，根据评估结果对相应的遗产地给予肯定鼓励或者是通报批评等不同的评价。对于情况十分严重而缔约国又不能采取相应保护措施的遗产地，则可能会将其列入《濒危世界遗产目录》。

我国自 1985 年 12 月正式加入《保护公约》，并于 1999 年 10 月成为世界遗产委员会正式成员。遗产监测工作也是我国需要履行的国际义务，更是应当承担的一项重要国际责任。随着我国社会经济的迅速发展，我国对各级各类文化遗产的保护给予了高度重视。并根据《保护公约》对缔约国的要求，并提升我国对于世界文化遗产的保护管理能力。国家文物局于 2006 年制定了《中国世界文化遗产监测巡视管理办法》，并于 2014 年起开始编制并发布中国世界文化遗产年度总报告。

通过对遗产的监测工作能够积累大量的基础数据，及时了解遗产的保存状态和风险影响因素，了解遗产地在保护工作方面的各种需求，为行政管理、项目审批、保护研究以及经费投入等方面提供科学的决策依据。

一、文化遗产监测的分类和意义

（一）文化遗产监测的分类

文化遗产监测工作包括系统性监测和反应性监测两大类。

1. 系统性监测

《保护公约》要求缔约国每年对本国的世界遗产地保护情况进行检查和评估，遗产地应当每 6 年就本遗产地的保护状况向世界遗产委员会提交报告，并且报告应当指出本遗产地的主要影响因素以及对此所开展的监测工作情况，并根据监测结果提出相应对策。

2. 反应性监测

当某世界遗产受到威胁或者出现问题时，世界遗产中心及联合国教科文组织的其他机构等会派出专家进行实地考察并形成报告，报告中会提出整改意见反馈给缔约国并要求据此整改。这属于一种被动监测。

（二）文化遗产监测的意义

文化遗产监测是世界遗产保护管理的最重要方法手段之一，也是维护世界遗产安全最有效最基本的保障手段。文化遗产监测工作能够为预防性保护提供数据准备，有利于更加高效地开展预防性保护工作，有利于更加科学、规范地开展预防性保护工作。

文化遗产监测也是我们履行国际责任、维护国际形象、促进国际交流，并向世界宣传我国文化遗产的重要手段。

二、我国世界文化遗产监测的现状

（一）文化遗产监测的制度、组织、经费和交流情况

我国开始世界文化遗产监测工作后，政府重视程度日益加强，管理体系不断完善，逐步建立了国家、省和遗产地的三级监测体系，以及国家、省的两级巡视制度。

国家层面主要负责制定监测方针、政策和相应的技术规范，并根据需要文化遗产监测进行反应性监测；省部级层面主要针对本辖区范围内的遗产进行定期或者反应性监测；遗产地则负责本遗产地的日常监测。

我国政府在世界文化遗产监测方面已经采取了制定法律法规、组建监测机构（部门）、加大经费投入和开展监测工作交流等一系列的工作，并取得了成效。

在法律法规的准备方面，我国先后制定并颁布了《中国世界文化遗产保护管理办法》《中国世界文化遗产监测巡视管理办法》《中国世界文化遗产专家咨询管理办法》

等一系列规章制度。同时，各个地方也分别制定了地方性规范文件，对境内各个世界文化遗产地建立健全监测机制，完善监测技术和方法提出要求。统计数据表明，我国在世界文化遗产地保护管理法规和制度覆盖率已经接近八成。

在组织机构建设方面，截至 2018 年，我国共有 98 处遗产地分别设置了 111 个管理机构，这些机构都设置了监测机构（部门）或者通过指定具有相应能力的特定机构承担文化遗产监测工作。

在监测保护经费投入方面，我国世界文化遗产的保护管理经费以中央和地方财政拨款为主，各级政府对于遗产的保护和管理非常重视，积极开展财政投入，统计表明，2018 年我国 98 处遗产地的保护管理经费达到 93.84 亿元。这些投入为我国世界文化遗产开展监测工作提供了可靠的财政保证。

在监测工作交流方面，各级管理部门也有组织或者自发的开展不同层级的世界文化遗产监测会议、座谈会、研讨会等，加强我国在文化遗产监测方面的沟通和交流，分享在世界文化遗产监测的领域的经验。

三、文化遗产监测的具体实践

我国绝大部分世界遗产地都已经开展了监测工作，但是监测工作开展的情况不完全相同，其中开展较好的有敦煌、颐和园和苏州园林等。

（一）敦煌莫高窟的遗产监测实践

敦煌莫高窟建于 4 至 14 世纪间，整体由洞窟、壁画、彩塑、木构窟檐、窟前寺塔、藏经洞以及其中的经卷文献等构成，是我国绵延悠久、内涵丰富、保存良好的石窟群，体现了中国佛教艺术和绘画艺术的杰出成就与独特创造，具有丰富的文化内涵和博大精深的学术内涵。

作为敦煌遗产的保管机构，敦煌研究院通过管理和技术手段两方面入手，开展了卓有成效的监测保护工作。

在管理方面，管理者能够做到深谙敦煌遗产的文化价值，深知敦煌遗产的文化意义，直面敦煌遗产所面临的问题，并能够根据问题所在科学决策、充分落实；在技术方面，能够充分利用调查、监测、分析、保养、修复、修缮、加固等一系列保护措施，将日常保养与定期监测有机结合起来，做好日常保养和定期监测，及时排除有害因素，从而能够对遗产提供最根本和最基础的保护手段。

敦煌莫高窟的监测体系的构建起步较早，莫高窟的遗产监测主要经历从无到有、从简单到复杂、从直觉判断到利用仪器的过程。早在 20 世纪 60 年代初，莫高窟崖顶首次建立了气象观测站对其进行环境监测。20 世纪 80 年代中期开展文化遗产监测至今，在与外方的国际合作项目中，莫高窟区域大环境及洞窟小环境长期被监测。先后开展了莫高窟区域环境监测及评价、莫高窟周边风沙运动规律监测及流沙治理研究、洞窟环境监测及其评价、岩体裂隙位移监测、洞窟岩体内水汽运移监测、莫高窟文化遗产区域地质监测调查等。目前已经形成了一个从文物本体到区域环境，再到洞窟微环境监测的较为完备“四位一体”的监测系统。对莫高窟的遗产监测主要包括环境监测、文物本体监测、安全防范监测、游客监测等方面。科学有效的监测工作为保护敦煌莫高窟起到了积极的推进作用，在做到有效监测的同时，科技工作者们还在持续探索将监测数据与管理决策有机结合起来，协助管理者进行管理和决策。

环境监测主要包括莫高窟窟区以及周边的气温、相对湿度、降雨量、日照、风速、风向和积沙等，其目的是为治沙、崖体加固和壁画保护等提供依据。近年来，敦煌研究院还开展了洞窟小环境的监测，主要采集洞窟内温度、湿度、二氧化碳浓度等信息，并通过对这些数据信息的汇总与分析，为洞窟开放管理部门及时了解洞窟内部的环境现状，为开放展示提供充分的决策依据。文物本体监测主要是对洞窟内部的壁画病害、盐分等进行监测分析。通过长期的壁画病害监测与分析，及时发现壁画病害的发生、发展情况，为采取相应的保护维修措施和判断开放强度提供依据。安防监测主要通过人机结合的安防系统，为保护遗产、防止文物盗窃等违法案件提供充分保障。游客监测主要是通过对游客承载量数据的监测分析，及时、准确地掌握游客数量的动态信息，为平衡遗产保护和利用的矛盾提供可靠的依据。

敦煌莫高窟监测体系针对其遗产特点，紧紧抓住对其影响较大的少数影响因素，开展充分的分析和研究，在此基础上构建了具有完整逻辑链的遗产监测管理体系。文化遗产监测做到为了保护而监测，可按监测结果实时调整管理措施。得益于敦煌研究院长时间监测经验的积累，以及一批高学历、高素质的技术人才长期的奉献精神，敦煌研究院对莫高窟的监测成为我国文化遗产监测工作中做得最好的单位之一。

（二）故宫的遗产监测实践

故宫于 1987 年 12 月在巴黎教科文组织总部举行的第十一届世界遗产大会上，被列入《世界遗产名录》。故宫监测体系是建立在内部管理信息系统基础上的文化遗产保护监测系统。故宫监测体系的主要特点是框架完整、内容庞杂。

故宫是中国最重要的世界文化遗产地之一，拥有规模巨大的古建筑群、数量巨大的可移动文物，以及大量的园林建构筑物、植被、水体等，具有极为复杂的文化遗产构成要素。针对这一特点，故宫监测体系建立了多层框架模式，纳入各类遗产要素信息，确保所有遗产文化遗产监测要素得到良好的管理监测。

故宫的主要监测目标包括：建立完善信息档案、监测价值本体与环境因素变化全过程、文化遗产监测、将监测纳入日常管理工作、实现风险预警文化遗产监测功能、支持保护决策等。故宫的遗产监测范围包含其保护范围内可移动文物和不可移动文物（包括端门、大高玄殿、御史衙门等）。文化遗产监测保护范围占地 106 公顷，建筑面积 16 万平方米，馆藏文物 180 余万件。

故宫的遗产监测内容包括文物建筑、室外陈设、植物动物、环境质量、游客动态、安全防范、基础设施、馆藏文物、非古建筑、监测保障十个方面内容。

文物建筑包括各类古建筑及附属的台基、石质构件、地面、梁架、椽望、屋顶、内外檐装修、彩画、壁画、裱糊，以及城墙、墩台、桥梁、河墙驳岸、雨水沟、水井等。

室外陈设包括龙、麒麟、狮、象、龟、鹤、鹿、香炉、江山社稷亭、日晷、嘉量、灯座、下马石、石屏、旗幡杆座、各类铜铁缸、各类盆景陈设、花坛鱼池、假山等。植物动物文化遗产监测包括古树名木、乔灌木花卉、绿地植被、动物类（鸟类、哺乳类动物）等。

环境质量保护范围为总体气象环境（风速、风向、温度、湿度、气压、降雨量、总辐射）、环境量质（二氧化碳、二氧化硫、氮氧化物、臭氧、悬浮颗粒物）、区域小环境、本体微环境、土壤、水质、遗产地周边环境。

游客动态包括游客总承载量、区域游客量、展室游客量、购物餐饮游客量、服务设施使用、残疾游客、文化遗产监测游客调查等。

安全防范包括古建筑防雷装置系统、电气设备系统、防火设施系统、防盗设施系统、售检票门禁系统、文化遗产监测小件寄存验包系统、车辆出入及停车场管理系统、信息播报系统。

基础设施包括保护范围内的高、低压电力电缆，电话线，广播线，网络线，监控线（防火、防盗、视文化遗产监测频），给水管道，消防管道，污水管道，热力管道，空调（集中空调、单体空调）系统，用电文化遗产监测照明系统（展室、办公、库房、值班室）。

馆藏文物包括文物的保存状况、文物动态信息、文物修复记录等。

非文物建筑包括保护范围内的地下文物库房、监控室、配电站、热力机房、高压水泵房、车库、库房、食堂、报告厅、水闸、临时建筑等。

执行保障包括遗产监测和管理的规章、制度、标准、机构设置、人员配置、经费使用等。

故宫成立了世界文化遗产监测中心专职负责文化遗产监测工作组，其主要职责是负责制定故宫世界文化遗产监测管理工作制度、监测技术规范及预警标准，统筹安排、协调和指导故宫世界文化遗产监测管理各项工作。建立了故宫监测预警平台作为故宫文化遗产监测、保护、管理各项开发的辅助工具。该辅助工具配合规范严格的行政管理流程，使监测内容的数据能够实时、准确地被采集；引导各项监测工作流程及其数据信息规范化管理；保障数据信息的完整性、有效利用性；提供预警信息分析参考，辅助达到预警效果；最终保障保护和监测工作的高效实现。

（三）颐和园的监测实践

颐和园是清代皇家园林“三山五园”之一，是中国古典园林的旷世之作，集中国传统文化与园林艺术之大成者，彰显了中国人民的卓越创造力。

颐和园会同中国文化遗产研究院于2013年编制完成《颐和园世界文化遗产监测预警体系建设规划（2013—2020年）》，并于第二年开始建立了颐和园世界文化遗产监测预警平台，通过利用信息化手段对颐和园世界文化遗产进行监测预警，并结合对监测结果数据的分析，及时发现遗产所存在的问题以及导致问题的因素，为提出切实可行的解决方案提供依据。其监测内容主要包括山体监测、古建筑监测、彩画监测和古树监测等。

文化遗产监测中的山体监测主要是通过对万寿山水土流失情况的监测，定期采集与汇总数据，并根据监测结果提出初步的水土流失预警值，对降雨时及之后一定时间内某一地段水土流失情况进行预判，从而进行有针对性的防护与治理以消除隐患。古建筑监测以德和园大戏楼作为试点，开展了建筑变形、振动加速度、风环境、温湿度、光照等环境因素的自动监测，为结构防范安全问题提供基础性数据。古建筑彩画监测主要是选取典型室外长廊，周期性地对彩画本体的色度、明度、彩度等量化指标以及彩画周边的微环境进行了人工与实时相结合的监测，目的是期待能够找出彩画褪色剥落的主要影响因素。古树监测主要是通过对300多株重点养护的古树安装能够与古树监测模块进行连接的电子标签，实现对这批活文物的一站式管理。

颐和园世界文化遗产监测中心通过监测预警平台，能够在周期性的数据监测过程中，立刻知晓每一个受保护本体的变化，从而能够进行预防性保护干预。

（四）苏州园林的遗产监测实践

苏州园林的管理部门根据国家文物局《中国世界文化遗产——苏州古典园林管理动态信息和监测预警系统》的要求，于2004年开始了苏州园林监测系统的建设工作。

管理部门在调研了园林现状的基础上，初步确定监测指标并对狮子林、留园、拙政园和艺圃进行了试点监测。随着监测试点的深入，管理部门对监测指标体系进行不断完善，最终明确了11类监测对象，并于2006年制定了《苏州古典园林监测预警系统建设实施方案》和《世界文化遗产——苏州古典园林监测工作规范》，同时分别针对不同类别监测对象先后制定《苏州古典园林建筑、构筑物监测规程》《苏州古典园林陈设类监测规程》《苏州古典园林植物类监测规程》等一系列规范性文件。

苏州世界文化遗产古典园林保护监测体系，是由苏州市园林和绿化管理局、苏州市世界文化遗产古典园林保护监管中心以及苏州各遗产园林管理处监测小组组成的三级管理体系。苏州世界文化遗产古典园林保护监测体系是基于内部管理系统而建立的遗产管理、监测、预警系统，针对苏州古典园林的构成要素，具有以下特点。

1. 针对性

针对园林的构成特点，苏州世界文化遗产古典园林保护监测体系包括了11个类目的监测管理要素：建筑物、构筑物、陈设类、植物类、环境类、客流量、控制地带、安全管理、基础设施、文献资料、管理机构。主要监测范围包括园林景观环境、自然环境，以及园林周围200米外环境活动中的违章、违法开发行为等。

2. 实时性

针对苏州古典园林游客众多，影响复杂的现状，苏州世界文化遗产古典园林保护监测体系建立了高效的实时预警系统，规定了监测预警指标项，实时发布各类预警信息，实现了对苏州古典园林各类信息采集监测站点工作情况的实时监控，并将部分预警信息及时汇总呈送相关管理部门，促进对世界文化遗产保护管理工作的规律性研究，建立以预防性为主的保护模式。

作为国内较早建立的世界文化遗产监测体系，苏州世界文化遗产古典园林保护监测体系已建立了较为完善的监测体系，监管中心定期汇编发行《预警信息》简报，并编制年度监测报告。

四、我国世界文化遗产监测中存在的问题与发展方向

（一）存在问题

1. 对文化遗产监测的地位、目的和作用需要进一步明确

开展文化遗产监测是反映遗产保护状况最有力的技术手段，同时也应当是进行保护和管理决策最有力的依据。当前，我国能够充分利用这一手段进行保护决策的遗产

管理部门还未占有很大比例，大部分遗产地在管理上还处于管理者感性管理阶段，其管理水准主要取决于管理者的个人素养和认知水平。这些遗产地还未能充分发挥监测信息在遗产保护管理中的作用，形成了一种为了监测而监测的状态，国家花大力气建立和运行的监测平台，成为只是获取一大堆数据的面子工程，浪费了经费。要充分发挥文化遗产监测在遗产保护工作中的作用，就应当提高遗产管理者的认识水平，转变遗产管理者的思想观念，从而充分发挥文化遗产监测在决策过程中的基础性作用，减少人为判断。

2. 在文化遗产监测理论、监测方法方面需要进一步提高

我国遗产种类繁多，涉及的监测内容和技术手段多样，对不同的对象需要采用不同的监测方法和技术手段进行监测。当前，我们还未建立起针对世界文化遗产监测的风险管理理论，也未能充分认识到遗产本体与环境因素之间的内在联系，导致我们无法对文化遗产监测工作提出完善可靠的理论依据。而这也成为制约我国当前文化遗产监测工作顺利开展的一个重要影响因素。

这就需要我们在监测对象、监测方法以及监测技术的选择等方面建立起一套完善的监测理论，以加强对文化遗产监测工作的指导。同时我们也应当进一步提高文化遗产监测制度建设，改变一直以来缺乏有效指导和监督的现状。

3. 在文化遗产监测与保护管理方面需要进一步加强联系

在当前一个阶段，我国大部分文化遗产监测工作主要还是依托保护项目而开展，监测工作主要局限于对文物本体以及本体周围的环境等方面。

文化遗产监测的目标应当是通过文化遗产监测实现对遗产的预防性保护。但在我国这仍然是一个比较困难的任务。比如在遗产地环境监测方面，较多的是通过建立独立的气象站，或者是获取气象部门的气象数据，还未能实现根据环境的变化提供有效的预报预警信息。在遗产本体监测方面，仍然存在诸如目测、敲击、测量、拍照等简单的主观手段，影响了监测数据的准确性、完备性、连续性和全面性。对于安装了各种传感器的监测对象，也存在传感器及其安装位置选择方面的各种问题。另外，对于监测数据与遗产风险之间的内在联系也缺乏研究，不能及时准确监测遗产本体的病害发展趋势和程度，无法满足对病害进行预警的需要。

文化遗产监测不仅是利用仪器设备进行日常记录，还应当建立一套完备的管理体系，这包括建立监测制度、管理机制以及在操作层面的技术方法等。我国在此方面还缺乏相应的机制约束。

世界文化遗产监测一定要将遗产保存现状和保护指导结合起来，但目前我国文化遗产监测对象以遗产本体、自然因素和人为破坏为主，缺乏对遗产价值保护和人为影响因素等方面的监测和数据利用，监测与管理严重脱节。我们在这方面还有较长的路要走。

（二）发展方向

随着世界各国对本国的遗产保护重视程度越来越高，并将遗产作为延续本民族文化传统、保持本民族文化优势的重要手段，世界遗产的监测工作必将得到充分的发展和利用。世界文化遗产监测体系未来将重点沿着以下几个方向发展。

1. 加强预防性保护理念在监测工作中的效用

自从20世纪60年代意大利人切萨雷•布兰迪首次提出在文化遗产保护工作中引入预防性保护理念起，随着世界遗产保护工作中所面临的各种人为和自然风险的不断增多，这种理念越来越多地得到国际文物保护工作者的认可。

遗产的预防性保护工作在我国也越来越得到重视。随着我国遗产保护工作者对世界遗产保护工作逐步加深认识，越来越多的保护者明白通过及时发现威胁遗产安全的各种问题和隐患并有效地予以排除，是确保世界遗产长久安全的重要保障，而科学有效地开展文化遗产监测是其有效途径。

2. 加强现代化监测技术手段的应用

随着各国对世界遗产地监测和保护的重视以及风险防范意识的提高，世界遗产地的监测已成为重要的遗产保护手段和方法。信息技术的发展为开展有效的文化遗产监测工作提供了保障。世界文化遗产监测逐步走向科学化、标准化、模块化、系统化和信息化。近年来，各种可用于文化遗产监测的传感和分析技术得到了长足的发展，其准确率较以前有显著提高。我国具有世界遗产，其特征具有较大差别，遗产保护现状也有差异。但是根据国际上公认的监测要求以及我国自身的保护和管理需求出发，在充分利用信息和网络技术的前提下，通过风险理论的统一指导，使我国文化遗产监测朝着更加科学化、标准化、模块化、系统化和信息化的方向发展，将是一个必然趋势和基本要求。

3. 提高对监测积累数据的分析和利用效率

由于种种原因，我国对于世界遗产的监测还存在不同程度的重监测数据积累、轻监测数据利用问题，如果不能很好地对监测数据加以利用和分析，为决策提供依据，那也就失去了对遗产进行监测的意义。因此，应当针对不同类型的文化遗产监测内容进行充分研究，提出科学有效的监测预警方法，从而提高对监测数据的利用效率。

第二节 清东陵古建筑的结构特征及预防性保护建议

一、清东陵木结构古建筑的结构体系

清东陵建筑群以抬梁式木结构古建为主，从下到上可分为台基、构架、斗栱和屋盖梁架四个构造层次。

（一）台基层

台基层包括台基和柱础两部分。台基是建筑的基座，可以看作现代建筑的基础，作用是将上部建筑结构的荷载传递给下部地基。

台基上与柱子接触的突起部位是柱础，作用是对柱子起到支撑作用。年代比较久远的建筑柱础直接插入台基上预先做好的柱窝中。为了防止建筑物沉降，后来在柱窝之下放一块表面较为平整的石头。后来，古人又将其向上提升一定高度使之超出地面标高，以防止潮湿的环境导致柱根腐烂变质，这便是柱础的来源。因此柱础的作用一方面是将柱子传递下来的上部荷载传递给台基和基础；另一个方面是防止柱根受潮腐烂。

（二）构架层

柱础以上是以木柱作为主要承重构件的构架层。中国木结构古建筑在结构形式上存在差异，但共同特点是采用不同形式的榫卯连接，构木成架，抗震性能优于现代结构。构架层的主要构件柱、梁和枋等构件通过榫卯连接成为整体。类似于现代结构，柱和梁枋等分别为受压和受弯构件。不同的是，木结构古建筑的构件通过榫卯节点连接起来，节点构造的特殊性使古建筑整体具有良好的抗震性能。

（1）柱主要承受轴向压力，同时它也是将上部荷载传递给台基的传力构件。梁和枋主要承受上部荷载产生的竖向弯矩作用，并且将其通过节点传递给下方的柱子。柱和梁枋是柱架层的主要组成部分。

（2）梁和枋的断面形式一般为矩形，其尺寸随着古建筑的进深和面阔大小而定。在主梁上用两短柱或者墩来支起一根比之短的梁，一层层依次向上再支，形成梁架，这就形成了抬梁结构。

（三）斗栱层

斗栱层充分利用了木材的受力特性，并结合了古代劳动人民的审美，成为中国木结构古建筑的重要标志之一。斗栱的功能与作用主要有以下几方面。

1. 承檐出跳

承檐是斗栱的基本功能，也是斗栱产生和演化发展的根本因由。斗栱的出跳数、出跳距离、出檐尺寸等随着建筑等级而增多、增大。清东陵作为皇家陵寝建筑，其大多建筑都是采用了较高等级的出跳。

2. 改善受力

斗栱的出跳可以减小大梁的跨度，从而降低跨中弯矩，使得梁截面尺寸缩小很多，起到改善受力的效果。

3. 传递荷载

传递荷载也是斗栱最具有结构意义的功能之一。斗栱位于柱架层之上、梁架层之下，起到承上启下的作用。

4. 耗能减震

斗栱是由大小、功能不同的纵横构件组成的富有弹性的结构层。现代科学分析表明其能够吸收部分地震产生的能量，具有耗能减震的作用，对于提高古建筑抗震性能具有十分重要的意义。

5. 装饰效果

从建筑美学的角度看，经过营造加工和色彩美化后的斗栱是构成中国木结构古建筑艺术价值的重要因素。斗栱的构造以及其疏密排列、大小参差、错落有致，使得建筑造型更加特点突出、美观大方，达到明显的装饰效果。特别是明清以后，斗栱逐渐由结构受力构件向装饰构件演变，甚至有些斗栱已演变为纯粹的装饰构件，在斗栱上直接体现了封建制度下等级的高低。

（四）屋盖梁架

中国木结构古建筑的另一个重要特征是大屋顶建筑结构。由于木结构古建筑的结构特点，建筑的大部分重量都集中在了屋顶层。古建筑的木构件之间多采用榫卯进行连接，构件之间难以完全契合，会产生一定的间隙，这种间隙会造成建筑的稳定性降低。但是由于整个大重量的屋顶作用，这些间隙会被上部荷载压实，结构稳定性增加，另外由此也会增加构件之间的摩擦力，从而提高建筑安全度。

屋架的横向承重体系由上下相叠的简支梁组合而成，是抬梁式木结构的主要承重体系。梁架的受力计算较简单，一般都可以简化为集中荷载作用下的简支梁进行计算。

除以上四个构造层次外，我国木结构古代建筑的另一个重要特征在于结构构架采用榫卯连接。榫是突出于木构件上的连接构造，卯是在与榫连接构件对应部分所做与榫相扣合的内凹构造。榫卯连接是将梁端做成榫头形式，将柱身做成卯口形式，将榫头插入卯口中，两种不同构造相互配合，从而形成的一种凹凸结合的特殊连接体系。榫卯构造是中国古代木结构建筑最重要、最特殊的构造之一，也是其与现代建筑最大的不同点。榫卯构造多种多样，根据功能不同可将其划分为管脚样榫、馒头榫、燕尾榫、直榫等。古建筑中所采用的榫卯有的用横向构件连接，有的用于竖向构件间连接，也有用于横向与竖向构件相连接，还有拼接板材间的连接。决定榫卯构造的因素主要有构件位置、安装施工等。一个木结构建筑是由成百上千的木构件通过榫卯连接而成，因此榫卯连接也就成为古建筑中最精髓的部分。

一般认为，这种构件的连接方式，使得中国传统的木结构建筑成为超越了当代建筑排架、框架或者刚架的特殊柔性结构体，不但可以承受较大的荷载，而且允许产生一定的变形，在地震荷载下通过变形吸收地震能量，减小结构的地震响应。

榫卯连接在木结构建筑中的使用历史最早可追溯到距今六七千年的河姆渡遗址。清代作为中国木结构古建筑技术集大成者，自然也采用了先进而成熟的榫卯连接。节点榫卯连接无论在结构传力、抗震防灾以及艺术美学等方面都有很高的价值，成就了中国古代建筑独特的文化魅力。

二、清式建筑和其他朝代建筑差异

唐代建筑如现存的山西佛光寺、南禅寺等，最显著的特点就是出檐深远、斗拱大且少。宋代建筑继承了唐代建筑的风貌，但在装饰细节方面更加丰富，曲线变多，相比于唐代建筑的简单大气。

中国自明代开始进入封建社会晚期。这一时期的建筑上承宋代营造法式的传统，下启清代官修的工程作法，官式建筑以规模宏大、气象雄伟为主要特点。在建筑风格上，明初与宋、元时代相近，古朴雄浑；中期趋于严谨；而晚期则趋向繁琐。随着技术进步，明代建筑也有一定变化：（1）建筑更多使用砖墙，一改以前以土墙为主的情况。还创造了“砖细”工艺，就是用刨子加工成各种线脚作为建筑装修。同时砖雕艺术也有很大的发展。（2）随着琉璃制作技术的提高，各种琉璃构件如琉璃瓦等在高等级建筑上的应用较为普遍。另外，琉璃塔、琉璃门、琉璃牌坊、琉璃照壁等也都有所发展。（3）建筑构架在简化施工、强化整体性能和斗拱装饰化三方面有所发展。柱与柱之间增加了联系构件的穿插枋、随梁枋，斗拱用料变小而排列越来越密等，都使明代建筑的面貌产生了明显变化。

清代建筑大多是沿袭明代建筑风格演变而来，但是作为中国古代建筑技术的集大成者，清代建筑又具有自身的显著特点，如出檐显著减小，这是因为由于防水手法和制作工艺的演变，不再需要那么远；另一方面清式建筑屋檐相对以前更加翘起，可以让雨水飞得更远，同时也能够取得更好的采光通风效果；清式建筑斗拱多且密集，作用从以前的支撑承托屋顶转化为更多的装饰性功能。

三、对清东陵预防性保护的建议

（一）保障措施

1. 机构设置

可以成立清东陵遗产监测中心，由清东陵管理委员会直接管理，并按照联合国教科文组织《保护世界文化和自然遗产公约》的要求，开展各项监测相关的规章制度和工作规则建设。

建立“清东陵建筑遗产监测预警系统”，实现提高遗产信息收集、传输、存储的准确性、高效性和及时性；建立数据库，搭建数据交换平台，进行数据评估，实现信息发布和资源共享；完成标准规范制定；从而对遗产实施全方位动态监测与预警管理，使遗产保护和监测达到科学化、规范化。

监测中心配备专业的技术人员，在测预警系统建设过程中参与技术交流、系统调试等工作，为建成后的系统维护管理奠定基础。能够对监测数据进行科学的分析评估，形成具有专业素质的技术团队。

监测中心主要承担以下职能：基本信息及动态信息的更新，人工监测数据采集、录入，在线监测数据的实时监控，各类预警机制的建立及贯彻实施，预警信息发布和处理，服务信息发布，系统平台及设备的日常维护管理，与监测体系中关联责任单位的日常交流和系统的培训，与上级及其他文物对口单位的交流。

2. 制度保障

制定清东陵遗产监测预警系统建设项目、财务等管理制度，严格执行项目建设的各项规章制度、管理办法，保障工作顺利开展。采取有效的激励机制，充分调动参与项目建设各方的积极性。

3. 人才保障

建立专家咨询机制，采取技术培训、社会招聘等多种方式，吸纳和培养具备一定专业技术水平、了解和掌握文化遗产保护知识的复合型人才加入监测预警系统项目中，以培养国家和遗产地复合型技术人才为基础，建立一支文化遗产信息化保护队伍。

4. 人员培训

培训是整个系统建设实施中重要的一环，其实施情况将直接影响系统的使用情况。

应根据实际需求，制订个性化、实用、完整的培训计划。

首先，对监测相关人员进行现场培训、实际操作培训，掌握相关系统的使用，对维护人员应使其能够独立进行系统的维护。

其次，认真组织编写有关培训教材，充分利用用户操作手册等文档资料，保证培训课程的实用性。所有的技术培训资料都提供文档资料和电子版本，配合多媒体的方式进行展示。

监测系统的培训内容具体包括：项目基本情况、技术方案介绍，采集系统基本原理，传输网络系统基本原理，前端监测设备日常维护，监测采集数据模块使用操作；软件系统及数据库基本结构介绍，软件各子系统数据录入、更新，软件系统各功能模块的操作使用，软件系统平台配置及日常维护管理，系统安装、运行管理；系统安全知识培训。

（二）运行管理

1. 监测设备的管理

应立足现有监测设备，对所有监测设备进行统一管理、运行和管理。在系统建设中，将以前监测所用的设备进行整合与优化或进行有限的维修，确保功能符合动态信息监测与预警系统建设的要求，满足监测系统的需要，使其在“清东陵建筑遗产监测预警系统”中继续发挥作用，确实不能恢复功能和满足新系统要求的应将其淘汰，避免重复建设和资源浪费。在监测设备管理中，按照监测系统设备管理的要求，将其纳入“清东陵建筑遗产监测预警系统”中，使其成为新监测系统的组成部分，在此基础上进行统一运行和管理。

2. 监测数据的管理

（1）数据采集频率的设置原则

应根据不同监测类型，按照科学、合理、符合实际的原则设置采集频率。数据分析子系统软件的管理软件应具有对监测数据进行整理、评估的功能。数据分析子系统软件要具有对历史数据和新录数据进行整理和评估的功能，该软件编制和运行要能满足管理的要求，为数据分析和形成科学、准确的监测报告提供真实、可靠的数据和结果，为预防性保护提供科学有价值的基础数据。

（2）监测报告

积累、整理、分析监测数据是文物保护工作的基础，分析监测数据与文物病害之间的内在联系是文物保护工作的实质，也是文物保护工作的难点和重点。科学、准确的监测报告，源于真实、可靠的监测数据和评估专家队伍的素质以及一线人员的认真工作与经验积累。组织全国有影响的专家学者参加分析、评估工作，在监测保护人员的参与下，形成既科学准确又符合清东陵保护实际工作的监测报告。

（3）数据管理

综合来看，“清东陵建筑遗产监测预警系统”的数据管理功能十分强大，可使用户在系统的日常运行与使用过程中保证数据的安全性、可靠性、准确性、完整性、可用性和易用性。具体表现为系统分为不同权限的使用者，进行严格的用户登录身份验证和详尽的权限控制，保证杜绝非法用户入侵及合法用户在自己的权限范围内工作。实时监测数据和历史数据通过高可靠性存储设备存储和管理，保证数据的可靠性。采用完善的备份和恢复计划以及网络异地备份和恢复功能，能提高系统的容灾能力，也从根本上保证了系统的安全和可靠。实时监测系统自动化记录监测数据，无人工干预和修改，能保证系统监测数据的原始、准确、客观和科学。系统数据库设计在逻辑上能保证所有监测数据的完整、一致和关联性。实时监测数据的图形化动态展示，能极大地提高数据的直观性和可用性。

总之，完善、科学的数据管理技术，会使“清东陵建筑遗产监测预警系统”建立的意义和作用随着数据的积累而越来越大，为清东陵预防性保护提供全方位的技术支撑。

第三节　清东陵建筑遗产的监测策略

清东陵位于河北省遵化市西北方向约 30 千米处的马兰峪镇，位于北京、天津、唐山和承德之间。西距北京约 150 千米，西南距天津约 170 千米，南距唐山约 70 千米，北距承德约 100 千米，东距秦皇岛约 150 千米。

清东陵共建有皇陵 5 座——顺治帝的孝陵、康熙帝的景陵、乾隆帝的裕陵、咸丰帝的定陵、同治帝的惠陵，以及包括东（慈安）、西（慈禧）太后陵等在内的皇后陵 4 座、妃园 5 座、公主陵 1 座，共计埋葬 14 个皇后和 136 个妃嫔，陵园内有大小建筑共计 580 座。

清东陵是一块难得的“风水”宝地，北有昌瑞山做后靠如锦屏翠帐，南有金星山做朝如持笏朝揖，中间有影壁山做书案可凭可依，东有鹰飞倒仰山如青龙盘卧，西有黄花山似白虎雄踞，东西两条大河环绕夹流似两条玉带。清东陵是中国最后一个王朝首要的帝王后妃陵墓群，也是中国现存规模最大、体系最完整的古帝陵建筑。清东陵以其无可辩驳的魅力，重要的历史、艺术和科学价值而于 2000 年 11 月 30 日被正式列入世界文化遗产名录。2001 年 1 月被国家旅游局评定为国级 4A 级旅游景区。联合国世界遗产专家说清东陵是“人类具有创造性的天才杰作”。

清东陵建筑恢宏、壮美。庞大古建筑群中，保存有中国面阔最宽的石牌坊，其五间六柱十一楼的仿木结构巧夺天工；还有中国保存最完整的孝陵主神路，长 6000 多米，随山势起伏蜿蜒，极富艺术感染力；更有令人叹为观止的裕陵地宫中精美的佛教石雕。清东陵的古建筑在木架构和石结构两方面都体现了清代劳动人民精湛的工艺技巧，是清代宫殿建筑之集大成者。

一、清东陵建筑遗产现状评估

1. 真实性

清东陵古建筑群现存建筑在建筑结构、形式、风格、材料、装饰、功能、方位与位置等方面均保持了较好的真实性，陵区总体格局、历史环境真实性较好。

外形与设计：古建筑群在总体平面格局、建筑形式、外观、装饰等方面充分体现其选址及建成时代的特征，各要素相互之间关联性基本未改变，构成了一个整体，完好地保存了原始形态。

材料和实体：古建筑群保持了原有木石结构，后期修复仍采用传统的施工艺术和建筑材料，充分保持了其材料和实体的真实性。

方位与位置：古建筑群历经清、民国和现代，原有的方位与位置未发生改变，传统道路系统、水系等空间格局与历史环境基本保持着真实的总体格局。

用途与功能：古建筑群的现存建筑虽不再作为原有祭祀场地，但基本反映出当年的场景，用途和功能均有较好保留。

2. 完整性

清东陵古建筑群整体格局、规模完整性较好，现存古建筑数量众多，基本保存完好。单体建筑绝大多数完整性较好，组成历史环境的各种要素完整性较好，传统文化内涵得到较为完整的保存。

格局的完整性：古建筑群至今基本保持着建成时期的风貌格局和氛围，较为完整地保存了原有外形及设计特色。但随着社会经济的发展，陵区内村落里与古建筑不协调的现代建筑逐渐增多，一定程度上影响了古建筑群的环境风貌。

建筑单体的完整性：清东陵现存古建筑单体大部分保存较好，能够反映建成时期的建筑形制、技术与特征。但由于自然和人为因素的破坏，部分建筑年久失修，出现不同程度的残损状况。随着保护力度的加大、各级投入的增多，一批古建筑得到了有效的维修，古建筑群的单体保持了完整性。

历史环境的完整性：组成古建筑群历史环境的要素主要有格局风貌、田园景观、石桥、水系等。这些要素大多数得以保存至今，从整体上看清东陵历史环境完整性较好。

3. 评估结论

清东陵古建筑群文物本体保持了初建时的特征，村落的整体布局、单体建筑和历史环境等等保存较为完好，整体真实性和完整性很好。但由于各种人为、自然等因素影响，部分建筑有一定的损伤，文物的延续性面临一些问题。

二、清东陵建筑遗产监测的必要性

（一）世界文化遗产监测工作的要求

世界文化遗产监测是对世界遗产地的保护状况定期进行专业检查、审议和评估。世界文化遗产的监测工作标准有以下三个：价值标准、真实性与完整性、保护与管理。

为了确保世界遗产突出普遍价值受到良好的保护，世界文化遗产监测通过对三大要素分析，评估和监测世界文化遗产区、缓冲区内可能对遗产要素和保护管理情况造成威胁的自然和人为因素的变化，并预先发出警示信息，以便保护管理机构及时采取相应的处置措施，有效防范风险。世界文化遗产监测的目标不仅是为了对遗产保护情况有清晰的了解，更是为了对下一步的规划、执行等保护管理行为提供必要的参考和有益的反馈。

（二）我国世界文化遗产地监测预警系统的总体情况

中国世界文化遗产监测中心是我国世界文化遗产监测、保护的国家研究中心和总平台，自 2013 年起正式启动。

1. 中国世界文化遗产监测预警总平台架构

中国世界文化遗产监测预警总平台通过与遗产地平台互联互通、信息共享，为遗产地保护管理机构、省级文物局、国家文物局提供数据服务与决策支持。

2. 总平台功能模块构成

总平台包括遗产信息、预警信息、遗产监测、定期评估、监测报告、遗产档案 6 个主要功能模块。

遗产信息模块通过图文结合的方式展示世界文化遗产的分布、构成。预警信息模块提供时空一体联动展示预警信息的功能。预警信息的来源由遗产地发布的预警信息和国家专项监测预警信息两部分组成。遗产监测模块包含采集和发布监测数据、自动生成并发布监测指标以及统计分析功能。定期评估模块面向国家、省、遗产地三级用户。遗产地每半年进行一次定期评估，登录总平台完成评估报告。省级用户和国家级用户可以了解遗产地的评估情况，并在线发表意见。监测报告模块由全国年度监测报告、遗产地年度监测报告和反应性监测报告组成，遗产地用户登录总平台后可下载年度监测报告模板，上传完成后的监测报告。总平台根据监测指标、监测数据、预警信息，自动生成全国世界文化遗产监测年度报告的汇总和统计内容。遗产档案模块集成了基础信息采集系统，收集遗产地的基础信息、保护管理和文献资料，并进行分类、空间统计展示，提供档案资料预览和更新功能。

除上述监测业务功能外，总平台还设有面向公众的模块，主要是提供遗产信息、留言板等功能，并有选择地发布监测指标。

3. 监测数据和指标体系

总平台建设初期，以反映各遗产地保护管理状况的关键性指标为导向采集监测数据，设定的监测数据共 17 大类、59 项，对应于文物保护管理工作中对遗产价值有直接影响的各方面，强调反映本体保存现状的遗产特征监测和病害监测、强化日常管理与建设控制监测、引导游客和现场工程的监测，并与世界遗产第二轮定期报告的内容相衔接。通过编制《中国世界文化遗产监测数据总表》，对各监测数据项及其含义、数据形式、填写规则和采集时间进行规定。总平台监测数据和指标体系具有下述特点和功能。

（1）基于数据的全面性、数据采集周期的科学性和可行性——支持保护管理机构主动全面开展工作

从大的类型来看，这些监测数据涉及遗产地监测指标体系的四大类：本体监测预警、影响因素、保护管理行为、安全保障。

由国家层面设置、推行监测数据，能够引导、支持保护管理机构主动全面开展工作。一方面，在获取和积累这些数据的过程中，保护管理机构能够及时发现问题，防范风险，包括本体保存的风险、环境因素负面影响的风险，还有当前往往被忽视的却至关重要的疏于管理、难于管理的风险；另一方面，对一部分监测数据（如日游客量、瞬时游客量、日常巡查异常记录）的获取，本身就是管理工作的组成部分。

（2）基于数据填写规则和元数据表的规范性——为衡量保护管理状况的监测指标提供可比对的数据支持

监测数据必须具备可比对性，才能反映监测对象的变化情况。这意味着对应于每一个监测项，都需按照一定的规则建立数据系列。为此，数据总表的相关附件按照不同的数据类型，定义了数值类数据的单位、图纸类数据的制图规则、影像类数据的采集规则和文档类数据的编写规则。还编写了不同类型监测数据的元数据表，要求每个

监测数据都必须与元数据表同步填写。元数据表为总平台和遗产地平台实现数据同步提供对接接口保障，设计和编码规则则按照满足在全国范围内文化遗产地信息化工程的需求，填写过程最大限度地实现智能化，尽可能减少人工输入项。

（3）基于数据的客观性和实时性——强化对国家和地方的资金投入、项目部署科学决策的支持

监测数据产生于自动监测前端设备的数据汇集平台、卫星拍摄、测绘成图、人工测量录入、人工拍摄、人工绘图、机关批复或行政许可引用、统计数据引用、实体资料数字化、人工编写、人工判断选择等，大部分是客观数据，即使是人工编写、人工判断的，也伴有对应的图文数据支持，这些数据一旦进入系统，就成为可追溯的档案，能够为决策提供可靠可信的数据支持。

实时是个相对的概念，是指与监测周期对应的当期数据。实时性体现在针对每个监测数据设定的采集时间要求上，立足于数据本身变化的特点设定周期，或要求有变化时及时录入。总之，既要具备可行和必要性，避免对无变化或变化量小的数据进行过度频繁采集；也要在反映当前状态方面，满足决策的需求。

因此，基于数据的客观性和实时性，使用户能够全面了解当前真实状况，强化对国家和地方的资金投入、项目部署科学决策的支持，逐步实现以科学的监测信息作为世界文化遗产重大保护工程立项、实施、验收和绩效评估的重要依据。

（4）基于数据的通用性——解决了针对不同遗产地统一监测数据和指标的问题

为解决各遗产地具有自身特定监测需求和总平台需要统一监测数据的矛盾，学者通过研究中国世界文化遗产地的遗产构成，把涉及本体的监测项对应到9类遗产要素（建/构筑物、遗址/墓葬、洞窟/龛、造像/雕塑/碑刻/题刻/壁画/彩画、山体、水体、植被、街区、其他），适应于大多数遗产地具备多类遗产要素的实际。在此基础上，把涉及不同要素类型的监测项，降低数据级别，作为总平台监测项的参数，使遗产地能够根据自身的监测需求和监测工作开展现状对其进行自定义，自定义的监测参数通过非结构化的文档类数据汇集至总平台，从而解决了针对不同遗产地统一监测数据和指标的问题。

4. 预警信息与处置

基于属地管理的原则，总平台的预警、处置功能以追踪遗产地平台预警、处置信息为主，以总平台发布预警信息和处置为辅。通过追踪遗产地平台预警处置信息、辅以总平台发布基于专项监测数据的预警信息，建立世界文化遗产地各类风险数据集和处置案例库，促进预防性保护机制的构建，以最小干预实现遗产的有效保护。

对于遗产地平台发布的各类预警信息和处置情况，总平台专设一类数据进行同步记录。通过预警等级管理模块，将各遗产地平台的不同预警等级对应到总平台的4级预警体系里（Ⅰ级，特别严重，红色表示；Ⅱ级，严重，橙色表示；Ⅲ级，较重，黄色表示；Ⅳ级，一般，蓝色表示），用于整合分析遗产地的预警信息。记录遗产地平台预警和处置信息的作用，除了可以反映各遗产地的风险和防范水平外，还能够积累案例库，通过遗产地之间共享示范性案例，为同类或相似警情提供处理经验。

总平台发布的预警信息基于中国世界遗产监测中心组织开展的三项专项监测，即监测数据总表中的第17类监测的3个数据项。第一，由当日舆情信息产生预警：舆情监测系统发现影响严重的负面新闻时或新闻报道与监测数据显著冲突时预警。第二，由年度遥感影像比对信息产生预警：遥感监测系统发现显著变化的图斑且与其他监测数据（如总体格局变化、新建项目、保护展示与环境整治工程、考古发掘）不符时预警。第三，由区域性灾害信息产生预警：依据引入的全国气象、地质、水文等灾害预报信息，对照遗产地区位和基础地理信息，当遗产所在地可能面临区域性灾害时预警。

上述三项监测的预警阈值将逐步建立并修正完善。对应的处置方式包括询问遗产地、启动反应性监测、咨询专家等。当针对异常情况收到合理答复、反应性监测完成后解除预警。

5. 定期评估机制

定期评估是针对当前大多数遗产地监测工作刚刚起步，甚至还未正式开展，实时监测数值采集困难的情况而策划的工作机制。通过遗产地自评估和省级审阅，建立与监测数据对应的定期评估机制，为遗产监测工作的开展和持续运作提供动力。

遗产地自评估指由各个遗产地对设定的监测指标进行逐项评估并定期（设想为半年）提交报告，由系统自动将评估报告中的定性数据转化为实时监测数值，并在网上发布。评估系统即使在遗产地基础信息不完整、数值监测设备不到位的情况下也能见到一定的成效。同时，这样做可进一步强化各地对自身承担的遗产保护责任的认识，也为各遗产地当前相对粗放的凭经验管理逐渐转变到依照数据比对实现精细化管理留下一个缓冲区间。

6. 监测业务流程与功能

遗产地评估完成后，省级文物部门相关负责人可以查阅本省所有的遗产地评估表，并发表相关意见。这一环节也对应了中国世界文化遗产监测预警体系两级平台、三级管理的规划。

建立与我国文物保护工作程序相应的监测业务流程，将监测流程与管理工作相结合、监测项目与保护工程相结合、监测预警与风险防范相结合，形成有中国特色的国家－遗产地联动监测机制，能强化总平台在国家层面对加强管理和支持决策的作用。

（1）总平台直接为具有管理权限的用户提供服务：提供可随时查阅的各遗产地完整的档案资料和实时信息；自动生成定期（不定期）监测报告的统计内容；自动统计报表；提高图纸等成本较高资料的利用效率。

（2）通过监测系统，对没有具体法规约束的遗产地保护管理行为予以引导和规范，遗产地要做、省级层面须了解、国家层面可知情。如设置监测数据和指标，具有明确的导向性：加强日常管理，完善相应的监测数据包括日常巡查异常记录、保养与维护工程记录等；重视保护工程前期工作，相应的监测数据包括遗产要素现状记录、病害监测数据、自然环境监测数据等；落实相应的监测数据，包括保护控制要求、现行规划执行情况记录等；启动瞬时游客量控制相应的监测数据，包括瞬时游客容量限制值、瞬时游客量、客流高峰时段现场照片等；重视能力建设相应的监测数据，包括保护管理相关培训记录等；申遗承诺事项相应的监测数据，包括申遗承诺事项进展等。

（3）确保监测数据的真实性，从而真实地反映遗产地保护管理水平。总平台通过以下方式保障监测数据的真实性：数据之间存在可校验的逻辑关系，避免必要时缺数据，临时搜数据，甚至造数据的问题，在数据入库前需经过逻辑校验；数据逻辑关系与科学的保护管理工作程序对应，真实地反映遗产地保护管理水平；此外，还可通过专项监测（舆情信息、年度遥感影像比对信息）和数据抽查验证、促进数据的真实性。

（4）通过信息系统的自动化功能，逐步消除世界文化遗产管理工作中的被动因素。由于世界文化遗产具有对外的特殊性，即时了解其现状的需求，比其他文保单位更突出。随着信息化的发展，遗产地的保护管理会受到越来越多的关注，通过监测系统和监测工作的开展，完善公共监督内容、国内反应性监测程序，可以为提前发现问题、处理问题提供条件。

（三）清东陵建筑遗产监测的必要性分析

根据《实施保护世界文化和自然遗产公约》，对世界遗产的监控是遗产管理的重要内容，也是遗产地实现可持续发展的重要保证。对遗产地进行监测，有助于管理者及时掌握情况，为制定、修改及执行保护规划提供重要的依据。1994 年，联合国教科文组织将监测预警工作明确列为世界遗产委员会的职责之一，要求世界遗产所在的国家和政府建立相应的监测系统，并定期提供监测报告。建立和运行完善的监测预警系统也是遗产管理的重要内容和遗产地可持续性发展的保证。根据《中华人民共和国文物保护法》的要求，需要尽快提高遗产地的监测预警水平，因此对清东陵进行保护监测有助于管理者及时掌握情况，是清东陵保护工作的重要组成部分。

清东陵作为国家重点文物保护单位，是不可再生的宝贵资源，在政治、经济、文化等各方面有重大的价值和作用，保护清东陵已成为我国文化遗产保护可持续发展战略的一项重要组成部分。为了最大限度地减少自然和人为因素对清东陵造成的损害，提高保护管理水平，应尽快建立清东陵动态信息系统和预警系统。这不仅是贯彻落实党中央、国务院关于加强我国文化遗产保护管理，实施可持续发展战略的必然要求，也是弘扬中华民族优秀文化，积极推进我国文化遗产保护事业科学化、信息化的根本要求，其必要性和紧迫性显而易见。

目前清东陵的主要建筑群及环境保存较为完整，没有经历过破坏性较大的变动，具有比较好的真实性和完整性，但因受自然侵蚀和各种人为破坏两方面的影响，现在仍存在着各种各样的问题。因此，清东陵动态信息及监测预警站的建立也是我国文化遗产科技保护水平提升的必然要求。清东陵监测重点应是建筑本体的沉降、开裂，本体含水率、可溶盐、生物因素（动物、植物及微生物），以及保存环境空气中的温度、湿度、污染气体等其他因素。

另外随着生活水平的提高，人们精神层面上的需求也在不断提高，随着遗产保护事业的蓬勃发展，越来越多观众来到遗产园区进行精神、知识、信息的获取，但是大量的游客聚集会对文物的保护和安全、游客的安全有影响，我们需要及时获知某个区域的游客信息，采取预防性的举措来保证游客和文物的安全。

因此针对清东陵保护工作的严峻形势和迫切需求，建立动态信息及监测预警系统，更加积极、科学、有效地管理好文化遗产，提高保护管理水平，不仅对全国大遗址保护工作具有示范和指导作用，也对我们文化遗产事业的发展具有积极的促进作用。

（四）建立清东陵建筑遗产监测系统的可行性分析

改革开放以来，我国经济社会快速发展，科学技术水平显著提高，特别是进入21世纪以后，信息化建设步伐明显加快，气象、地质、土地、森林、旅游、社会安全、城市规划与建设等许多部门，都具有了运用高新科学技术监测和预报地质灾害、自然灾害、人类活动的能力，建立了专门的信息数据交换发布中心。另外，文博行业信息技术的应用有了长足的发展，计算机技术、通信技术、网络技术、GIS技术、虚拟现实、多媒体技术、知识管理技术、传感技术以及以藏品管理系统为代表的MIS技术已逐步在文博事业各领域内得到应用。

近年国家文物局颁布了《中国世界文化遗产监测巡视管理办法》，逐步建立起国家、省、市三级监测巡视体系，并启动了世界文化遗产管理动态信息和监测预警系统建设试点工作。树立文物保存环境安全为主的保护理念，是预防性保护的需要，通过对遗产地环境的有效监测与控制干预，能最大限度地防止文物的损坏，达到长久保存文物的目的。文化遗产的风险评估、控制文物病害的发展、改善文物的保存环境与参观环境等，都需要监测数据作为依据。因此，监测是遗产地管理机构对文物保护、管理作出决策的基础支撑。

随着我国社会经济事业的迅速发展，民众自觉参与文化遗产保护等社会公共事务的意识逐渐增强，参与的范围和深度日益扩大。国家文物局组织的调查结果显示，96.3% 的公众认同文化遗产保护是一项重要的工作，其中，49.1% 的公众认为文化遗产保护工作非常重要，说明公众了解文化遗产信息的愿望较为强烈，这就需要我们利用好一切科技发展的新技术和新成果，真正实现文化遗产科技保护能力的提高。

随着信息通信技术的飞速发展，尤其是作为第三次信息革命的代表性技术——物联网技术在各个行业的推广应用，信息技术已渗透我们工作、生活的方方面面。云计算、物联网、移动互联网、行业信息服务已成为信息通信技术发展的重点领域。在此基础上，再通过基础信息调研、现场勘查，就能够建立起清东陵建筑遗产监测系统。

1. 基础信息调研

要详尽掌握清东陵的遗产概况、遗产识别信息、遗产要素及其管理机构人员变更及有效运行情况、政策执行与落实情况、管理活动行为及影响情况、宣传教育功能体现情况、展示利用模式情况，展示利用的手段以及展示型建筑的情况、保护规划的制定和实施等情况、保护项目的实施进展状况，对已经完成的保护项目的保护效果评估情况以及对遗产保护展开的相关科学研究等遗产相关方面的信息进行调研、收集整理。

2. 现场勘查

可以利用现有的监测技术及便携监测设备对清东陵保护区内的古建筑、石碑石刻及古木名树等遗产要素进行现状实地勘察，记录其病害类型、大小、位置及防治情况，分析其病害成因及遗产影响因素。并对已实施的保护工程进行评价、评估，对保护现状及保护研究情况、防治情况进行现场勘查；对消防、安防、通信、网络等资料进行汇集，形成调研报告，以便在清东陵动态信息和监测预警系统中共享和利用，从而节约资源，降低项目成本。

（五）国内外现有世界文化遗产监测预警系统对清东陵的影响

通过对国内外部分世界文化遗产监测系统调研发现，无论何处的世界文化遗产都希望通过监测系统的建立，科学系统分析遗产地所面临的自然和人为风险因素。

清东陵建筑遗产监测类型接近于故宫的监测系统，监测内容广泛，包含古建筑、动植物等。但又有自己的特点：在使用功能上，清东陵不仅是外地游客的一个参观景点，同时也是当地居民居住地，居民的日常生活也对当地的环境造成巨大压力。特别是进入旅游旺季，人流的监测、疏导以及预警预案的设计就显得尤为重要。清东陵文物保护人员较少，基础较为薄弱，系统界面一定要友好简单，易于上手。可以在系统设计和实施时吸收清东陵工作的同志加入，使监测系统的建立确实能够减轻工作负担、提高工作效率。

设计清东陵建筑遗产监测系统，要遵循“保护为主、抢救第一、合理利用、加强管理”的文物工作方针和世界遗产公约的相关要求，系统设计时要充分考虑以下要素：

（1）保护清东陵遗产价值为核心、保护遗产地周边环境及民居不受破坏；

（2）充分分析监测数据、正确指导实践，实现文化遗产预防性保护；

（3）技术可行性和经济适应性相结合；

（4）监测信息畅通、共享、交流；

（5）监测预警系统的先进性和可靠性；

（6）监测预警系统的安全性和保密性；

（7）实现设备故障预警制度，及时发现失效设备，保证数据完整性；

（8）监测预警系统的可扩展性和易维护性；

（9）逐步实现监测数据的自动优化，减少冗余数据。

三、清东陵建筑遗产监测系统的建设原则

（一）建设目标

作为历史文化遗产的重要组成部分，清东陵建筑遗产监测系统建设目标一方面是为了更好地保护遗产地传统的文脉，使其能够持续传承；另一方面则是提供一种新的保护手段，使其能够提高遗产监测的有效性和准确性，更好地处理文物保护与利用的关系。

（二）建设意义

对世界文化遗产进行科学监测是国际组织对各个遗产管理地管理工作的基本要求，从 1987 年世界遗产委员会开始建立“系统监测与报告”机制起，《实施保护世界文化和自然遗产公约》《实施保护世界文化和自然遗产公约的操作指南》《关于强化监测机制的报告》等国际文件逐步细化了遗产地的“系统监测与报告”“被动反应式监测”等工作要求，将监测作为世界遗产申报和保护管理机制的核心内容，要求缔约国必须建立包括衡量与评估世界遗产保护状况的关键指标、影响因素、遗产保护措施、审查周期和负责机构等内容的监测体系并提交定期报告。

某一遗产一旦被列入《世界遗产名录》，就具备了为本国和国际共同确认的人类遗产双重身份，管理与保护它，既要尊重所在国主权，又要承担相应的国际义务，遵循共同承诺的国际准则。这是一个不容易处理好、争议颇大的课题，但又是一个不能忽视、具有很大积极意义的课题。

遗产监测是基于遗产地旅游可持续发展理论而构建的，是遗产保护的一个重要举措。预警系统的构建是基于多学科的综合研究，涉及历史学、民族学、人类学、经济学、生态学、环境学、社会学等诸多学科的融合。因此遗产保护预警系统的构建从理论上进一步丰富了遗产地可持续发展的理论基础。

遗产监测系统是基于遗产历史数据的分析而构建的对遗产未来警情进行监测预报的前控保护措施，相关遗产监测部门可通过构建监测系统，根据现实数据与参照预警指标的对比来分析遗产面临的警情，进而及时采取预控手段，以此提高遗产监管的信度和警情处置的效度，做到"对症下药"。

清东陵作为中国世界文化遗产的组成部分，尽管目前监测基础较差，但为了中华民族优秀文化的传承，应把建设科学完善的监测体系当作管理工作的重中之重，责无旁贷不遗余力地持续推进。

（三）建设原则

1. 针对性

系统设计要以清东陵监测预警工作需求为中心，在充分满足管理机构对清东陵世界文化遗产管理和监控的前提下，提供稳定、方便、实用性强的系统，系统易于操作使用。

2. 兼容性

考虑今后与中国世界文化遗产监测总平台对接的需要，系统建设应充分参考总平台提供的系统建设标准、规范、方法和软硬件接口标准，结合自身需求进行设计建设，使建成系统能够无缝对接到总平台系统中。

3. 实用性

整个体系应用系统的操作以方便、简捷、高效为目标，多个子系统平台应整合到统一大平台中，能够充分体现动态信息快速更新的特点，又便于操作人员进行业务处理和综合管理，便于管理层及时了解各类业务信息。

4. 先进性

系统应采用市场成熟的技术建成满足需求的软硬件平台，要具备兼容性，同时在子系统建设上应采用目前较为先进的手段实现特定的功能需求，既反映当今科技的先进水平，又具有发展潜力，保证系统在相当长的时间内处于领先地位。

5. 可靠性

在整个建设过程中，要从系统结构、设计方案、技术保障等方面予以综合考虑，使得系统稳定可靠；系统要尽可能地采用成熟的技术、商品化的软硬件产品，保证系统可靠稳定运行。

6. 安全保密性

对于应用系统要实行严格的权限管理，只有持有一定权限的密钥才能访问、监控、实施相应的管理、控制操作，确保系统安全可靠。还要在对外网络接口处采取防范措施，制定安全防范策略防止黑客的入侵。

第四节　清东陵古建筑的监测、预警系统的构建

一、监测内容分析

根据清东陵世界文化遗产现状的初步调查和评估，可以确定影响遗产价值的因素主要包括自然因素和人为因素两方面。

（一）自然因素

大环境影响因素：如空气温度、地标温度、相对湿度、降雨量、蒸发量、辐射强度、风向、风速、气压等，目前无法控制，但监测并研究其变化趋势、确定其对文物影响阈值，可为保护文物提供真实可靠的数据依据。

微环境影响：在封闭的文物建筑内，其环境要素属于可控范畴，如温度、二氧化碳等等，按照已研究的结果，确定后期保护过程中文物环境的恒定。

（二）人为因素

1. 村落建设

随着经济社会发展、科技进步，村落建设中各类家用电器、通信设备、应用电器所必备的附属设施大量增加，为遗产保护工作带来压力。

2. 旅游开发

清东陵深受广大游人及各大艺术院校的青睐，游客数量逐年增多，对管理工作造成压力，主要表现为：①游客对文物的机械损伤。游客对文物无意识或者有意识的破

坏，如触摸、踩踏、碰撞等，对文物的完整性都会造成破坏。②游客对文物的化学影响。在建筑物内，游客参观会带入湿气和二氧化碳等不易挥发、对文物有潜在损害的化学成分。③游客对环境的影响。人流量大，设备缺乏，卫生有一定的压力。④游客数量激增对文物和游客自身安全及参观舒适度的影响。⑤游人参观时所携带的食物、饮料等可能对文物造成的损害。

（三）监测内容

根据以上分析，监测内容主要包括大环境、微环境、文物本体、旅游及管理、其他五个方面内容（见图 5-1）。

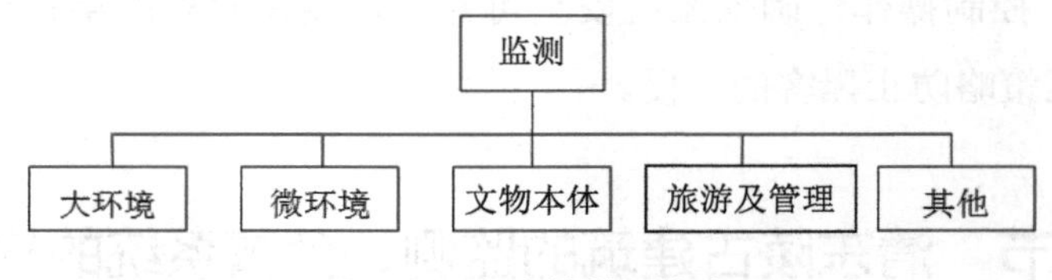

图 5-1　古建筑监测内容

（1）大环境包括整体规划、保护范围内总体气象环境（风速、风向、温度、湿度、气压、降雨量、总辐射）、环境质量（二氧化碳、二氧化硫、氮氧化合物、臭氧、悬浮颗粒物）、区域小环境、土壤、水体分布、水质、遗产周边环境。

（2）微环境包括文物库房、文物建筑内部、展柜内的环境，比如温湿度、二氧化碳等。

（3）文物本体：①古建筑，包括各类古建筑及附属的台基、石构件、地面、梁架、椽望、屋顶、内外檐装修、彩画、裱糊、墩台、河墙驳岸、雨水沟、水井等；②古树名木，古树的位置、生长状况、病虫害情况等；③馆藏文物，保存在文物库房、展柜及陈列在古建筑物内的文物，包括文物的保存状况、文物动态信息、文物修复记录等；

（4）旅游及管理：包括游客的参观动态，如每日游客数量、实时游客分布等，工作人员活动情况等。

（5）其他：①附属设施，屋外陈设，如香炉、下马石、旗幡杆座、各类陈设等；②动植物，包括遗产范围内乔灌木花卉、绿地植被、动物类（鸟类、哺乳类动物、蛀木甲虫等）；③安防监测，防雷装置系统、电气设备系统、防火设施系统、防盗设施系统、售检票门禁系统、小件寄存验包系统、车辆出入及停车场管理系统、信息播报系统。

二、监测手段及阈值分析

阈值研究有三种情况：第一种是一触即发型，发生微小改变就要采取措施，如清东陵的整体布局，一旦航拍监测发现其布局发生改变就要究其原因，保证其完整性和真实性；第二种是通过相关研究已知其阈值，参考国家颁布的一些标准及文物保护的研究成果，可以确定部分监测内容的阈值，如馆藏文物的温湿度、建筑物内的二氧化碳含量、室外相对湿度对壁画的影响等，建立相应的响应机制；第三种是阈值尚未得出，每个地方有差异，这些需要在监测系统建立后，基于监测数据进行分析和研究，因此在表 5-1—表 5-6 中以暂缺来表示。

同时有些监测只是属于常规项目，无需对其设定阈值，如风向等。

（一）大环境

根据清东陵保护区影响文物本体的主要气象要素类型原则，利用全自动气象监测站，对空气温度、地表温度、相对湿度、降雨量、蒸发量、辐射强度、风向、风速、气压进行监测。

表 5-1　监测项目与方法

监测项目	监测方法	设定阈值
整体布局	航拍	卫片对比及其他监测手段 一触即发型
相对湿度	全自动气象站、携带各个监测探头自动监测	降雨、大雾、降雪后融化、外界相对湿度高于 70% 时应报警（暂定）
空气温度	全自动气象站、携带各个监测探头自动监测	暂缺
地表温度	全自动气象站、携带各个监测探头自动监测	暂缺
降雨量	全自动气象站、携带各个监测探头自动监测	暂缺
蒸发量	全自动气象站、携带各个监测探头自动监测	暂不设定
辐射强度	全自动气象站、携带各个监测探头自动监测	暂不设定
风向	全自动气象站、携带各个监测探头自动监测	暂不设定
风速	全自动气象站、携带各个监测探头自动监测	暂不设定
气压	全自动气象站、携带各个监测探头自动监测	暂不设定

表 5-2 空气质量监测

监测项目	监测方法	阈值设定
PM10	气象站	TSP 浓度日平均值 >0.5mg/m³（国家空气质量三级标准）为超标（暂定）
PM2.5		
TSP		
NO_x		
SO_2		

表 5-3 土壤监测

监测项目	监测方法	阈值设定
含水量	土壤含水量传感器	暂缺
pH 值	土壤 pH 值传感器	暂缺

表 5-4 水系监测

监测项目	监测方法	阈值设定
水位	水位传感器	暂缺
水速	水速传感器	暂缺
pH 值	水 pH 值传感器	暂缺
溶氧量	溶氧量传感器	暂缺
水温	水温传感器	暂缺

（二）微环境

表 5-5 监测项目与方法

监测项目	监测方法	阈值设定
建筑内部	温湿度监测仪	湿度：60% 温度：暂无
CO_2 监测	CO_2 传感器	1500ppm
VOC 监测	VOC 传感器	暂缺
紫外线强度	紫外线强度传感器	暂缺
光照度	光照度传感器	暂缺

（三）古建筑

表 5-6 监测项目与方法

监测项目	监测方法	阈值设定
竖向构件（对于清东陵内结构主要为木柱、承重墙等）的变形情况	MEMS 型倾角计	暂缺
水平构件（对于清东陵内结构主要为木梁、梁托等）的应力应变情况	振弦式应变计	暂缺
结构构件、围护墙体的裂缝开裂变化情况	振弦式裂缝计	暂缺
建筑稳定性	全站仪	暂缺
整体外观	摄影对比	暂缺

（四）人员活动

在入口和出口安装计数装置，统计景区内现有人数；在景区安装摄像头，对游客进行区域统计。当系统建成后，将根据景区游客承载量的相关规定和研究成果，核算清东陵最大游客承载量。

三、清东陵建筑遗产监测系统框架

（一）日常管理监测

清东陵文物管理处现阶段采取安排专职人员巡查等方式对古建筑结构变形、石碑石刻稳定性、古树病害等进行人工记录和拍照存档，目的是及时排除各种不利影响，确保遗产本体以及游客的安全。日常管理监测则是针对现有的管理模式、管理制度、日常巡视监测手段，进行规范化、程序化、制度化、信息化监测。此次规划拟使用 IT 技术建设符合清东陵遗产特色的日常巡视监测子系统，以软件开发为先导，以现代科技为支撑，从传统模式向数字化、现代化转变。日常管理模块包括日常巡查异常记录和保养与维护工程记录。异常记录包括日期、事件、巡查员、当时采取的措施等，每月汇总填报，若无异常情况不填。保养与维护工程记录说明使用功能变化的时间、原保养与维护工程，包括日期、对象、保养与维护内容、实施者等。每月汇总填报，若无保养与维护工程不填。

（二）建设控制监测

建设控制监测包括保护区划监测和新建项目监测。

保护区划监测子系统利用软件技术以遗产总图为底图，叠加保护区划图层，标绘遗产核心区、缓冲区、保护范围、建设控制地带界线的图形，各类界线整合在一张图上表示。遗产核心区、缓冲区界线与向国际组织提供的数据一致，保护范围、建设控制地带界线与政府公布的一致。

新建项目监测包括新建项目记录、项目建设位置图、新建项目现场环境照片管理。每个项目都要新建项目记录，编制一个文档，记录每个新建项目属性的文档，包括项目名称、建设目的、建设地点、开工时间、竣工时间、文物部门批准 / 许可文号等。每个项目都要建设位置图，绘制 1 个图层。图层以遗产总图为底图，叠加项目建设位置图层，标绘新建项目位置的图形。此外，定期对现场施工拍照，反映在建项目进展情况中，建设期间每月拍照应不少于一次，照片也要尽可能反映项目建设的当前信息。

（三）社会环境监测

社会环境监测包括土地利用现状监测、遗产区和缓冲区社会环境年度监测及遗产所在地社会环境年度监测。

土地利用现状监测模块分为土地利用现状图和土地利用规划图，规划图以遗产总图为底图，叠加土地利用性质现状图层，标绘遗产区和缓冲区土地利用性质现状图，能直观看出遗产地土地利用现状。

遗产区和缓冲区社会环境年度监测内容包括遗产区和缓冲区内资源开采点数量、负面影响范围、严重污染工业企业数量、列入名录时的遗产区人口数量、当前的遗产区人口数量、人口疏散需求、列入名录时的缓冲区人口、当前的缓冲区人口数量。监测数据要在建立监测档案时录入，每年 11 月至 12 月检查更新一次。

遗产所在地社会环境年度监测内容包括遗产所在县 / 市的人口密度、人均 GDP、国家保护动植物种类、植被覆盖率。数据要在建立监测档案时录入，每年 11 月至 12 月检查更新一次。

（四）自然环境监测

自然环境监测主要是指对保护范围内的气象环境、空气质量、水系状况、酸雨、震动、噪声、地质地貌状况及生态状况进行监测。环境监测对象主要是核心区所在的大环境及周边环境。可以通过气象监测站监测温度、湿度、风速、风向、雨雪、气压、日照等，掌握气象环境信息。利用这些监测结果，较为准确地了解周边环境和气象环境的变化，以及这些变化对遗产本体的影响。

1. 环境质量监测

环境质量监测主要针对核心区大气中颗粒物 $PM_{2.5}$、二氧化硫（SO_2）、二氧化氮（NO_2）、一氧化碳（CO）、二氧化碳（CO_2）、酸雨、噪声等在线连续监测，并对监测过程执行严格的质量保证和质量控制方法，其结果用于评价核心区内的环境质量及季节变化特征，积累实时数据可以判断该区域的空气现状、污染趋势和制定保护的各种对策。

2. 地质地貌监测

地质地貌监测主要是监测地质地貌的变化，对山体滑坡进行监测和报警，以避免大面积滑坡时所造成的难以预估的损失。地质地貌监测可以为保护地质环境，防治地质灾害，保障社会经济的可持续发展，维护人民群众的根本利益，为政府宏观决策和依法行政提供科学依据。

3. 水系监测

水系监测主要是对各水系的水源状况采取水位、水质、温度、流量等检测手段，获取水体变化数据。通过对各水体的监测，可以及时了解水资源的状况，为保护生态环境及预防自然灾害提供有效数据。

4. 生态状况监测

生态状况监测主要是针对景区内的植物生长状况及野生动物的分布情况及生活习性进行跟踪监测。对植物监测可采用“3S”技术、GPS（全球定位系统）、RS（遥感技术）、GIS（地理信息系统）及其集成技术，以遗产地生态环境为研究背景，监测与控制为目标；以植物调查与监测为研究内容；以空间技术、信息技术、地面精准测量技术、计算机技术为研究工具。通过监测图像对比手段，可监测出植物生长对游客观赏景观视角的影响情况，从而找出最佳观赏视角，并给相关工作人员工作提供科学的依据。

全方位的监测不仅可以掌握不同条件下监测指标的变化规律，也可以为研究水土流失、植被生长情况对文物本体和环境的影响提供基础技术资料。

（五）本体与载体病害监测

本体与载体病害监测包括绘制病害分布图、病害调查监测工作情况记录、病害监测、病害控制状态评估等。通过现场调研及勘查记录，以遗产总图和遗产要素分布图为底图，叠加病害分布图层，用图片直观地反映遗产地病害分布情况。同时做好每次病害调查监测工作情况记录，每处病害对应一个表格文档，记录每处病害编号、病害位置、病害类型、对应的病害调查记录图、病害监测工作等相关信息。

清东陵遗产本体与载体病害监测主要是对景区内的古建筑、石质文物、陵寝及地宫、古树名木及附属文物、馆藏文物等进行监测，内容包括微环境监测、裂隙监测、倾斜监测、位移监测、风化监测、壁温监测，以及古树生长土壤环境监测、病虫害监测、生长周期监测等。

古建筑监测。主要是针对古建筑各个主要结点的空间存在状态、属性变化以及周边环境的变化进行监测，监测古建筑的基础稳定性、承重结构受力、梁架结构变形、屋面外观完整性，及彩画壁画的龟裂、褪色、风化、人为损坏等，继而对结果进行比较、分析，揭示变形规律及形成因素。古建筑监测是预防性保护的主要手段和健康监测的核心，可以为采取进一步的保护措施提供科学的技术支撑。

石质文物监测。景区内的石碑、石刻、石桥等历史悠久，题记丰富，但长期受气候环境及温湿度影响已出现风化、开裂现象。对此采取合理有效的监测手段，为准确掌握景区内石质文物的状况及文物环境现状，查找文物病变的主要病理，建立合理有效的科学防治方案，判断文物现状和走向，制定对应的防护措施，对文物后期的保护方式提供基本的依据支撑。

陵寝及地宫监测。是通过监测陵寝地表形态及稳定性，监测出陵寝的变形、坍塌、位移、裂隙演变趋势，可以及时获取陵寝周围环境及构筑物的变化情况，发现不安全因素和轻微损伤。根据监测结果反映的实际问题，制定具有针对性的保护方案，实施保护工程，并成为制定现状整修到重点修缮等各项保护工程的重要依据。

古树名木监测。作为自然环境的支撑保护系统，古树名木具有特殊的、不可替代的地位和作用，有很高的生态价值、科学价值和美学价值。由于历史久远，环境变化，诸多古树存在着不同因素的病害特征。建立古树巡查制度，监测古树病虫害特征、生长周期及周围环境状况，将为古树的健康成长提供科学有效的保护依据。

景区内的各种附属文物监测。景区内附属文物繁多，分布区域广泛，不利于看管和防止损坏。进行实时在线监测是科学有效的管理办法。可采用工业相机定期进行拍照，进行图像现实存储对比，及时发现变化，并长期存储图像数据，给附属文物的管理提供科学依据。

馆藏文物监测。此监测可以监测馆藏文物的位置、所处环境的温湿度、有害气体等，预防馆藏文物的移动失窃，防止环境状态对馆藏文物的损坏。通过积累监测数据分析周边环境对馆藏文物的损坏情况，给保护馆藏文物提供科学依据。

（六）旅游与游客管理监测

旅游与游客管理监测的目的是通过对参观游客的人数进行监测，分析游客市场客流量的变化规律，为合理的游客管理措施提供可靠依据，同时也要对游客的行为和安全进行监测，重点防止游客对景区进行人为破坏和危险区域对游客造成危害。同时通过对游客的满意度进行调查，可掌握游客反馈的意见，统计游客数量以及景区游客行为、游客安全等，进一步了解游客的需求，在工作中采取有效措施，达到对游客人数、游客行为、游客安全、游客满意度、景区车辆管理等方面的实时监测。

（七）安全防范监测

安全防范监测是针对安防、消防、防雷等设备设施的基本信息与运转状况进行监测，同时利用现有的安防和消防的设备设施，为景区防灾减灾提供决策服务。监测中心建成后，安防和消防在日常的运行过程中必须与监测中心建立报警联动机制，通过安全防范监测软件功能模块可以实时调用安防监测摄像头的视频画面，对景点、设施及游人的安全进行管理。通过对安防、消防、防雷等设备设施的基本信息与运转状况进行监测，同相关的部门建立报警联动机制，为景区防灾减灾提供决策服务，进一步提升和完善景区的管理水平。

四、清东陵建筑遗产预警系统

预警管理系统主要是针对威胁遗产的破坏因素，制定预警指标和评估标准，发布预警信息和专业的评估报告。预警管理系统分为遗产预警指标体系、遗产预警指标阈值评审制度、社会举报监督系统、遗产地预警数据评估系统和预警发布系统，预警管理系统面向各级遗产地管理机构、社会互联网用户。

（一）遗产预警指标体系

建立清东陵遗产预警指标体系是预警管理的基础，预警数值是根据清东陵所属遗产类型及自身特点，指标变量依据相关规范，在调研和数据采样的基础上设置。原则上所有的监测数据都应有对应的预警指标，由于遗产特殊性以及部分数据的预警指标需要通过对一段时间内一定量的监测数据进行分析后才能制定。因此，前期可选择性地对部分重点指标进行预警，待条件成熟后逐步扩成对所有监测数据的预警。

根据清东陵遗产的特殊性，其预警指标涵盖保护区划预警指标、建设开发项目监测预警指标、遗产环境监测预警指标、遗产本体监测预警指标（包含石刻、建筑、陵寝、馆藏文物、古树名木等）、游客状况及安全监测预警、安全防范监测预警指标六大部分。

（二）遗产预警指标阈值评审制度

由于清东陵遗产的特殊性，其监测数据涉及面广，因此为保证预警值设立的科学性、合理性，应建立遗产预警指标阈值评审制度，定期对预警指标阈值的合理性进行评估，由相关专业部门或业内专家确认预警阈值的具体指标。

（三）社会举报监督系统

社会举报监督系统是清东陵监测预警系统的重要组成部分，通过为社会大众提供举报监督方式、对社会举报信息的筛查、依照相应响应预案形成预警信息，以提高遗产管理透明化程度，加强社会监督。通过系统的建立营造出对遗产的监测群策群力、齐抓共管的社会氛围。

（四）遗产地预警数据评估系统

根据预警指标体系所设定的范围，依据现有的行业（如气象预警）预警指标、行业约定俗成的预警指标、根据监测数据变化趋势及变化率设定的预警指标（如文物本体裂隙预警）等标准，按照行业标准划分预警值等级，也可以根据数据特性划分。同时制定不同等级的预警响应预案。

（五）预警发布系统

及时发布监测数据评估报告进行，同时对超出一定预警指标范围的信息及时上报相关部门并进行整改，提高管理的工作主动性，构建以预防性为主的文化遗产保护模式。

五、清东陵建筑遗产预警系统框架及平台功能

当监测指标达到阈值（临界值）后，会引发相关预警预案。预警体系支撑系统包括业务应用系统、支撑软件平台和硬件支撑平台。业务应用系统包含管理系统、门禁管理系统、游客管理系统、设备管理系统、监测信息人工采集系统、监测信息集成显示系统、分析预警系统、统计及报表生成系统、事件处理系统、信息报送系统、调度指挥系统、公共发布系统 12 项；支撑软件平台包括多维统计分析系统、同一身份认证系统、中间件、数据库、GIS 平台、工作流引擎、视频服务系统。硬件支撑平台包括监控中心硬件系统、主机及存储系统、网络系统、手机应用服务前置平台、短信平台和网络安全评审系统。

下面对各系统和平台从下往上依次为：①底层是所有监测预警相关的日常管理系统，包括管理系统、门禁管理系统、游客管理系统、设备管理系统；②中间一层包括监测信息集成显示系统、监测信息人工采集系统、预警的分析和生成系统和报表生成和制作系统；③最上层是相关的业务流程系统，包括信息报送系统、公共发布系统、预警事件处置系统、应急指挥调度系统。

（一）监测系统整体架构

清东陵建筑遗产监测系统平台建设，主要基于中国世界文化遗产监测中心颁布的《世界文化遗产监测数据总表、元数据表、监测指标》等标准规范文件，综合运用 GIS 技术、网络通信技术、GPS 技术、物联网技术、云技术、大数据技术、组态技术、WEB SERVICE 技术等，构建相应的数据层、平台层；通过与中国世界文化遗产监测中心以及省内各遗产地实时数据交互，实现遗产地基本信息管理、实时监测信息展示、预警信息发布、科研信息服务、公众参与和监督等功能，可以为国家监测中心、省局管理人员、遗产地管理人员、监测人员、行业专家、社会公众等提供用户权限查阅与查询等服务。

（二）平台功能

清东陵建筑遗产监测预警系统平台规划设计 21 类 93 项监测数据，完全涵盖国家 17 类 59 项监测数据，并依据世界文化遗产监测中心制定的《世界文化遗产监测数据总表、元数据表、监测指标》标准完成与省内各遗产地数据格式的统一、实现数据的共享；具体平台功能主要体现在以下几个方面。

1. 遗产档案管理

（1）实现对清东陵世界遗产地遗产申遗承诺档案的管理；

（2）实现对清东陵世界遗产地遗产申报资料档案的管理；

（3）实现对清东陵世界遗产地基础信息资料档案的管理；

（4）实现对清东陵世界遗产地文物保护单位档案等基础信息数据的管理。

2. 遗产信息管理

（1）实现对清东陵世界遗产地机构与能力建设信息的归档汇总管理；

（2）实现对清东陵世界遗产地管理活动现状的跟踪管理；

（3）实现对清东陵世界遗产地展示利用状况的建档管理；

（4）实现对清东陵世界遗产地宣传教育情况的跟踪管理；

（5）实现对清东陵世界遗产地保护管理规划状况的跟踪管理；

（6）实现对清东陵世界遗产地保护研究等监测数据的信息共享。

3. 实时监测数据的对接、管理与分析

（1）实现与国家总平台遗产基础信息的对接与管理；

（2）实现与国家总平台日常监测数据的对接与管理；

（3）实现与国家总平台文化遗产本体与载体病害监测数据的对接与管理；

（4）实现与国家总平台文化遗产区域环境监测数据的对接与管理；

（5）实现对国家总平台建设控制监测数据的对接及跟踪管理；

（6）实现与国家总平台旅游与游客监测数据的对接与管理；

（7）实现与国家总平台安全防范设施运行状况的数据对接与管理；

（8）具有监测数据自动统计报表；以便于对监测数据的分析与利用。

4. 预警信息的管理

（1）实现预警指标体系的管理；

（2）实现预警数据评估的管理；

（3）实现预警数据发布的管理。

5. 监测报告的管理

（1）实现遗产地定期进行遗产评估的管理；

（2）实现遗产地年度监测报告的管理；

（3）实现遗产地反应性监测报告的管理。

6. 建立信息服务体系

（1）实现辅助决策分析；

（2）实现科研信息服务的共享；

（3）实现公众参与和监督；

（4）实现中国世界文化遗产监测中心舆情信息的获取、发布和管理。

第五节　清东陵建筑遗产监测技术的实现

清东陵建筑遗产监测系统主要对日常管理、建设控制、自然环境、本体与载体病害、旅游及游客管理、安全防范等方面进行监测。

一、日常管理监测

日常管理监测主要是巡视人员发现异常情况后巡查记录，包括日期、事件、巡查员、当时采取的措施、维护工程记录（包括日期、对象、保养与维护内容、实施者等）。通过建立日常巡视制度，加强日常管理监测，可以弥补监测技术实现的不足，实现对保护区的全面监测。

实施日常巡视监测是为了加强清东陵世界文化遗产的保护管理，更好地履行《保护世界文化和自然遗产公约》缔约国的责任和义务。同时，遵循《中国世界文化遗产监测巡视管理办法》相关规定制订遗产监测巡视工作的方针、政策、管理制度和技术规范，组织或委托专业机构实施反应性监测，组织或成立监测机构进行定期或不定期巡视。

实施日常巡视监测是对遗产高新技术监测的补充，将感性与理性相结合，更加灵活地实施遗产地的保护监测。及时掌握和收集遗产保护状况信息，及时发现核心区自然、人为破坏问题，以及缓冲区、建设控制地内私搭乱建对遗产地产生的负面影响，切实维护世界文化遗产的真实性和完整性。

基于计算机技术、GPS 技术建设符合清东陵保护区特色的日常管理监测子系统，以软件开发为先导，以现代科技为支撑，实现日常管理监测从传统人工模式向数字化、现代化转变。要紧密结合保护区管理处现有的管理模式、管理制度，将日常巡视、发现异常情况记录、应急处理、审核、上报等工作流程，做到发现问题及时预警处理，进一步提高巡视工作的质量和效率。日常巡视监测管理模块包括基础数据库、日常巡视和周期性的巡视及监测。由遗产监测中心根据遗产要素的价值、保存环境、保存现状、安全措施等确定巡视内容及对象及其监测等级，并对巡视监测对象进行现场勘察，采集原始基本数据，建立原始数据库。根据《中国世界文化遗产巡视管理办法》《中国世界文化遗产监测规程》等相关管理规范，制定巡视路线，采用目测及便携式移动设备相结合的方式进行巡视监测，巡视内容主要包括遗产要素保存状况、安全、建设开发三大方面。

（一）监测技术实现

分片区实施日常巡视监测，安排专职巡视人员，按规定的巡视路线，定点进行人工巡查，采用目测和便捷式可移动设备（巡视包括温湿度测量仪、非接触式红外测温仪、激光测距仪、裂缝测试仪、电子游标卡尺、数码相机等）相结合的方式进行测量。

① 利用工业级平板电脑显示巡视内容及巡视路线，并进行巡视记录、拍照、GPS 定位（可获取经纬度）、遗产基本信息条码扫描以及监测数据的临时存储。

② 利用游标卡尺、裂缝测试仪，监测裂缝、断裂、碎裂、劈裂、裂纹等遗产病变的长度和宽度以及深度。

（二）巡视周期

根据保护区内的遗产类型、价值及其风险等级确定各遗产要素巡视监测周期。各景区所在地文管所负责本辖区内日常巡视监测，遗产监测中心每月 1 日、15 日负责巡视检查。片区管理部门日常巡视检查中发现安全隐患要及时向遗产监测中心报告，并编制异常情况报告上传监测预警系统，做好备案。

二、建设控制监测

建设控制监测主要包含保护控制监测和新建项目监测，其中保护控制监测主要是对保护区划图（标绘核心区区 / 缓冲区、保护范围 / 建设控制地带界线的图形。核心区 / 缓冲区界线与国际组织提供的数据一致，保护范围 / 建设控制地带界线与省级人民政府公布的一致）的建档管理更新情况进行监测，对保护区划界线描述与管理规定的建档执行情况进行监测。新建项目监测主要是对经过文物部门批准的新建项目执行进展情况进行监测，包含新建项目的详细记录及新建项目位置图进行建档管理，做到随时变化随时更新。

（一）监测技术实现

建立建设控制系统管理模块，要根据国家监测中心相关规范，采取人工录入的方式将巡视记录和相关视频及其他数据输入数据库，建立信息化的管理方式；综合运用遥感技术、GIS 技术、MIS 技术和网络技术等高新技术手段，采用两期遥感影像比对、辅助规划数据判读的方法，对建设控制状况动态监测；对获取的数据通过建设控制监测功能模块输入到数据库中进行分析、评估。

（二）数据采集周期

根据清东陵景区管理的特性，常规文件在建立监测数据时录入，有变化时及时更新。不定期数据，要在新建项目开工后及时录入。

三、自然环境监测

结合清东陵现有资源，遵循《世界文化遗产监测规程》中全面覆盖、重点监测、长期稳定的原则，自然环境监测主要对部分区域的气象环境、大气质量、酸雨、噪声、震动等进行监测，并完成气象环境管理模块、大气质量监测管理模块、酸雨监测管理模块、噪声监测管理模块、振动监测及负氧离子监测管理模块的软件开发。通过建模分析出周期时段内监测数据的变化趋势，为制定防御保护方案提供决策性依据分析。

（一）监测对象

清东陵遗产监测预警系统，根据现行国家气象标准进行设计与建设，并体现在以下几个方面。

（1）针对性。针对遗产地本体及环境围绕气象事件对遗产地的影响进行分析和评估，提出切实有效的决策依据或建议。

（2）敏感性。把握遗产地气象热点，开展气象监测工作。

（3）综合性。全面考虑遗产地自然、经济、保护、旅游等各方面的需求，准确地记录气象数据，综合相关信息，提出科学性强的分析与建议。

（4）时效性。在监测、预测到气象条件对遗产地文物本体与自然环境等可能或即将产生重大影响时，及时把握时间，在最大效益时段内提供决策依据。

（二）监测内容及目的

气象环境监测的内容有温湿度、风速、风向、降雨（雪）、气压、日照、总辐射等多项内容（见表 5-7）。分别设置标准气象站及微气象监测站，通过全方位的监测可以掌握不同条件下监测指标的变化规律，可为研究文物本体各种病害的起因、发展、修复及管理提供基础数据，为文物本体的病害治理提供决策和依据。

表 5-7　监测技术性能指标

性能指标	技术性能指标
温湿度	
量程	－ 80~60℃
精度（20℃时）	±0.17℃（采用电压信号输出时）0.12℃（采用 RS - 485 信号输出时）
量程	0—100% RH
精度（15~25℃）	±1%（0~90% RH）　±1.7%（90%~100% RH）
风速	
测量范围	0—60 m/s
分辨率	0.05 m/s
起动风速	不大于 0.3 m/s
精度	±0.3 m/s（风速小于 10 m/s 时）　±3 m/s（风速大于 10 m/s 时）

（续表）

性能指标	技术性能指标
抗风强度	75 m/s
距离常数	2.0 m
风向	
测量范围	0—360°
响应灵敏度	0.3 m/s（30° 偏角）
分辨率	3°
精确度	±5°
线性	±0.2%
抗风强度	75 m/s
气压	
测量范围	450 hPa—1100 hPa
精度（20℃时）	500 hPa~1100 hPa：±0.15 hPa（A 级）50 hPa~1100 hPa：±0.45 hPa
响应时间	300 ms
降雨量	
承水口径	Ø200 mm
分辨率	0.1 mm
测量范围	0—4 mm/min
测量允许误差	±4%
总辐射	
辐照度	0—1400 W/m^2（最大 2000 W/m^2）
光谱范围	300—3200 nm
灵敏度	7-14 μv/W×m^{-2}

（三）监测技术实现

1. 温湿度传感器

温湿度传感器采用最新研制的具有专利技术的 HUMICAP®180R 加热型相对湿度探头。该产品使用当前先进的制造工艺，具有卓越的稳定性和强大的环境适应能力。它具有多种连接方式，既可以通过电压接口或 RS-485 接口连接到数据采集器上，也可以通过 USB 线直接与计算机或 M170 显示器连接。

2. 风速传感器

风速传感器的感应元件为三杯式回转架。在水平风力的作用下，风杯组旋转，通过主轴带动磁棒盘旋转，其上 36 个磁体形成 18 个小磁场，风杯组每旋转一圈，在霍尔开关电路中感应出 18 个脉冲信号，其频率随风速的增大而线性增加。

3. 风向传感器

风向传感器的感应元件为风向标组件。电位器的轴与主轴连接在一起，当风向标组件转动时，电位器输出的电阻被转换成连续变化的电压（0 ～ 2.5V），且随风向角度的增加而线性增大，也就是 0 ～ 2.5V 输出电压线性对应于 0° ～ 360°。

4. 雨量传感器

雨量传感器由承水器、上翻斗、计量翻斗、计数翻斗等组成。雨水由承水口汇集，进入上翻斗。上翻斗的作用是使降水强度近似大降水强度，然后进入计量翻斗计量，计量翻斗翻动一次为 0.1 mm 降水量。随之雨水由计量翻斗倒入计数翻斗。在计数翻斗的中部装有一块小磁钢，磁钢的上面装有钢簧开关，计数翻斗翻转一次，则开关闭合一次，由开关的闭合送出一个信号。输出信号由红黑接线柱引出。

雨量传感器用来测量地面降雨，适用于气象台（站）、水文测站、农、林业等有关部门用以测量液体降水量与降水强度。传感器用二芯电缆连接，输出机械触点信号（干簧管）。

5. 总辐射表

总辐射表是一款测量接收地球平面上辐照度的一级辐射表，主要用来测量波长范围为 0.3 ～ 3 μm 的太阳总辐射。如水平向下放置可测量反射辐射，加散射遮光环可测量散射辐射。总辐射表可广泛应用于气象探测、大气环境监测、气候观测、太阳能利用、农业、建筑物理研究等太阳辐射能量的测量。总辐射表由双层石英玻璃罩、感应元件、遮光板、表体、干燥剂等组成。感应元件是该表的核心部分，它由快速响应的绕线电镀式热电堆组成。感应面涂 3M 无光黑漆，感应面为热结点，当有阳光照射时温度升高，它与另一面的冷结点形成温差电动势，该电动势与太阳辐射强度成正比。

总辐射表双层玻璃罩是为了减少空气对流对辐射表的影响。内罩是为了截断外罩本身的红外辐射而设的。总辐射表输出辐射量（W/m^2）＝测量输出电压信号值（μV）÷ 灵敏度系数（$\mu V/W \cdot m^{-2}$），每个传感器分别给出标定过的灵敏度系数。

6. 模拟气压表

模拟气压表采用电容式原理技术，可靠、稳定、精准。它低功耗、性价比高，可用于大气环境压力变化的测量。适用于各类自动气象站的大气压力专业测量等领域。

PTB-2D 模拟气压表采用电容式敏感元件和独立的 IC 模拟电路，通过热稳定玻璃熔融陶瓷敏感腔结合电容式电荷平衡 IC 电路，从根本上简化了设计，使得传感器在精度和环境补偿方面都有出色的表现。敏感元件具有卓越的膨胀系数和低机械迟滞使得 PTB-2D 模拟气压表具有良好的长期稳定性。

四、遗产本体监测

（一）监测对象

本体与载体病害监测主要是针对清东陵保护区内古建筑与石碑石刻等的微环境、结构稳定性、风化、壁面温度进行实时在线监测。

（二）监测内容及目的

本体与载体病害监测主要针对遗产表现出的裂隙、位移、倾斜、风化等病害现象及遗产所处空间的微环境进行实时监测。通过对遗产本体实时监测，积累本体因病害所产生变化的趋势数据，为遗产保护工程提供决策性分析依据。

（三）监测技术实现

1. 微环境

温度、湿度、CO_2 是影响文物保存的重要环境因素，古建筑的化学风化速度与温度有关。 温度升高 10℃，反应速度成倍增加。温度除加大化学反应速度外，还会造成古建筑表层片状剥落和裂隙损害。湿度可能对石质文物造成三种类型损害：湿度参与的化学反应，湿度变化产生物理形变，高湿度促成的生物腐蚀。木质结构由于含吸湿性盐，在吸湿、潮解、结晶过程中产生压力，导致开裂、剥落、崩裂现象。湿度也是虫和微生物生长繁殖的必要条件，较高的湿度条件会导致木结构易受到生物侵蚀。

微环境温湿度监测所使用的温度、湿度传感器，技术性能指标应参照《馆藏文物保存环境质量检测技术规范》中对文物保存环境温湿度监测仪器的基本要求。

2. 稳定性

稳定性监测主要是指针对古建筑群及石质文物的位移、开裂、倾斜进行监测，并综合考虑各种环境变量，利用数据分析算法，实时分析建筑的稳定性情况。并根据已有的预警指标，在出现失稳现象时及时报警，以便管理人员采取必要措施。使用的设备主要有：

（1）振弦式传感器。稳定性监测采用振弦式传感器，振弦式传感器具有抗干扰能力强、受电参数影响小、零点漂移小、受温度影响小、性能稳定可靠、耐震动、寿命长等特点，适应古建墙体稳定性长期监测的要求。采用振弦式测缝计，该传感器可在恶劣环境下长期监测结构裂缝和接缝的开合度。两端的球形万向节允许一定程度的剪切位移。内置温度传感器可同时监测安装位置的温度。

（2）倾角仪。倾斜监测采用 MEMS 倾角仪，该倾角仪适用于建筑物结构的倾斜监测，可以永久安装在被监测的结构上，在水平或垂直线上同时进行测量。产品密封等级达到 IP65，重量轻，适合在各种环境长期采集数据，并且安装快速便捷。

（3）变位计。变位计主要用于两个界面之间的相对位移（或变位）测量，如岩石—岩石之间、土体—基岩之间、土体—混凝土之间或岩体与其他介质之间的顺缝错动位移，适用于软基、填土、沙砾石与混凝土或岩石间的位移和相对沉降。通过安装本仪器，可准确测量两个介质之间的相对沉降与变化。仪器可采用埋入式及伏贴式安装，直接接触被监测点。

3. 风化监测

风化监测主要针对暴露的石质文物的风化进行监测。由于大量石质文物裸露在外，长年经受风晒雨淋、温差变化的影响，出现开裂褪色现象，为了更好地保护好遗产本体，开展以积累监测数据、分析风化趋势、寻找具有关联关系的病害成因等为主要内容的专题性研究工作，为治理病害提供科学依据，防止风化病害进一步恶化。

使用智能视觉系统，分别对碑刻、壁画、石质构件等风化部位进行长期、固定的高清图像拍摄，经过计算机的处理和对比分析，有针对性地分析抽取图像中的关键风化信息，可对风化进行定性定量的研究。

4. 壁温监测

对开放的地宫安装非接触红外壁温监测仪，对地宫石刻表面温度进行监测，对文物表面温度进行监测和数据积累，获取精确的本体温度，为保护工程提供决策性依据。

壁温监测采用的红外测温传感器是一款有非接触式的红外线温度感应芯片。它在同一 TO-39 封装内整合了红外热电堆感应器与一款定制的信号调节芯片的传感器，在信号调节芯片中 使用了先进的低噪音放大器、17-bit ADC 以及功能强大的 DSP 元件，从而实现高精度无接触远程测温。

五、旅游与游客管理监测

旅游与游客管理监测主要针对景区关键位置的游客人数及景区内的车辆进行监测。通过对监测数据的评估分析，继而制定出符合景区的旅游与游客管理制度或管理办法。

结合景区游客人数监测现状，利用景区出入口的道闸系统，与该系统联网实时获取景区游客人数情况。监测中心游客监测系统能够实时显示当前游客入景区情况；通过视频识别和网络技术，可以实现将景区游客人数实时传到监测中心。

游客安全及行为的监测采用现有的安防系统进行日常的监测，发现问题要及时通报相关部门进行处理。

六、安全防范监测

安全防范监测对象是针对安防、消防等设备设施的基本信息与运转状况进行监测。同时，可以利用现有的安防和消防的设备设施，为景区防灾减灾提供决策服务。监测中心建成后，安防和消防在日常的运行过程中与监测中心必须建立报警联动机制。通过安全防范监测软件功能模块，可以实时调用安防监测摄像头的视频画面对景点、设施及游人的安全进行管理。

对安防、消防等设备设施的基本信息与运转状况进行监测，与相关的部门建立报警联动机制，可为景区防灾减灾提供决策服务，能够提升和完善景区的管理水平。

收集、整理、完善安防、消防、防雷系统日常相关管理制度、设备设施的基本信息、设备设施的分布图、日常设备设施巡检记录、设备设施维修记录、系统报警处理记录以及按照上级管理部门要求需要建立的相关档案记录等，并将所有的信息按照数据库建立的模型进行输入和存储，最终能实现通过安全防范监测进行日常的运行管理。

第六章　清东陵文化资源在文创产品中的开发与应用

第一节　清东陵文化资源在文创产品设计中的应用方法和原则

一、清东陵文化元素在文创产品中的应用方法

文创产品设计是指依靠设计师的经验、技能，运用现代科技手段，对文化资源与文化用品进行创新，从而形成多样化、个性化的高附加值产品的艺术性创作。文创产品能极大地满足广大旅游爱好者对目的地文化的体验需求。因此，文创产品的设计要能展示文化特色，让人们能够把当地的特色文化带回家，延长旅游体验感。

文创产品设计的构成要素主要包括图形、色彩和文字。文创产品设计主要通过对产品中的图形、色彩与文字的加工与处理，实现多种设计元素的有机融合，使得文创产品能够满足人们对物质和精神的双重需求。在文创产品设计过程中，应当重视色彩的提炼运用、图形与文字的艺术化处理等，全方面、多角度提升文创产品设计的表现能力。文创产品展现的并不仅是产品本身，也需要展示产品背后的精神文化内涵。

清东陵文创产品设计需遵循文化性与艺术性、地域性与民族性、纪念性与实用性、市场性与经济性相统一的原则。文化元素有以下几种应用方法。

（一）直接应用法

1. 形态结构直接应用

清东陵的文化元素种类繁多，内容丰富，具有较高的艺术价值，文创产品在设计时将清东陵文化元素直接应用于其中，是能最直接传达信息并传播文化的形式。

形态结构的直接运用是指将外表的“形”直接应用于文创产品设计中。“形”指的是事物所表现出来的物象外形与结构。文化元素的形态直接应用是文创产品设计中最为常见的一种方式，通过这种应用方法可以保留被应用纹样的原貌，再通过文创产品

载体的不同，设计出各不相同的文创产品。清东陵的文化元素经过百年历史沉淀，拥有独特的形态结构，是中华文明不可多得的艺术瑰宝。将文化元素直接应用于文创产品设计中，不仅符合现代设计的审美要求，同时能使文创产品具有一定的艺术价值。

清东陵的文化元素包括图腾文化元素、宗教文化元素、祈福文化元素。各类纹样形象生动，刻画细腻，形态结构完整，体现出各个时期的不同特点。例如，清东陵的吉祥物可以直接应用图腾文化元素进行设计，这既能保证图腾元素的完整性，又能提高设计的趣味性。清东陵的宗教文化元素可以融入摆件、挂件的设计中。在清东陵的文创产品设计中，注重文化元素的形态刻画与原始展现，不仅能够还原、保留清东陵文化的原始文化特色与艺术特色，也是对大众审美的一种满足。将清东陵文化元素直接应用于文创产品设计中，不仅是对于清东陵文化的传承与保护，更是对清东陵文化的发扬与创新，既可以阐释当地的文化和历史，又能继承和弘扬传统工艺。

2. 文字信息直接应用

对文字进行图形化装饰设计，在笔画中融入象征意义的图形能传递多重信息，文创产品的使用者也能更加容易理解其所承载的文化内涵。另外，还应该注意文字的表象性与整体性。表象性是指文字信息能够让大众一目了然，容易认识和理解；整体性是指文字信息的独立完整。在文创产品设计中应注重文字整体和谐程度的把握。正确运用文字信息可以明确表达设计理念与设计想法可以对文创产品设计起到说明作用。

从清东陵石雕纹样的外在形态、美学价值、文化内涵等方面深入挖掘与雕刻纹样相关的文字信息，并对其进行提炼，再直接应用于清东陵的文创产品设计中，能够在展现文字力量的同时，实现文化承载与传播。在文创产品中运用并设计文字，能够使得文创产品更加精准地传达文化。

3. 色彩元素直接应用

色彩有着强烈的情感属性，人对色彩的认知较为直观，色彩在信息传达的过程中也有着极强的识别性。选取合适色彩基调，在文创产品设计中有效运用，可以在视觉上刺激消费者。

对清东陵文化元素的色彩进行梳理（见图 6-1），选取出具有代表性的几种色彩进行归纳，总结出不同色彩元素的分布位置及其色彩所蕴含的寓意，充分发挥色彩在清东陵文创产品设计中的服务作用，可以准确表达文创产品设计的主题。

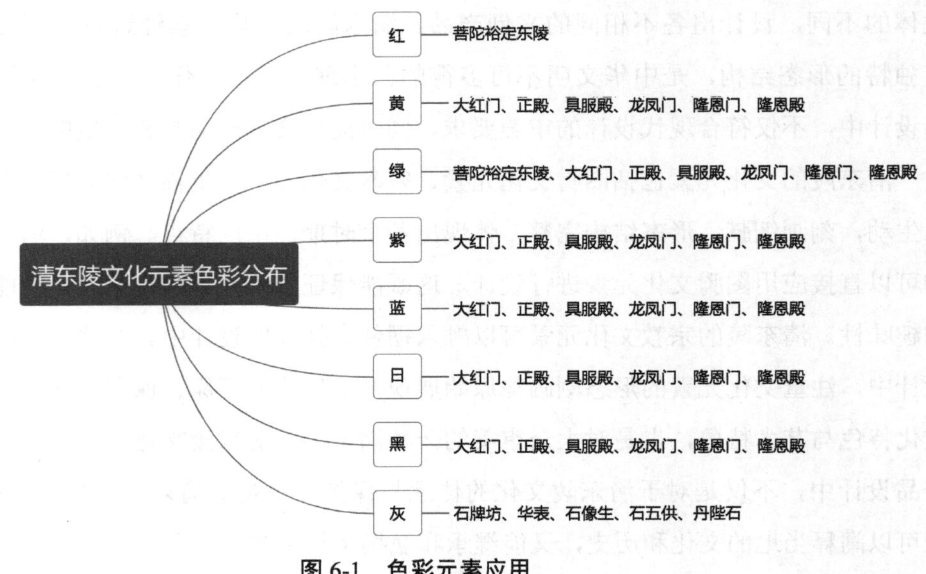

图 6-1　色彩元素应用

在进行清东陵文创产品设计时，可以提炼清东陵雕刻纹样的颜色基调（见图 6-2），整合设计形成一种专属的色彩系统，传达清东陵雕刻纹样所表现的内容，准确地表达设计主题。充分考虑目标消费者的特征与需求，了解消费者对颜色的喜好。在设计过程中，应遵循单纯、和谐、醒目的原则，将色彩与产品的功能相结合，同时考虑文创产品使用的场景环境及使用者的文化背景，保证色彩以最佳的艺术效果呈现，展现出清东陵雕刻纹样特有的艺术文化气息。

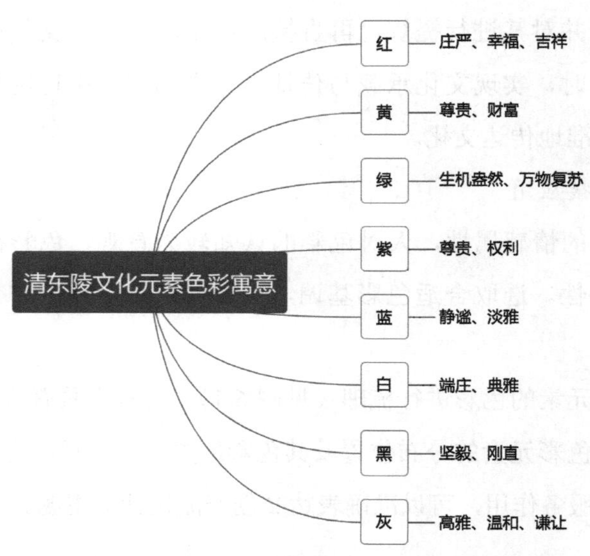

图 6-2　清东陵文化元素色彩寓意

（二）转化应用法

清东陵文化元素种类丰富、数量众多、精美细腻，除了直接将其应用于文创产品，还可以对其进行拆解与分散、提炼与概括、变异与延伸，以当代的审美视角进行再设计，继而转化应用于文创产品设计中，提升清东陵文化元素的艺术价值。

文化元素的拆解就是把元素原型打散并进行分解，使其成为一个个独立的个体，再创造为具有创新性和艺术性的新纹样。早在几千年前，人类就开始对纹样进行拆解。这一方式在原始彩陶的鱼纹、叶纹中已有初步体现。在文创产品设计的过程中，拆解只是文化元素转化的基础，只有进行进一步的概括和提炼，形成凝练的个体纹样，再进行变异和延伸，才能创造出让人耳目一新的纹样，促进清东陵文创产品设计的创新，满足更多消费者的需求。

对清东陵文化元素进行拆解，可以促进传统的文化元素与现代的设计相结合，为文创产品设计带来崭新的思路。

（三）寓意挖掘应用法

在道教、佛教、儒家文化的熏染下，清东陵雕刻纹样不仅具有构思美、工艺美与形式美，也具有独特的内涵美，更加蕴含了丰富的中国传统哲学和美学底蕴。

清东陵文化元素有龙与凤（见图 6-3）。龙与凤代表至高无上的尊贵地位，龙的角似鹿、鳞似鱼、爪似鹰，龙纹图腾自古以来就被赋予无上尊贵的含义，因此龙纹只有皇家才能够使用。凤是传说中的百鸟之王，凤纹也彰显出使用者的尊贵身份，是祥瑞、幸福美满的象征。

图 6-3　图腾文化元素寓意

佛教是世界上流传最广的宗教之一。佛教从汉代传入中原后逐渐与本土道教与儒家融合，成为我国传统文化的重要组成部分。清东陵石雕纹样深受佛教文化的影响，佛八宝的纹样呈覆盖式出现在孝陵、景陵、裕陵、定陵、惠陵等帝王陵寝的石五供上。佛八宝又称八吉祥，是佛教中的八种法器，即法轮、法螺、宝伞、白盖、莲花、宝罐、双鱼、盘长（ 见图 6-4）。法轮喻指生命不息，法螺能带来好运，宝伞象征着保护，白盖象征帮助大众脱离贫苦，莲花象征出淤泥而不染，宝瓶代表名利双收，双鱼代表幸福，盘长寓意长寿。

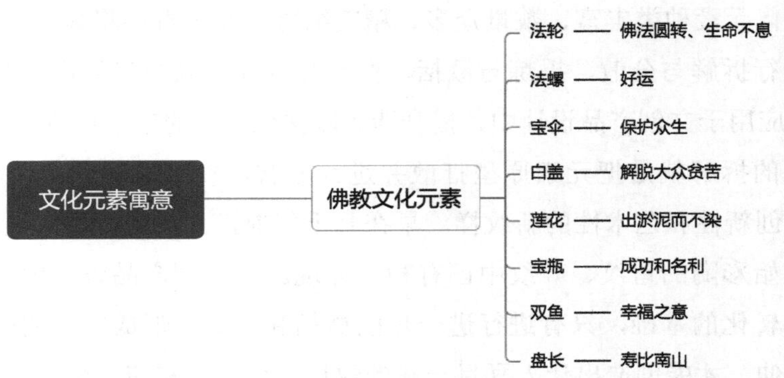

图 6-4　佛教文化元素寓意

道教追求“万物与我为一”的天人合一精神境界，而这一理念在清东陵的很多雕刻纹样中都有所体现。其中，暗八仙纹是清朝最为流行的纹样之一（见图 6-5）。道教八仙所持宝物都富有吉祥的寓意：韩湘子的笛子能助万物生长；铁拐李的葫芦用于炼丹制药，以此普救众生；吕洞宾的宝剑能够降妖除魔；汉钟离的宝扇能够起死回生；张果老的渔鼓能验星相卦；曹国舅的阴阳板可以净化环境；蓝采和的花篮能够广通神明；何仙姑的荷花代表修身养性之道。暗八仙纹在纹样刻画上十分严谨规整。

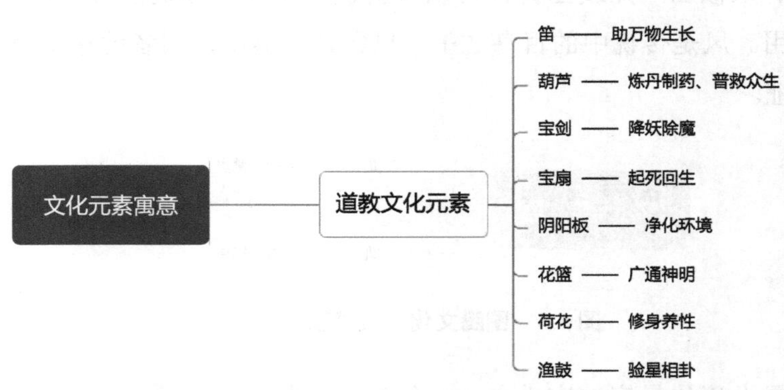

图 6-5　道教文化元素寓意

儒家的思想以“仁”为核心，在清东陵中，能够体现儒礼文化的雕刻纹样有鼎、炉、爵等礼器。同时，儒家极其重视“乐”，“乐”可陶冶情操、净化心灵，清东陵雕刻纹样中的磬、钟、笙、管、笛、板、钹等乐器纹样就是儒家文化的重要体现。同时，儒家文化还有“四艺”的说法，这一纹样也多处出现于清东陵之中（见图 6-6）。

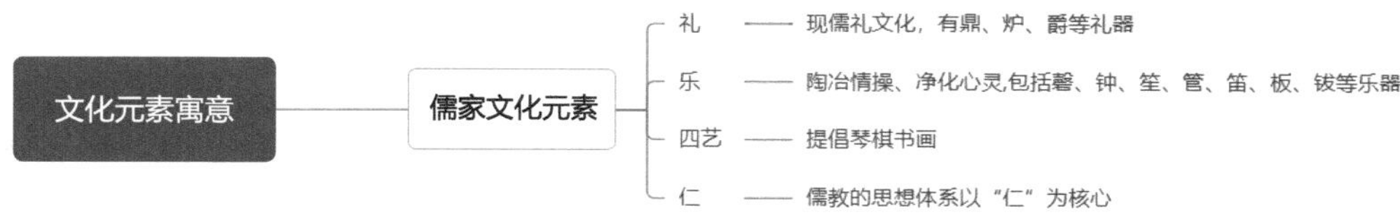

图 6-6 儒家文化元素寓意

二、清东陵文化元素在文创产品中的应用原则

（一）传承性原则

清东陵是宝贵的世界文化遗产，蕴含着丰富的历史文化。因此，清东陵文创产品设计必须把文化传承性原则放在首要位置，注重清东陵的地域性、民族性与历史性特点，保留清东陵文化的精髓，将清东陵文化元素融入文创产品设计，传递清东陵特有的文化和精神内涵。

1. 地域性

清东陵的孝陵有数量最多的石像生和最长的神道，裕陵地宫被称为一座艺术价值最高的宝库，菩陀峪定东陵有最为精美豪华的装饰与雕刻。清东陵在历史遗存、文化形态、陵寝构造等方面所显示的地域文化，都可作为文创产品设计的灵感来源。尊重地域文化，保持清东陵文化元素的独特性，将其应用于文创产品设计，可以避免产品同质化现象的发生，并且可以加强人们对清东陵的认知。

2. 民族性

道教、儒家、佛教文化对清东陵文化的产生和变化以及发展都具有深远的影响。尊重清东陵文化，把清东陵具有民族性的文化元素与文创产品相结合，将产品设计形态与文化内涵完美地融合在一起，既能创造出独特的文创产品，又能传承中国传统思想文化。

3. 历史性

清东陵蕴含着丰富的历史文化，能够为清东陵文创产品设计提供珍贵的实物资料。2000 年，清东陵作为“明清皇家陵寝”的一部分被列入《世界遗产名录》。清东陵特有的文化历史性在清东陵文化元素中也有所体现。例如，清东陵的每一个石雕纹样都凝结了工匠们精湛的工艺技术和卓越的智慧。慈眉善目的文臣、勇猛的武将、凶猛威严的狮子、忠诚的骆驼、壮硕的大象等，都体现了雕刻的静态之美。

我们应在这些文化元素的基础上进行现代化设计，使文物的历史性与现代技艺巧妙结合，设计出既蕴含历史古典美，又具有现代装饰性的文创产品，提升清东陵文创产品的魅力。

（二）创新性原则

1. 清东陵文化元素的美学性创新

文创产品设计是一项复杂的创新性活动，而美是文创产品设计的基础。艺术美学性是将艺术与美学相结合，探索艺术中的美学问题。艺术美学与文创产品设计的碰撞、融合与交互等过程，会给清东陵文创产品设计带来重要启迪。根据艺术美学性进行产品创新设计，可以满足消费者的精神文化需求。把清东陵文化元素的美学性创新应用于文创产品设计当中，能设计出兼具艺术价值和美学价值的作品。

艺术美学在清东陵文化元素中也有多方面的体现。无论是图腾文化元素、宗教文化元素，还是祈福文化元素都具有一定的艺术性与美学性，并适用于文创产品设计的创新性改造。例如，在清东陵图腾文化元素中的龙纹就非常具有艺术性。清东陵中的龙纹造型各异，有的雄壮威严，有的怡然自得，有的腾云驾雾、神采奕奕，有的使人心生敬畏。如果把龙纹应用于文创产品设计中，充分发挥雕刻艺术的人性化、和谐化、个性化等特征，对龙纹样进行创新设计，能够创造出独具特色的文创产品，满足大众的消费需求。

2. 清东陵文化元素的差异性创新

差异也可以理解为区别，具体分为外在差异和内在差异。外在差异是事物与其他事物之间的不同点，内在差异是事物内部具有的对立因素与趋势，即可理解为事物自身尚未激化的矛盾。注重不同文创产品设计的差异化特征，创造出清东陵特有的文创产品设计是非常值得去探索的。突出差异性也是创新性原则的一项主要内容。调查显示，中国消费者只会花费短短几秒的时间来决定购买哪种产品，64% 的消费者会选择购买外观和包装更加吸引人关注的产品。

要想体现出清东陵文创产品设计的差异性，需要从多个角度分析、判断市场需求以及消费者行为，制定合理的销售策略或方法。差异性的创新还包括地域差异化创新、产品品类差异化创新、消费群体差异化创新、消费手段差异化创新、营销手段差异化创新等。

3. 清东陵文化元素的情感性创新

情感性创新目的是抓住消费者的注意力、诱导出消费者的情绪反馈，以提高执行特定行为的可能性。也可以说，情感性创新是以自己独特的方式去刺激观众，让观众找到情感上的共鸣。情感体验性创新是创新性原则的一项重要内容，是以大众需求为出发点，为文创产品设计赋予一种情感，继而使其与受众产生情感共鸣。情感化设计创新的关键在于了解大众的情感与精神需求，帮助用户探索自我。把情感性设计把握好，设计出的产品才能抓住用户的心。情感性创新可以缓解大众的情绪，帮助大众快速熟悉产品以及设计，积极引导用户行为。因此，在进行清东陵文创产品设计时，需注重消费者的情感体验，在保证文创产品的内涵和纪念意义的基础上，确保每一个产品都拥有自己的“故事”，并关注这个“故事”是否有趣味性，是否对消费者具有吸引力，从而提高用户体验。例如，在设计中时可以选用带有吉祥含义的元素，在创作节日文创产品时使用。

不同的文化元素会给人带来不同的视觉感受和情感体验。以清东陵的石雕纹样为例，石雕纹样的不同主要表现在纹样的走势、形态、颜色等方面。注重石雕纹样在纹样特色上的表现，把石雕纹样通过最基础的工艺或技术进行设计，可在雕刻纹样与文创产品设计之间找到契合点，增强消费者的整体情感体验。

（三）品牌专属性原则

清东陵文创产品设计需要遵循品牌专属性的原则。本节对如何形成规范统一且具有清东陵特色的文创产品设计进行深入研究，以保证清东陵文创产品的品牌专属性。同时，品牌专属性能促使清东陵文创产品建立良好的品牌体系，从而加速清东陵文化的传播。

1. 保障清东陵品牌的规范统一性

清东陵要做好文创产品设计的品牌专属性开发工作，首先要注重文创产品设计的统一规范性，指的就是确定产品的品牌定位，在市场与消费者中明确自己的优势，构建出清东陵的专属品牌。品牌是一种文化传达，清东陵的文创产品设计不仅是获取经济效益的手段，也是企业文化的体现。

目前，清东陵文创产品设计存在严重同质化的现象，与其他景区的文创产品几乎没有差别，缺乏具有清东陵特色的创意产品。并且产品线呈现出杂乱无章的状态，没有进行统一化管理，难以吸引大众的目光。因此，清东陵文创产品首先需要确立自己的品牌名称、品牌产品、品牌内容等，建立有效的品牌识别系统，树立自己的品牌形象。其中，保障产品的专属性是当前清东陵文创产品设计的重中之重。

为了保障清东陵文创产品设计的专属性，可对清东陵雕刻纹样采用以下两种方法进行设计：第一种方法是对同一种文化元素进行多维度设计，开发同主题下不同类型的文创品牌；第二种方法是在保证统一性的前提下，进行不同方向的设计开发，形成一系列的文创品牌，为清东陵的品牌专属性打好基础。

品牌规范统一性导则原则旨在提醒品牌，在设计中尽可能要突出清东陵品牌独特的品牌形象，提升品牌的竞争优势；规范统一性强调在所有的传播活动中均应保持品牌主题、风格与品牌领域、品牌定位的一致性，提高品牌传播投入的累积效力；在明确品牌传播的基础上，认真分析传播对象的信息源、决策树及其已经建立起来的信息库，进而从传播主题、风格、场所、等方面整合传播地图，提升清东陵品牌传播效力；要在传播中随时观察市场环境的变化，及时调整传文创产品设计的内容和形式，使品牌能够保持良好的传播效力。

2. 保持清东陵文化元素的独特性

文创产品作为文化产品中的一部分，其本质是通过人的劳动创造出来用以满足人们精神文化需要的产品。但同时文创产品与一般文化产品不同，文创产品是文化产品的一个重要组成部分。文创产品强调创意、并以创新为重，重视创新，同时也强调文化对经济社会的支撑和推动作用。

一个成功且被大众所熟知的文创品牌不仅在设计上要能显现出其传达的文化内涵与创新性，更要充分注重文创产品设计的独特性。很多地区旅游纪念品不注重自己特有的优势，设计的文创产品千篇一律，没有给消费者留下独特的印象。清东陵文创产品的设计就要避免这类问题的出现，必须抓住其特有的文化元素合，挖掘文化元素独特的性质与内涵，设计出具有独特的艺术魅力的产品。

首先，需要了解喜爱什么类型的产品，并从多个角度分析的喜爱程度等，同时还要顺应市场发展方向，设计迎合市场主流、受市场欢迎的产品。其次，选择合适的高质量设计团队，完善文创产品设计。最后，明确品牌定位，将清东陵文化元素通过造型、色彩、文字等多种形式融入文创产品的设计中去。

第二节　清东陵文化元素文创产品设计实践

一、清东陵文化元素文创产品设计定位

地域民俗艺术是某一地区的劳动群众在生产劳动和社会生活的闲暇时间，为了实用需求或精神需求而创造出来的一些本地域特有的艺术形式。它产生、发展于基层劳动者的生活中，广泛流传于民间。我国幅员辽阔，少数民族众多，不同的地理条件、自然气候孕育出多样化的地域民俗文化。作为其表现形式的地域民俗艺术更是内容丰富、形式多样。近年来，随着现代设计的蓬勃发展，我国的艺术设计教育空前高涨，在接受西方设计理念的同时，更多的声音呼吁“中国设计”和“特色教育”。

作为皇家陵寝，清东陵是清皇家文化、图腾文化、宗教文化、祈福文化发展的缩影，是清入关以来历史文化的沉积。长远看来，清东陵文创产品的发展离不开对其文化含义的解读。想要为清东陵文创产品找到一条可持续发展的道路，必须要深入挖掘清东陵文化，利用其丰富的文化元素来对文创产品进行设计。

文创产品的开发离不开设计者对文化的解读，开发独属清东陵的文创产品，一定要抓住两点：一是对清东陵的文化进行挖掘探索，在依托传统文化元素的同时进行当代审美风格下的创新，也就是在传承清东陵文化的同时也要达到创新的目的，这有助于清东陵文创产品的品牌品质与品牌魅力的提升；二是精确洞悉消费者的潜在需求，抓住不同层次消费者的被吸引方向，毕竟文创产品从本质上说就是产品，要具有产品最基本的服务属性。可以说，能否成功地开发清东陵文化元素的文创产品设计，取决于它是否能满足不同的消费群体的需要。

（一）清东陵文化元素定位

清东陵文化元素可以分为三大类，分别是图腾文化元素、宗教文化元素以及祈福文化元素。其中图腾文化元素包含龙元素与凤元素，宗教文化元素含有佛教文化、道教文化、儒家文化与萨满文化。每一类文化元素又有着许多小的支点，为了更好地为其定位，应进行问卷调查。笔者随机选取唐山当地居民和清东陵游客作为第一轮问卷调查的对象，问卷调查清东陵的图腾文化、宗教文化和祈福文化三种文化元素里的小元素——龙文化、凤文化、佛教文化、道教文化、儒家文化、萨满文化以及祈福文化的相关问题。

调查问卷共发放 100 份，收回有效问卷 100 份，调查结果显示，人们认为最能代表清东陵的文化元素的是图腾文化元素，紧随其后的是祈福文化元素，最后是宗教文化元素（见图 6-7）。

在图腾文化元素中，有龙文化和凤文化之分，作者通过调研得出结论，人们最认可龙文化，其次是凤文化；龙文化占比要远高于凤文化（见图 6-8）。

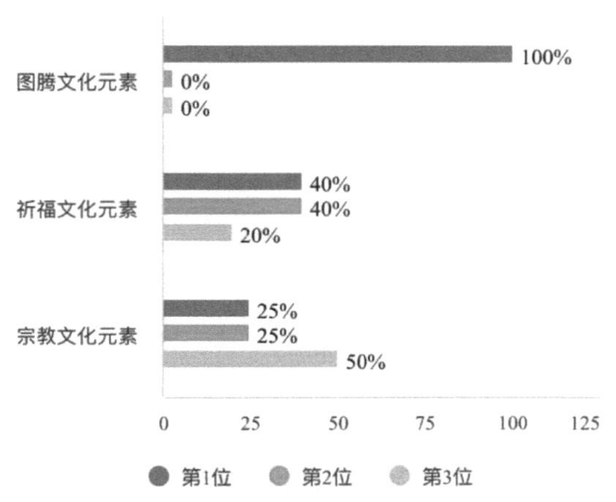

图 6-7　最能代表清东陵的文化元素

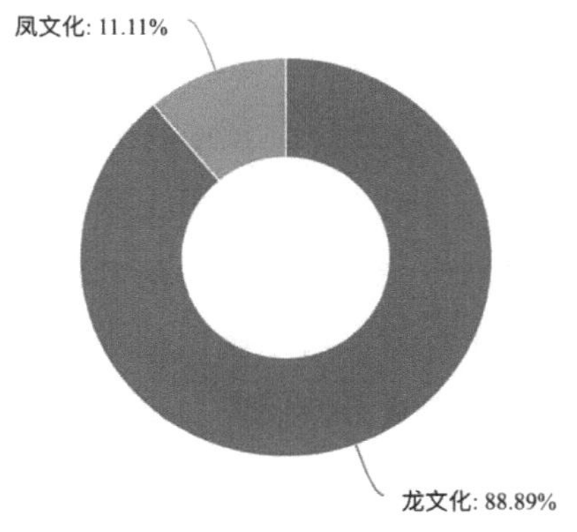

图 6-8　图腾文化元素中谁最能代表清东陵

宗教文化元素中，人们认为最能代表清东陵文化的是佛教文化（见图6-9）。

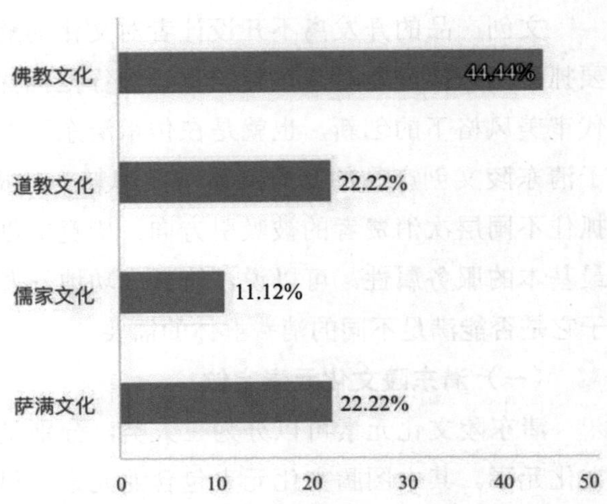

图 6-9　宗教文化元素中谁最能代表清东陵

（二）清东陵文创产品设计定位

文创产品可以借鉴传统文化，但是绝不能照搬照抄，在创新的同时要满足顾客的需求。

第一，考虑到清东陵文化元素文创产品在线下的主要销售地点，必须分析参观清东陵的人群。这是为了区别不同群体的消费观念和购买力。第二，按访问对象，游客可以分为普通民众、学生，以及专业人士，这个划分可以快速了解各类人群的消费喜好及消费水平。

传统的文创设计有设计、决策、定稿、生产、销售五个阶段，要充分了解消费者需求，我们还要再次进行问卷调查。第二次问卷调查的主要目的是通过了解消费者需求，来为清东陵文创产品定位。问卷调查主要包含以下几个方面，消费者本身信息详情、是否愿意购买文创产品以及对目前清东陵文创产品的看法和期待。作者设计的调查问卷为线上调查，参与调查共 54 人调查结果如下：

（1）被调查者中购买过文创产品的人数占总人数的 42.59%，有购买意图但还没有购买过的人数占总人数的 40.74%，不购买并不想购买的人数占总人数的 16.67%（见图 6-10）。

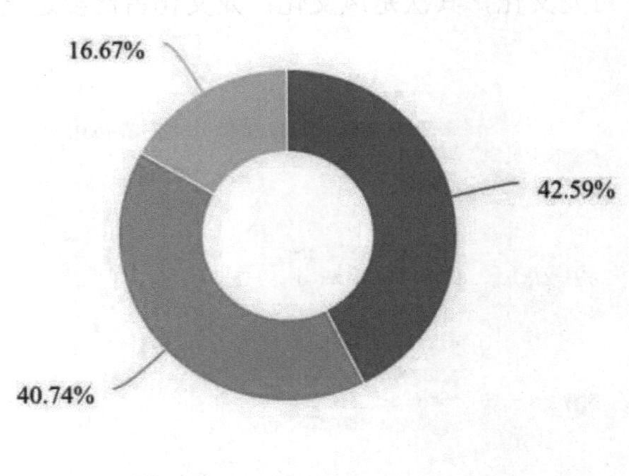

图 6-10　对文创产品购买意向数据展示

（2）目前来看，市面上流通的清东陵文创产品种类较少，笔者就消费者是否愿意购买清东陵文创产品的问题作了初步调查，调查显示愿意购买挂件与饰品的人数最多，其余排序依次为工艺美术品，明信片、书签等，食品，生活用品，文具，其他（见图

6-11）。大部分消费者认为，市场上流通的清东陵文创产品较少，选择购买的时候会相对谨慎一些。

（3）能吸引被调查者的产品特征要素排名高低依次是外观好看、创意好、纪念价值高、具有文化内涵、有实用价值、功能性好、现代感强、其他（见图 6-12）。

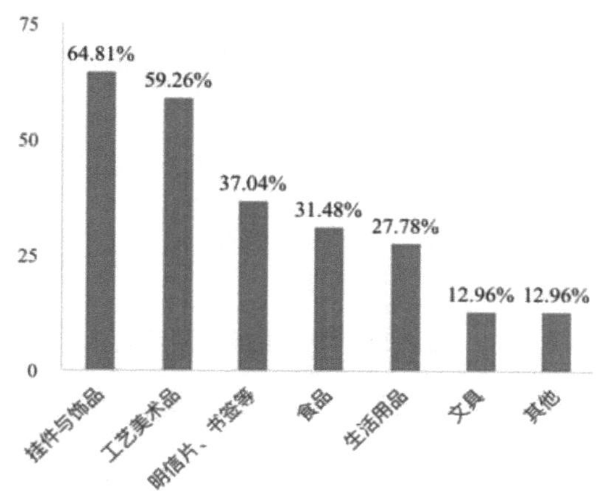

图 6-11 各类文创产品购买意向指数

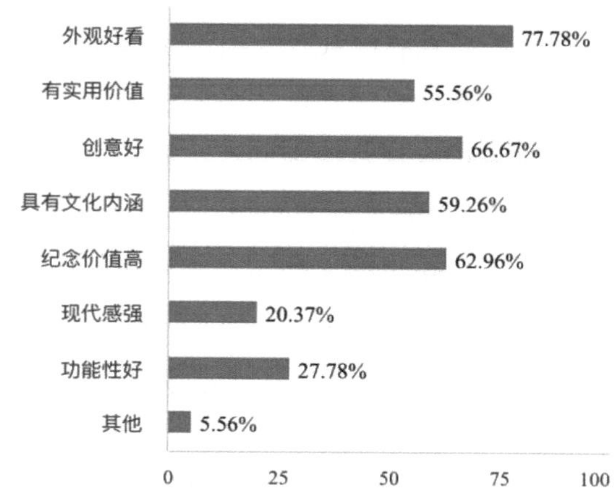

图 6-12 文创产品吸引你的产品特征

（4）被调查者对于目前市场上现有的清东陵文创产品在设计上存在几点看法，依次是缺乏创意、没有鲜明的清东陵特色、设计陈旧、样式单一（见图 6-13）。

（5）在对清东陵文创产品设计风格进行调研时发现，被调查者更加希望能够有时尚简约的文创产品出现（见图 6-14）。

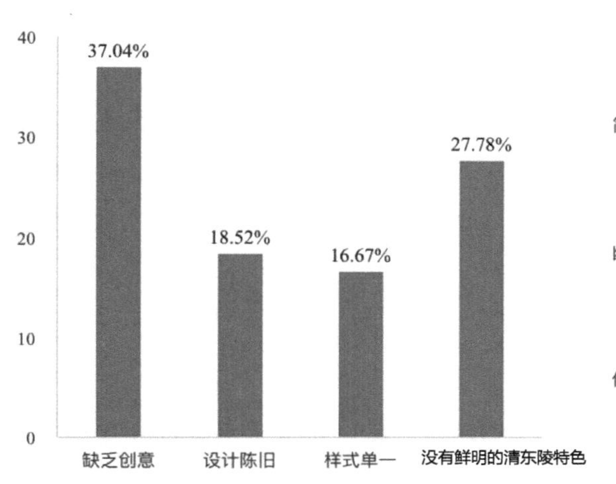

图 6-13 消费者对目前清东陵文创的看法统计表

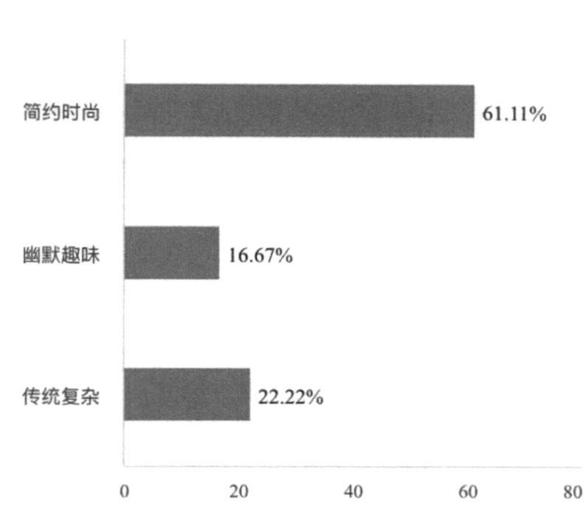

图 6-14 清东陵文创产品的设计风格

（6）在调查问卷的最后，让被调查者用几个词语描述一下他们对清东陵的印象，根据最后收集到的词汇，总结出图 6-15。

图 6-15　清东陵描述词汇汇总

开发清东陵文化元素的文创产品，一定要结合现代科学的技术，使之既有清代皇家的文化特色，又具有时代气息。一方面，将传统手工制品的制作和当下的设计结合起来，制作出的文创产品要具有满族特色，同时又具有简单实用等现代风格特征；二是以文化旅游为导向，运用现代的文化创意技术，进行文创产品的开发和制造。另外，产品与品牌也不能只满足于功能，要深入挖掘其背后的文化与精神内涵，使其更具“灵魂”和“温度”。

二、清东陵文化元素文创产品设计展示

（一）清东陵景区主题插画设计（作品来源：张盈刚）

1. 设计构思

清东陵景区主题插画设计主要目的是为清东陵打造一套符合现代审美的视觉名片，用艺术的手法来洗去陵墓的沉重气息，用轻快的构图来烘托清东陵的祈福文化。作为中国古代最大的帝王陵寝，清东陵过去有着属于自己的独特地位，但是现如今却逐渐被人们所淡忘。此次设计的初衷就是为了能够让清东陵走进人们的生活，让人们所熟知清东陵代表的文化寓意。

此次插画设计共分为 7 个小主题，而 7 个小主题统属于祈福文化主题下。每个小主题的设计构思均取自各个陵寝的不同特色，分别为“顺治：七星夙愿。康熙：锦绣河山。乾隆：静悟生莲。慈禧：凤引龙衔。慈安慈禧：双凤来仪。石五供：八宝同辉。七孔桥：七拱吟月”。

2. 方案展示（成品）

（1）插画展示

七星夙愿（见图 6-16）：此主题设计灵感来自孝陵，构图包含山水风景以及北斗七星，也有瑞麟、鹿、朴象、仙鹤。山水风景取自清东陵风景一角，鹿和鹤取自顺治帝陵大殿前的铜像；瑞麟和朴象取自主神路上的石像生；鹿代表幸福和长寿；鹤也有长寿吉

祥的寓意；而象高大威严，稳如泰山；麒麟也是祥瑞之兆，这些都有美好的寓意。

锦绣河山（见图6-17）：本主题设计灵感来自景陵，景陵为康熙帝的陵寝，康熙皇帝在位期间，中国版图不断扩大。江山如画，以平面的卷轴图册结合立体的山川河流、楼阁桥梁，展现了壮阔的大好河山，楼宇桥梁以及群山均体现清东陵本身的特色，平面和立体的交融也是一个很好的契合点。

图6-16　七星凤愿

图6-17　锦绣河山

凤引龙衔（见图6-18）：设计灵感来自定东陵，慈禧陵寝大殿前的丹陛石上开辟了史无前例的凤上龙下的雕刻图案，此设计就是将凤上龙下这一特色进行再创作。

静悟生莲（见图6-19）：此主题取自清东陵裕陵地宫墙壁上所绘的人生五欲图。五欲是色、香、味、声、触，而石壁上所雕刻的代表五欲的五样东西分别为镜子、杯酒、果子、琵琶、衣服。设计灵感是五欲代表了人生百味。

图 6-18　凤引龙衔

图 6-19　静悟生莲

七拱吟月（见图 6-20）：本主题的构图灵感来源取自清东陵的七孔桥。传说中虽然七孔桥的栏板望柱形制一样，但是敲击起来却能产生不同的音律，声音近似中国古代的“宫、商、角、徵、羽”五音，所以七孔桥也被人们称为五音桥，有美好祝福之意。

八宝同辉（见图 6-21）：此主题灵感来自清东陵石五供的八宝雕刻图案。这里的八宝意指中国的八仙，八宝的元素出现在清东陵的石五供上，造型非常优美且灵活多变。八宝其实是八仙手里所拿着的法器，常有美好吉祥的祝愿意义。

图 6-20 七拱吟月

图 6-21 八宝同辉

（2）文创作品展示

文创产品展示 1（见图 6-22、6-23）：

名称：双凤来仪帆布包

材质：16 安优质纯棉帆布

尺寸：38 cm×40 cm

图 6-22 双凤来仪帆布包 1

图 6-23 双凤来仪帆布包 2

文创产品展示 2（见图 6-24、图 6-25）：

名称：“静”系列小帆布包

材质：16 安优质纯棉帆布

尺寸：18 cm×20 cm

图 6-24 “静”系列小帆布包 1

图 6-25 “静”系列小帆布包 2

文创产品展示 3（见图 6-26、图 6-27）：

名称：“梦与境”系列睡眠眼罩

材质：双面真丝

尺寸：21 cm×10 cm

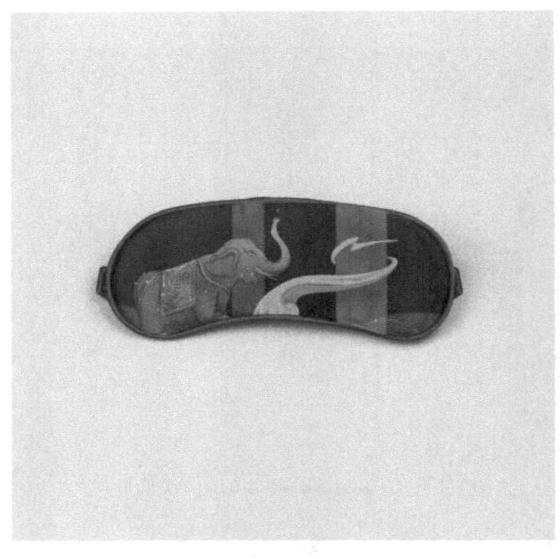

图 6-26 “梦与境”系列睡眠眼罩 1

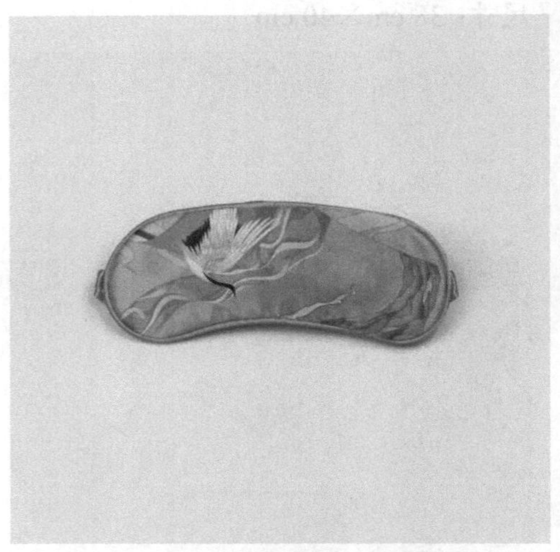

图 6-27 “梦与境”系列睡眠眼罩 2

文创产品展示 4（见图 6-28、图 6-29）：

名称：方形丝巾

材质：蚕桑丝

尺寸：90 cm×90 cm

图 6-28　方形丝巾 1

图 6-29　方形丝巾 2

文创产品展示 5（见图 6-30、图 6-31）：

名称：“天祈”系列徽章

材质：合金

尺寸：4.5 cm×1.8 cm×0.2 cm—4 cm×2.3 cm×0.2 cm

图 6-30　“天祈”系列徽章 1

图 6-31　“天祈”系列徽章 2

文创产品展示 6（见图 6-32）：

名称：手表

材质：表带真皮 表壳合金

尺寸：表带 23.9 cm×1.5 cm 表盘 3.6 cm×3.6 cm

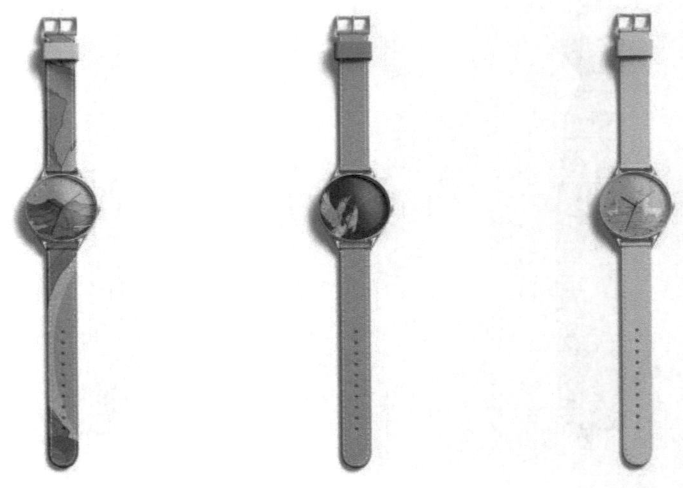

图 6-32 手表

文创产品展示 7（见图 6-33、图 6-34）：

名称："静悟生莲"直筒亚麻灯

材质：亚麻

尺寸：14 cm×26 cm

图 6-33 "静悟生莲"直筒亚麻灯 1

图 6-34 "静悟生莲"直筒亚麻灯 2

文创产品展示 8（见图 6-35）：

名称：“八宝”系列布艺纽扣

材质：布料 + 铝底

尺寸：10—21 cm

图 6-35　“八宝”系列布艺纽扣

文创产品展示 9（见图 6-36、图 6-37）：

名称：“千山同辉”胶带

材质：皱纹纸布基 + 胶布合成

尺寸：20—50 m

图 6-36　“千山同辉”胶带 1

图 6-37　“千山同辉”胶带 2

文创产品展示 10（见图 6-38、图 6-39）：

名称：精装笔记本

材质：哑光硬卡纸

尺寸：20.4 cm×14.2 cm

图 6-38　精装笔记本 1

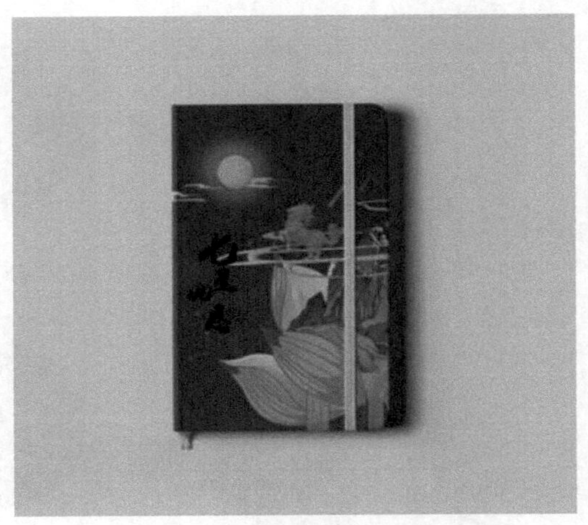

图 6-39　精装笔记本 2

文创产品展示 11（见图 6-40、图 6-41）：

名称：蓝牙耳机盒

材质：聚四氟乙烯

尺寸：5.5 cm×4.2 cm×2.2 cm

图 6-40　蓝牙耳机盒 1

图 6-41　蓝牙耳机盒 2

文创产品展示 12（见图 6-42）：
名称：“莲生莲”连衣裙
材质：棉麻
尺寸：均码

图 6-42　“莲生莲”连衣裙

文创产品展示 13（见图 6-43、图 6-44）：
名称：系列手机壳
材质：磨砂硅胶
尺寸：150.9 mm×75.7 mm×8.3 mm

图 6-43　系列手机壳 1

图 6-44　系列手机壳 2

（二）清东陵景区主题插画设计（作品来源：李志强）

1. 设计构思

在图案的设计中以雕刻纹样和吉祥纹样为主，结合史实，用现代手法创作出符合清东陵文化的产品，让大众能够加深对清东陵景区的认识。产品设计要有实用性和时尚性，充分体现产品的购买价值。主要纹样图案设计分别有凤凰来仪、福寿安康、福寿绵长、丹凤朝阳、龙凤呈祥、五欲人生、天王祈福、祥凤威龙，插画整体均以平面化设计。本项目旨在通过古今结合，利用现代软件技术，设计出符合现代人审美的文创产品。

2. 草图、推演过程

这是绘制凤上龙下的第一份草图（见图 6-45）。草图绘制完成以后经过思考，认为如果所有图稿绘制完成不上颜色会较为单调，经过沟通决定放弃。

图 6-45　草图 1

这是第二次画的草图（见图 6-46），这版草图采用了方形构图，里面绘制了莲花、凤上龙下等图案。通过采用渐变色来处理图片，并且试着填充了部分颜色，然而上完颜色并不是特别好看，所以笔者再次决定放弃这版草图。

图 6-46　草图 2

这是第三次画的草图（见图 6-47），仍然采用了方形构图。里面绘制了凤上龙下图案、凤引龙图案、缠枝莲花纹图案等，采用一图多景的表现手法。扁平化处理。最终笔者按照第三版的草图来绘制成品图。

图 6-47　草图 3

3. 方案展示（成品）

（1）插画展示

图 6-48 凤凰来仪

“凤凰来仪”：图案出自慈禧陵寝（见图 6-48）。分别选取了丹陛石中的凤上龙下图案和缠枝莲花纹图案、栏板中的凤引龙图案、祥云图案、万字不到头图案、配殿中的金叶子图案。这些图案都是慈禧地位的象征，同时也是吉祥的象征。

图 6-49 福寿安康

“福寿安康”：图案出自慈禧陵寝（见图 6-49）。福寿安康主题的图案主要由配殿墙壁上的五福捧寿图案以及悬梁上的包袱锦图案、五福捧寿图案构成，它是由五只展开翅膀向中心飞翔的蝙蝠，围绕着中间的“寿”字。同时又配有“万字不到头”的图案，寓意着富贵不到头。另有一些莲花纹图案，所有的花纹连接在一起，没有断断续续，寓意生生不息。

图 6-50 福寿绵延

“福寿绵延”：图案出自裕陵（见图 6-50）。这幅图主要包含了穿堂券券顶的二十四佛、八宝图案，丹陛石上的祥龙图案、海水山崖图案以及石五供上的宝相花图案。在八宝图案中宝莲寓坚贞纯洁之意；福轮寓生命不息之意；福螺寓好运常在之意；宝瓶寓福智圆满之意；福结寓长命百岁之意。整体图片以祈福性质和吉祥性质为主。

图 6-51 五欲人生

“五欲人生”：图案出自裕陵（见图 6-51）。这幅图主要选用了穿堂券东西墙壁上的五欲供图案，包含明镜、琵琶、涂香、水果、天衣器物，并且中间选用了它们的器座——上升的莲花图案。在周围也选用了一些莲

图 6-52　天神祈福

花和几何状的图案起到装饰效果。佛教认为色声香味触为五唯、眼耳鼻身舌又为五境，五唯和五境又统称为五欲。

“天神祈福”图案出自裕陵（见图 6-52）。这幅图主要选用了金券两侧平水墙上面的半圆形月光石中的图案，月光石中，又包含了佛像图案、八宝图案、火珠图案、云纹图案、梵文经咒图案。画面的四周选用了几何图形进行装饰。

图 6-53　丹凤朝阳

“丹凤朝阳”图案出自景陵双妃园寝（见图 6-53）。主要选取了丹陛石上面的丹凤图案，周围用祥云和万字不到头图案相配。

图 6-54　龙凤呈祥

“龙凤呈祥”图案出自孝陵（见图 6-54）。周围的花纹图案选自顺治陵寝石五供上的图案，中间的图案选自龙凤门上的龙、凤图案以及石像生狮子图案。

图 6-55　祥凤威龙

“祥凤威龙”图案出自孝陵（见图 6-55）。这幅图主要选用了孝陵丹陛石上面的龙凤图案、海水山崖图案、莲花图案、万字不到头图案、八宝和六艺图案、宝瓶大象图案。均以吉祥为主。

（2）文创作品展示

文创产品展示 1（见图 6-56）：

名称：眼罩

材质：涤棉

尺寸：20 cm×10 cm

图 6-56　眼罩

文创产品展示 2（见图 6-57）：

名称：眼镜布

材质：布艺

尺寸：5 cm×5 cm

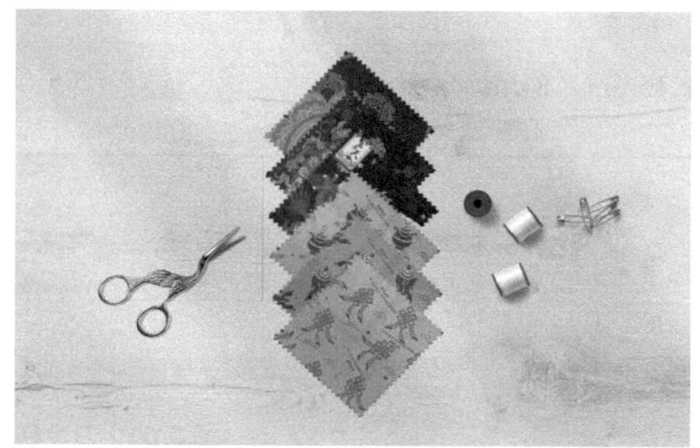

图 6-57　眼镜布

文创产品展示 3（见图 6-58）：

名称：手表

材质：布艺

尺寸：5 cm×5 cm

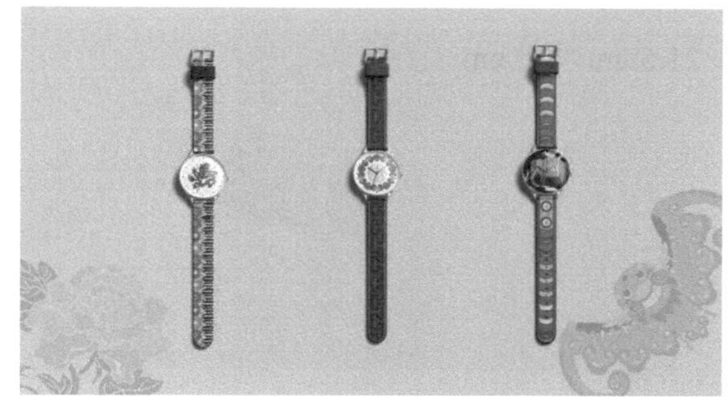

图 6-58　手表

文创产品展示 4（见图 6-59）：

名称：香薰

材质：玻璃

尺寸：15 cm×8 cm

图 6-59　香薰

文创产品展示 5（见图 6-60）：

名称：口金包

材质：棉布

尺寸：15 cm×8 cm

图 6-60　口金包

文创产品展示 6（见图 6-61）：

名称：笔袋

材质：牛津布

尺寸：21.5 cm×10 cm

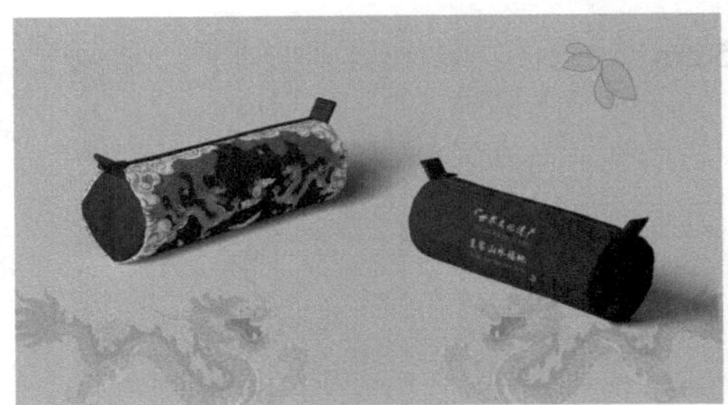

图 6-61　笔袋

文创产品展示 7（见图 6-62）：

名称：魔方

材质：塑料

尺寸：8 cm×8 cm

图 6-62　魔方

文创产品展示 8（见图 6-63、图 6-64）：

名称：笔记本

材质：精装

尺寸：21 cm×14 cm

图 6-63　笔记本 1

图 6-64　笔记本 2

（三）清东陵景区主题文创产品设计（作品来源：闫旻）

1. 设计构思

（1）插画及纹样的创作理念

清东陵的祈福文化可以作为文创产品开发的重点，可将其体现在插画和纹样的创作之中，如对乾隆的裕陵帝宫内佛教元素的提取、对殿前鹿与鹤的瑞兽进行提取、对祈福大典文化形式的提取、对建筑上的纹样进行提取。在对这些元素进行二次创作时，加入历史故事，引入典故，将鹿与鹤的形象各自配上乾隆与康熙题的“天下第一福”和“天下第一寿”福寿二字进行结合，将美好的祈愿融入产品中，让游客感受到清东陵文创产品对游客的美好祝愿。

（2）地图及门票的创作理念

清东陵的地理位置优越，依山傍水，风水极好，是一块至福宝地，同时占地面积辽阔，建筑错落，在景区行走较难区分自身处于清东陵园陵内哪一区域，下一处将要参观的是何景点，在何方向，地图可以让游客更加直观地俯瞰整个陵寝的布局，了解各个景点的信息，地图设计时采用了插画的方式，门票也直观地用文字介绍清东陵的大致内容，通过图案花纹将祈福文化第一时间展现给即将进入清东陵的游客群体。

2. 草图、推演过程

插画分为三个小主题，这三个主题都与清东陵的祈福文化相关，每个主题内容都包含了不同形式的祈福文化，每幅作品都以四字词语命名，分别为代表祈福大典文化和瑞兽的“福至六合”、代表乾隆的裕陵地宫内佛教文化和植物的“欲静生莲”、代表慈禧龙压凤女权的“龙潜凤腾”，三幅画的内容取自不同元素，但又相互关联，作品的名称也有美好寓意，将清东陵的祈福文化更好地呈现在游客面前，三张插画的草图均为竖版，尺寸均采用B5纸尺寸（见图6-65）。

图6-65　草图1

地图封面也设定为B5纸张尺寸，整体地图的大小约为一张A2纸，将其设计为折页地图，一共8页（见图6-66）。

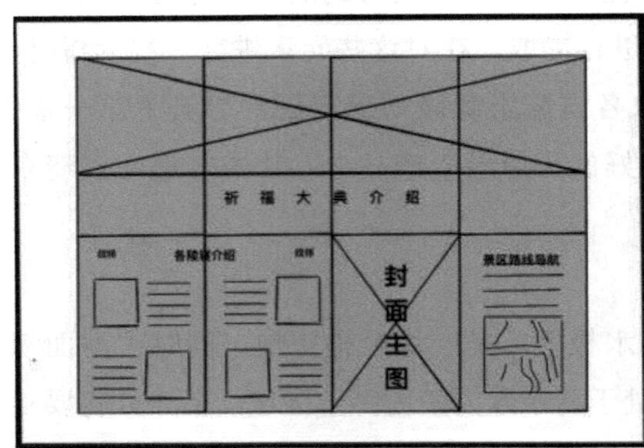

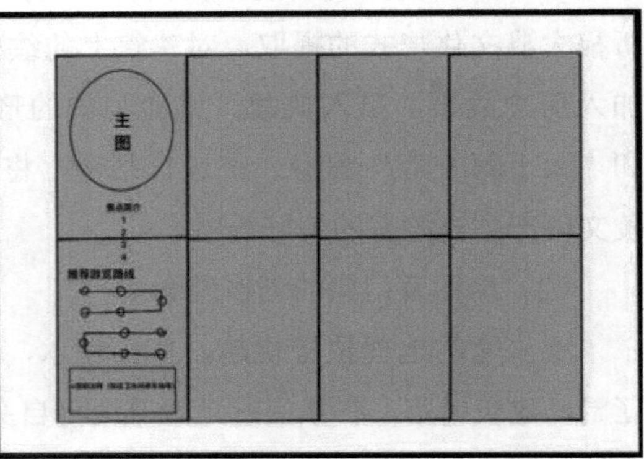

图6-66　地图草图

地图人物插画根据真实人物画像和特征进行描绘，采用扁平插画风格，以具有亲和力和人们接受度高的Q版形象进行呈现（见图6-67）。

慈禧：塑造爱美形象，慈禧太后钟爱护肤养颜，每日早晚以珍珠粉保养，六七十岁时面部无皱纹

孝庄文皇后：贤德端庄的形象。她是清代杰出女政治家，顺治时期为太后，康熙时期为太皇太后

乾隆帝：乾隆帝的裕陵地宫内布满了精美的佛像、经文雕刻，乾隆帝人物形象手握佛珠

顺治帝：清代重视骑射，顺治帝立下“皆训以骑射”的规定，顺治帝的人物形象手握弓箭

康熙帝：康熙帝是统一的多民族国家的捍卫者，他奠定了清朝兴盛的根基，开创了康乾盛世

图 6-67　草图 4

草图完成后，在对其进行细化和改进时发现了问题。其中，在第一幅插画背景中绘制烟花元素是不合理的，祈福大典的本质是在祭拜祖先时祈福纳瑞，而烟花代表庆祝，不适宜用在此处。遂对画面进行了调整，将原本的烟花调换成了建筑上方的太阳普照（见图 6-68）。

图 6-68　草图 5

3. 方案展示（成品）

（1）插画展示

福至六合（见图 6-69）：福至六合围绕清东陵的祈福大典设计。祈福大典如今仍在裕陵的隆恩殿前举行，一板一眼地对古代祭祀活动中的皇家礼制进行了还原，在游客面前把传统礼孝文化展现得淋漓尽致，把古代皇帝如何带领群臣为天下苍生祈福的场景完整地呈现给游客。

图 6-69　福至六合

欲静生莲（见图 6-70）：欲静生莲的灵感来自裕陵地宫。裕陵地宫内部雕满了佛教文化的石雕，令人印象最深的就是五欲图，佛门五欲分别为色、香、味、声、触，这五欲在石雕上是通过铜镜、酒杯、果实、乐器、布料来表现的。地宫的石雕有很多莲花元素，莲花代表着高

洁。将代表高洁的莲花与五欲相结合，形成对比，寓意着人生在世，面对欲望要保持清醒的状态。

龙潜凤腾（见图 6-71）：龙潜凤腾的设计源于慈禧陵前的丹陛石，上面雕刻着龙下凤上的图案，就连慈禧陵的各种柱子和殿内装饰都展示着“凤压龙”。

图 6-70　欲静生莲

图 6-71　龙潜凤腾

地图正面（见图 6-71）：地图的正面有封面、来往清东陵路线、祈福大典的介绍和重要陵寝的景点介绍。景点介绍了陵寝与陵寝主人，用扁平可爱的画风呈现，将人物描绘得亲近可爱。

图 6-71　地图正面

地图背面（见图 6-72）：地图背面采用了全景俯视图，游客可以对整个清东陵的布局一览无余，准确地辨认陵寝位置和自身所在的方位，可供游客更便捷地感受清东陵的魅力。

图 6-72　地图背面

（2）文创作品展示

文创产品展示 1（见图 6-73）：

名称：徽章

图 6-73　徽章

文创产品展示 2（见图 6-74）：

名称：手环

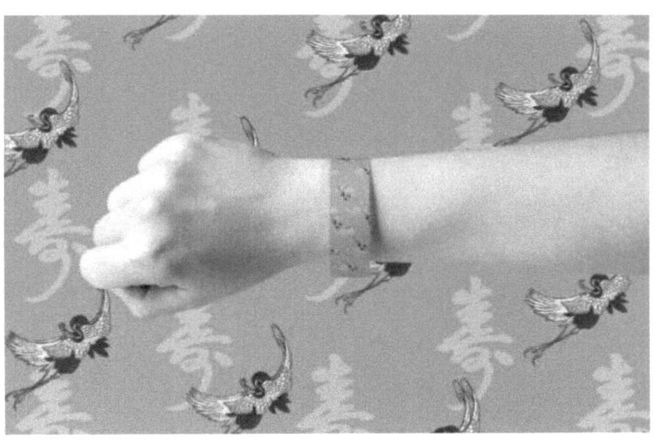

图 6-74　手环

文创产品展示 3（见图 6-75）：

名称：鹤寿福鹿纹样滑板

图 6-75 鹤寿福鹿纹样滑板

文创产品展示 4（见图 6-76）：

名称：清东陵包装袋

6-76 清东陵包装袋

文创产品展示 5（见图 6-77）：

名称：灯具

6-77 灯具

文创产品展示 6（见图 6-78）：

名称：鼠标垫

图 6-78　鼠标垫

文创产品展示 7（见图 6-79）：

名称：纹样丝巾

图 6-79　纹样丝巾

文创产品展示 8（见图 6-80）：

名称：欲静生莲礼盒

图 6-80　欲静生莲礼盒

（四）清东陵主题文创产品设计——醒君杯（作品来源：赵万超）

1. 设计构思

华表最初的功用类似现代的意见箱。孝陵神功圣德碑楼外四角相距 30 多米处各竖一根洁白晶莹的盘龙石柱，曰华表，又名擎天柱。清东陵内康熙的景陵、乾隆的裕陵，也各有一组华表，都雕刻修筑得十分精美壮观。

此杯根据清东陵华表来设计。

2. 草图展示（见图 6-81、6-82）

图 6-81　前期草图

图 6-82　新草图

3. 方案展示（成品）

文创产品展示 1（见图 6-83）：

名称：醒君杯

材质：白陶瓷

工艺：雕刻（浮雕）

图 6-83　醒君杯

文创产品展示 2（见图 6-84）：

名称：醒君杯礼盒套装

材质：白陶瓷、烫金

工艺：雕刻（浮雕）

图 6-84　醒君杯礼盒套装

（五）“百宝同辉”丝巾设计（作品来源：刘宝成、周倩）

1. 设计构思

对清东陵石雕纹样进行提取，选用银锭、犀角、蕉叶、万字纹、宝螺、萧、书籍、方胜等杂宝纹，加以植物纹样中的莲花、卷草纹等进行设计丝巾。杂宝纹体现了古人对自然的尊重以及对美好生活的祈愿。

文创产品展示（见图 6-85、图 6-86）：

名称：“百宝同辉”丝巾设计

材质：丝织品

工艺：印花

图 6-85　“百宝同辉”丝巾平面展开图

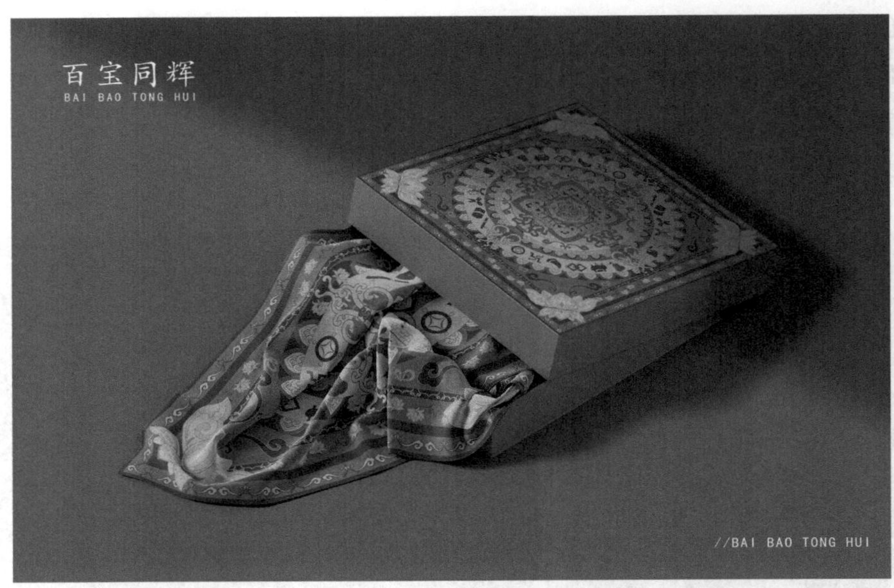

图 6-86 “百宝同辉”丝巾效果图

参 考 文 献

[1] 尹庆林 . 浅析清东陵石雕艺术的文化包容 [C]// 中国紫禁城学会 . 中国紫禁城学会论文集（第二辑）. 中国紫禁城学会第二次学术讨论会，1997：9.

[2] 郝明东，方国华 . 以清东陵为例，试论新时期世界文化遗产的保护与管理 [J]. 世界遗产论坛，2009：163-168.

[3] 张佳生 . 满族的八旗意识与国家意识：清代满族民族意识的形成发展（续）[J]. 满语研究，2013（2）：104-109.

[4] 盛瑨 . 博物馆展示陈列中的数字艺术应用研究 [D]. 南京：南京艺术学院，2017.

[5] 马玉静 . 试谈博物馆陈列展览中的数字媒体技术 [J]. 中国博物馆，2015（32）：89-95.

[6] 杨涛 . 数字展示技术在博物馆展览中的应用 [J]. 科技传播，2016（8）：104-137.

[7] 韩雨江 . 当代数字视觉艺术研究 [D]. 长春：东北师范大学，2019.

[8] 宗绪锋，韩殿元 . 数字媒体技术基础 [M]. 北京：清华大学出版社，2018.

[9] 李江 . 设计概论 [M]. 北京：中国轻工业出版社，2015.

[10] 王晓强 . 虚拟博物馆展示设计的审美探究 [D]. 上海：上海大学，2010.

[11] 胥烁 . 数字艺术生产德性研究 [D]. 济南：山东师范大学，2014.

[12] 李若岩 . 数字媒体艺术的特征与本体探究 [J]. 南宁：艺术探索，2012（26）：39-41.

[13] MASON M. The Contribution of Design Thinking to Museum Digital Transformation in Post-Pandemic Times[J]. S Multimodal Technologies and Interaction，2022（6）：79.

[14] CAT H，JOHN C R. Digital Arts[M]. London：Bloomsbury Publishing，2014.

[15] Lauren M N. Digital Art in Ireland New Media and Irish Artistic Practice[J].International Journal of Performance Arts and Digital Media，2021（3）：426-427.

[16] 田路林 . 数字媒体艺术的发展与展望研究 [J]. 辽宁经济管理干部学院学报，2020（3）：67-69.

[17] PARK S S. A Study on the Interactivity of Digital New Media Art[J]. Studies In humanities，2012（34）：315-343.

[18] 李绚丽 . 数字展示技术在博物馆展览中的应用 [J]. 中国博物馆，2015（2）：31-41.

[19] 张江龙 . 博物馆数字化展示技术及虚拟展览研究 [J]. 中国博物馆，2017（4）：88-92.

[20] 章洁 . 数字媒体概论 [M]. 北京：人民邮电出版社，2018.

[21] 李文乔 . 移动短视频用户使用行为影响因素及服务模式研究 [D]. 长春：吉林大学，2020.

[22] 张建武，孔红菊 . 虚拟现实技术在实践实训教学中的应用 [J]. 电化教育研究，2010（4）：109-112.

[23] 赵沁平 . 虚拟现实综述 [J]. 中国科学，2009（39）：2-46.

[24] 金霄 . 数字游戏中虚拟现实技术运用探索 [D]. 南京：南京艺术学院，2016.

[25] 孟祥菲 . 混合现实语境下数字展厅的交互要素研究 [D]. 沈阳：鲁迅美术学院，2021.

[26] 钟文汐 . 数字媒体艺术在文化馆中的应用研究 [D]. 南京：南京航空航天大学，2017.

[27] TAILE N. Research on the Parallel Development Trend of Digital Media Art and Modern Science and Technology[J]. Frontiers in Art Research，2020（2）：2.

[28] 李鑫 . 博物馆展示设计中的数字艺术应用研究 [D]. 唐山：华北理工大学，2021.

[29] 周臻，黎莉，华雪春 . 中国传统文化 [M]. 北京：航空工业出版社，2018：7-9.

[30] HYUNAE L. Experiencing immersive virtual reality in museums[J]. Information & Management，2020（5）：103229.

[31] 李洁 . 基于情境认知理论的教育游戏设计 [D]. 济南：山东师范大学，2009.

[32] 张丽 . 数字化时代中国博物馆教育发展研究 [D]. 武汉：华中师范大学，2015.

[33] 田昊 . 虚拟现实语境下的牛河梁遗址博物馆活化研究 [D]. 沈阳：沈阳航空航天大学，2019.

[34] GILLESPIE G L，et al. Impact of immersive virtual reality simulations for changing knowledge，attitudes，and behaviors[J]. Nurse Education Today，2021（15）：1502.

[35] AZUMA，RONALD T. A Survey of Augmented Reality[J]. Presence Teleoperators & Virtual Environments，1997（4）：355-385.

[36] KNOLL M，STIEGLITZ S. Augmented Reality and Virtual Reality[J]. HMD Praxis der Wirtschaftsinformatik，2022（59）：10-15.

[37] NATASHA M ，An experiential view to children learning in museums with Augmented Reality[J]. Museum Management and Curatorship，2019（34）：402-418.

[38] 刘婷 . 方言短视频对地域文化传承之利与弊：以抖音短视频为例 [J]. 新闻前哨，2022（10）：70-71.

[39] CHAORAN T，Kim H G. Intangible Cultural Heritage Based on AR Technology[J]. Academic Journal of Humanities & Social Sciences，2021（4）：12.

[40] 杨永芳 . 非物质文化遗产原真性保护背景下的开封古城复古规划 [J]. 河南大学学报，2007（4）：382-386.

[41] 汪学均 . 教育数字游戏的设计研究 [D]. 武汉：华中师范大学，2007.

[42] 刘青 . 现代影院购票系统中的交互设计研究 [D]. 南京：南京艺术学院，2016.

[43] VARGA D. New Nonfiction Film：Art，Poetics，and Documentary Theory，by Dara Waldron[J]. Journal of Film and Screen Media，2019（18）：253-257.

[44] FREDERIK L R，Robrecht V. The Documentary Real：Thinking Documentary Aesthetics[J]. Foundations of Science，2018（23）：197-205.

[45] 王圣洁 . 虚拟现实技术在博物馆展示设计中的应用研究 [D]. 无锡：江南大学，2018.

[46] 黄璐，章苏静 . 基于整合情境的游戏化虚拟实验的设计研究 [J]. 现代教育技术，2013（11）：109-114.

[47] 岳顶聪 . 博物馆数字化展示的交互体验研究 [D]. 深圳：深圳大学，2018.

[48] 罗茜 . 秦陵文化遗产的虚拟艺术表现与体验研究 [D]. 西安：西北大学，2019.

[49] 马敬晓 . 邯郸红色建筑遗产数字化建档与虚拟可视化应用研究 [D]. 邯郸：河北工程大学，2021.

[50] 潘志庚，袁庆曙，陈胜男，等 . 文化遗产数字化展示与互动技术研究与进展 [J]. 浙江大学学报（理学版），2020，47（3）：261-273.

[51] 吴南妮 . 沉浸式虚拟现实交互艺术设计研究 [D]. 北京：中央美术学院，2019.

[52] 贺禧 . 博物馆陈列空间的展示设计 [J]. 建筑结构，2021，51（11）：156-158.

[53] 何苗，张蕴 . AR 增强技术在展示历史遗迹中的设计与实现：以唐大明宫为例 [J]. 现代信息科技，2020.

[54] 康丽娟 . 增强现实在文化遗址展示中的运用研究 [J]. 装饰，2018.（3）：97-99

[55] 赵亮亮 . 永乐宫《朝元图》壁画的 AR 交互展示设计研究 [D]. 无锡：江南大学，2021.

[56] 孔艳 . 解构式语言在装饰艺术中的秩序感 [D]. 沈阳：鲁迅美术学院，2016.
[57] 赵铎 . 影视动画镜头艺术规律及特色研究 [D]. 西安：西北大学，2012.
[58] 龚余辉 . 浅析动画镜头语言的叙事功能 [J]. 美术大观，2014（8）：136.
[59] 高宠 . 空间叙事视角下的建筑文化遗产数字化保护策略研究 [D]. 无锡：江南大学，2021.
[60] 姚京频 . 基于 AR 技术的南京明故宫建筑遗址数字化复原研究 [D]. 南京：南京艺术学院，2017.
[61] 储聪 . 影视动画画面构图之特性分析 [J]. 艺术品鉴，2021（23）：165-166.
[62] 薛燕 . 结构与幻听之嬗变 [D]. 深圳：深圳大学，2019.
[63] 巩彦翡 . 交互与融合：论新媒体艺术的交互语言特征 [J]. 新闻研究导刊，2023，14（1）：224-226.
[64] 唐纳德 •A 诺曼 . 情感化设计 [M]. 北京：电子工业出版社，2003.
[65] 巴玥 . 传统牌坊文化的继承与发展 [D]. 西安：西安建筑科技大学，2008.
[66] 李诗佳 . 博物馆展示空间设计中主题情感的空间营造与表达研究 [D]. 沈阳：鲁迅美术学院，2019.
[67] 岳峤 . 清东陵华表、石五供、地宫壁雕艺术鉴赏 [J]. 教育教学论坛，2011（20）：245.
[68] 石建文，艾婧 . 品味清东陵的石雕艺术 - 石像生 [J]. 美术向导，2013（6）：26-27.
[69] 尹庆林 . 浅析清东陵石雕艺术的文化包容 [C]// 中国紫禁城学会论文集（第二辑），1997：204-21 许青青，邵斌 . 中国数字影视动画作品发展研究 - 以《哪吒之魔童降世》为例 [J]. 美术教育研究，2021（17）：100-101.
[70] 张收鹏 . 媒介融合视角下我国手机电视产业运营研究 [C]//“全球化时代的电子媒体发展趋势”国际研讨会论文集（第 1 辑），2008：51-87.
[71] 张婧雯 . 基于数字媒介艺术设计之数字视频设计表达和传播 [J]. 陶瓷科学与艺术，2022，56（11）：24-25.
[72] 罗峥 . 数字媒体在文化创意产业中的作用研究 [J]. 文化产业，2022（10）：19-21.
[73] 唐玲玲 . 清裕陵地宫石雕图像研究 [D]. 锦州：渤海大学，2019.
[74] 鲍宗豪 . 数字化与人文精神 [J]. 上海交通大学学报（哲学社会科学版），2003（3）：3-9.
[75] 范文，孙红跃，陆琳 . CG 与现代艺术的融合 [J]. 黑龙江科技信息，2012（15）：63.

[76] 李四达．数字媒体艺术概论 [M]. 北京：清华大学出版社，2020.

[77] 王燕妮．数字化展示设计研究 [D]. 成都：西南交通大学，2006.

[78] 尚瑞．“动与静”论 MG 动画视觉传播价值 [J]. 艺术教育，2017（15）：98-99.

[79] 严琰．“微时代”的 MG 动画网络传播 [J]. 传媒，2017（7）：78-81.

[80] 李甲辉．MG 动画创作特点的探讨 [J]. 传媒论坛，2020，3（16）：125-126.

[81] 莫冰．动画人物的动作设计对人物性格的表现 [J]. 科技风，2011（7）：212.

[82] 邓琦，徐瑞露．三维交互技术在赣州七里镇窑陶瓷艺术展示中的应用探究 [J]. 文化产业，2022（9）：131-133.

[83] 高佳．基于手势动作的三维交互展示方法研究 [D]. 北京：北京交通大学，2014.

[84] 卢衍鹏，王冬梅．影视叙事与艺术创新研究 [M]. 北京：中国广播影视出版社，2021：256.

[85] 席敏哲．基于无人机倾斜影像的精细化三维模型构建及智慧园区应用研究 [D]. 西安：西安科技大学，2020.

[86] 曲林，冯洋，支玲美，等．基于无人机倾斜摄影数据的实景三维建模研究 [J]. 测绘与空间地理信息，2015（3）：38-39.

[87] 顾海锋．基于无人机倾斜摄影的化工园三维精细建模 [D]. 南京：南京信息工程大学，2021.

[88] 郑杨硕．信息交互设计方式的历史演进研究 [D]. 武汉：武汉理工大学，2013.

[89] 刘宇壕．虚拟现实（VR）动画的交互式叙事设计研究 [D]. 北京：中央美术学院，2019.

[90] 员巍．三维虚拟交互技术在水墨动画中的应用与研究 [D]. 上海：东华大学，2014.

[91] 高源．数字电影艺术的审美研究 [D]. 长春：吉林大学，2022.

[92] 张诚平．VR 全景视频创作与传播策略研究 [D]. 郑州：河南大学，2018.

[93] 曾军梅，张静，周彬．动画剧情及造型的趣味性表现 [J]. 西安工程大学学报，2009，23（1）：43-46.

[94] 郑晓东．气象科普动画的趣味性探究 [J]. 北方文学，2018（35）：122-123.

[95] 刘亚娟，纪元元．动画影片创作的趣味性探究 [J]. 电影评介，2009（7）：28.

[96] 孙立军．影视动画造型基础 [M]. 北京：中国宇航出版社，2003：4.

[97] 时岑．新媒体艺术时代互动电影特征之交互性研究 [D]. 曲阜：曲阜师范大学，2012.

[98] 彭欣，刘姝铭．新媒体艺术 [M]. 南昌：江西美术出版社，2018：94.

[99] 张国柱 . 互动电影沉浸式体验的创作研究 [D]. 上海：上海师范大学，2022.
[100] 尹庆林 . 浅析清东陵石雕艺术的文化包容 [J]. 中国紫禁城学会论文集，1997，11.
[101] 石建文，艾婧 . 品味清东陵的石雕艺术：石像生 [J]. 美术向导，2013，12.
[102] 任伊璠 . 清东陵雕刻纹样在文创产品设计中的应用研究 [D]. 唐山：华北理工大学，2021.
[103] 姚锟 . 平面设计中图形重构应用研究 [J]. 大观，2020，（10）：14-15.
[104] 申艺伟 . 基于符号学视角下地域方言视觉图形化设计研究 [D]. 武汉：武汉纺织大学，2020.
[105] 石又祎 . 冀东三支花艺术特征的视觉符号化设计研究 [D]. 唐山：华北理工大学，2020.
[106] 王小丽 . 浅析图形的解构设计在艺术创作中的应用 [J]. 明日风尚，2017（13）：33.
[107] 黄梦瑶 . 图形的分解重构在平面设计中的运用研究 [D]. 武汉：武汉纺织大学，2017.
[108] 陈捷，张昕 . 裕陵地宫石刻图像与梵字的空间构成和场所意义 [J]. 故宫博物院院刊，2016（5）：40-57，160.
[109] 刘琳 . 青砖中的雕刻艺术 [J]. 大众文艺，2018（22）：134.
[110] 储凯锋 . 传统雕刻中的吉祥纹样研究 [J]. 邢台学院学报，2019，34（1）：142-144，154.
[111] 李智兴，方益鸣 . 宗教文化对中国传统陶瓷艺术的影响 [J]. 山东陶瓷，2010，33（4）：43-45.
[112] 夏铭，谭芳 . 中国传统吉祥图案在现代设计中的应用分析 [J]. 天工，2021，（7）：94-95.
[113] 王炎磊 . 新媒介驱动下的品牌视觉传达与广告策划创新 [J]. 老字号品牌营销，2022，（3）：13-15.
[114] 徐家星 . 浅谈明代陶瓷上的八宝纹饰演变—藏传佛教八吉祥纹的演变 [J]. 景德镇陶瓷，2013，（2）：31-32.
[115] 唐山市政协文史资料委员会 . 清东陵 [M]. 北京：社会科学文献出版社，1995：14-16.
[116] 郑林欣，汪颖 . 探析文化型产品中的设计要素 [J]. 包装工程，2013（8）：79-81.
[117] 王海燕 . 从清东陵的营建和维修看清王朝的盛衰 [J]. 满族研究，2009（3）：47-54.

[118] 王子云．中国雕塑艺术史（上）[M]. 北京：人民美术出版社，2011.

[119] 巫鸿．图像的转译与美术的释读 [J]. 大艺术，2012（1）：26-27.

[120] 人民网．坚定文化自信，建设社会主义文化强国 [EB/OL].[2021-12-03]. http：//theory.people.com.cn/n1/2018/1130/c40531-30434970.html.

[121] 管宁．中华文化基因与当代中国话语建构：基于文化遗产保护的认知、理念与实践视角 [J]. 江苏社会科学，2020（1）：25-32，7.

[122] 林世田，赵洪雅．敦煌遗书对“中华古籍保护计划”的启示 [J]. 文献，2019（3）：29-39.

[123] 李寅．解读“清东陵密码”的人 [EB/OL].[2021-07-15]. http：//blog.sina.com.cn/s/blog_9d09aea50101683i.html.

[124] 中国国家标准化管理委员会．汉文古籍特藏藏品定级 第 1 部分：古籍：GB/T 31076.1-2014[S]. 北京：中国标准出版社，2014：12.

[125] 于善浦，张玉洁．清东陵拾遗 [M]. 天津：天津古籍出版社，2012.

[126] 中国第一历史档案馆．中华人民共和国档案法 [EB/OL].[2021-08-25]. http：//www.lsdag.com/nets/lsdag/page/article/Article_768_1.shtml？ hv=

[127] 中国第一历史档案馆．档案综览 [EB/OL].[2021-08-25]. http：//www.lsdag.com/nets/lsdag/page/topic/Topic_1918_1.shtml？ h

[128] 中国第二历史档案馆．档案馆简介 [EB/OL].[2021-08-25].http：//www.shac.net.cn/dagjs/dagjj/.

[129] 赵梳，段阳萍，苍铭，等．明实录 清实录烟瘴史料辑编 [M]. 北京：中央民族大学出版社，2014.

[130] 曾蕾．清代定东陵建筑工程全案研究 [D]. 天津：天津大学，2005.

[131] 国家典籍博物馆．样式雷世家及图档 [EB/OL].[2021-08-25].http：//www.nlc.cn/nmcb/gcjpdz/ysl/sjtd/.

[132] 谢永宪，潘婷，陈雪，等．清代样式雷图档保管研究 [J]. 北京档案，2015（12）：25-27.

[133] 唐玲玲．清裕陵地宫石雕图像研究 [D]. 锦州：渤海大学，2019.

[134] 徐广源．清东陵史话 [M]. 北京：新世界出版社，2010.

[135] 刘向权，韩永成，王义钧．滦河文化概览 [M]. 北京：团结出版社，2014.

[136] 段丹洁，阮益嫘．为人文社科研究插上数字羽翼 [EB/OL].[2021-12-05].https：//

mp.weixin.qq.com/s/g1PPhNmZ55HZLD02TKGUuQ.

[137] 徐晨飞，包平．面向农史领域的数字人文研究基础设施建设研究：以方志物产知识库构建为引 [J]. 中国农史，2019，38（6）：40-51.

[138] 中国古籍保护网．合作共建、资源共享：国家古籍保护中心全面推进“中华古籍数字资源库”建设 [EB/OL].[2021-11-15]. http：//www.nlc.cn/pcab/zx/wjxz/201606/t20160616_123846.htm.

[139] 钱智勇，周建忠，贾捷．楚辞知识库构建与网站实现研究 [J]. 图书馆理论与实践，2010（10）：70-73.

[140] 钱智勇．基于本体的专题域知识库系统设计与实现：以张謇研究专题知识库系统实现为例 [J]. 情报理论与实践，2006（4）：476-479.

[141] 李斌，王璐，陈小荷，等．数字人文视域下的古文献文本标注与可视化研究：以《左传》知识库为例 [J]. 大学图书馆学报，2020，38（5）：72-80，90.

[142] 张文亮，尚奋宇．我国古籍数字化标准体系现状调查及优化策略 [J]. 国家图书馆学刊，2015，24（6）：83-89.

[143] 肖珑，苏品红，姚伯岳．国家图书馆舆图元数据规范与著录规则 [M]. 北京：国家图书馆出版社，2014.

[144] 刘炜，谢蓉，张磊，张永娟．面向人文研究的国家数据基础设施建设 [J]. 中国图书馆学报，2016，42（05）：29-39.

[145] 陈力．中文古籍数字化方法之检讨 [J]. 国家图书馆学刊，2015（3）：11-16.

[146] 鲁丹，李欣，陈金传．基于 API 技术的数字人文基础设施的构建 [J]. 图书馆学研究，2019（13）：42-46，57.

[147] 李二苓．数字技术带来历史研究新发展 [EB/OL].[2021-12-05]. https：//mp.weixin.qq.com/s/L441161gT0pyH4XrTQOxYQ.

[148] 王晓光，梁梦丽，侯西龙，等．文化遗产智能计算的肇始与趋势：欧洲时光机案例分析 [J]. 中国图书馆学报，2022，48（1）：62-76.

[149] 程焕文，曾文．国际图联的文化遗产保护理念与保护策略研究 [J]. 图书馆建设，2019（1）：47-54.

[150] 国家图书馆．中国古籍保护网 [EB/OL].[2021-09-12]. http：//www.nlc.cn/pcab/gywm/zhgjbhjh/.

[151] 国家图书馆．全國古籍普查登記基本數據庫 [EB/OL].[2021-09-15]. http：

//202.96.31.78/xlsworkbench/publish.
[152] 国家图书馆 . 中华古籍资源库读者云门户 [EB/OL].[2021-09-15]. http：//read.nlc.cn/thematDataSearch/toGujiIndex.
[153] 中国知网 . 国学宝典段落数据库 [EB/OL].[2021-09-20].https：//kns.cnki.net/kns/brief/result.aspx？ dbPrefix=GXDB_SECTION
[154] 中国古籍总目编纂委员会 . 中国古籍总目 [M]. 北京：中华书局，2013.
[155] 籍合网 . 中华古籍书目数据库 [EB/OL].[2021-09-20].http：//ancientbooks.cn/home.
[156] 北京翰海博雅科技有限公司 . 鼎秀古籍全文检索平台 [EB/OL].[2021-09-20].http：//www.ding-xiu.com.
[157] 中华书局有限公司 . 中华善本古籍数据库 [EB/OL].[2021-09-21]. http：//books.ancientbooks.cn/banke/index.htm.
[158] 故宫博物院 . 流传有序的宫中藏书 [EB/OL].[2021-08-15]. https：//www.dpm.org.cn/explore/ancients.html.
[159] 故宫博物院 . 故宫博物院藏品总目 [EB/OL].[2021-09-23]. https：//zm-digicol.dpm.org.cn/cultural/list？ page=10&pageSize=200&category=8.
[160] 故宫博物院 . 畿辅通志 [EB/OL].[2021-09-27]. https：//www.dpm.org.cn/lemmas/244790.html.
[161] 徐广源 . 徐广源微博 [EB/OL].[2021-09-25]. https：//weibo.com/1253792373/Ic1QCb5Q2？ type=comment#_rnd1627956938743.
[162] 王其亨 . 清代建筑工程籍本的研究利用 [J]. 中国建筑史论汇刊，2014（2）：147-187.
[163] 杨牧之 . 古籍整理与出版专家论古籍整理与出版 [M]. 南京：凤凰出版社，2008.
[164] 王秋云 . 我国古籍数字化的研究现状及发展趋势分析 [J]. 图书馆学研究，2021（24）：9-14.
[165] 李雪梅，王波，李明杰，等 . 古籍数字化笔谈 [J]. 文化软实力研究，2023，8（1）：5-29.
[166] 王雁行 . 以“中华古籍保护计划”为依托 建设国家古籍资源数据库 [J]. 国家图书馆学刊，2016，25（3）：82-88.
[167] 李明杰，张纤柯，陈梦石 . 古籍数字化研究进展述评（2009-2019）[J]. 图书情报工作，2020，64（6）：130-137.

[168] 余力，管家娃．我国古籍数字化建设现状分析及发展研究 [J]. 数字图书馆论坛，2017（11）：41-47.

[169] 杨琳．大陆古籍数字化的现状及存在的问题 [C]// 首都师范大学电子文献研究所 中国诗歌研究中心 中国传统文化数字化研究中心．第一届中国古籍数字化国际学术研讨会论文集 .2007：46-58.

[170] 邹爱莲，王光越，张福煜．“全文数字化清代档案文献数据库”的建设 [J]. 中国档案，2008（3）：10-13.

[171] 张文亮，彭媛媛，张桐．国外古籍数字化标准实践进展及其启示 [J]. 图书馆学研究，2019（13）：11-19.

[172] 张文亮，陈丁．澳大利亚数字化标准规范应用现状及其对我国的启示 [J]. 图书馆学研究，2017（17）：67-77.

[173] 张文亮，彭媛媛．英国古籍数字化标准建设现状及其启示 [J]. 新世纪图书馆，2016（5）：85-89.

[174] 张文亮，薄丽辉．我国古籍数字化标准体系现状及应对策略研究 [J]. 新世纪图书馆，2016（2）：38-42.

[175] 尚奋宇，张文亮．基于 DLC 的我国古籍数字化标准体系框架研究 [J]. 图书馆学研究，2017（3）：21-27.

[176] 李斌，王璐，陈小荷等．数字人文视域下的古文献文本标注与可视化研究——以《左传》知识库为例 [J]. 大学图书馆学报，2020，38（5）：72-80，90.

[177] 颜石磊．国内外数字人文研究主题比较分析 [J]. 大学图书情报学刊，2021，39（1）：107-111.

[178] 陈苗，刘晗月．数字人文研究热点与发展趋势的断面考察——以《数字人文季刊》和《人文学科中的数字计算》为中心 [J]. 图书馆研究与工作，2020（1）：10-16.

[179] CAMPAGNOLO ALBERTOC. Book Conservation and Digitization：The Challenges of Dialogue and Collaboration[M]. 地址：Amsterdam University Press，2020.

[180] DANIEL G. A textured sculpture：The information needs of users of digitized New Zealand cultural heritage resources[J]. Online Information Review，2007，31（2）：166-184.

[181] JONATHAN Europeana：Digital Access to Europe’s Cultural Heritage[J]. Alexandria，2012，23（2）：1-13.

[182] EUNSEOK K，JUNGI K，KIHONG K. etal. Wearable AR Platform for K-Culture Time Machine[J].Distributed，Ambient and Pervasive Interactions.2017，10291：358-370.

[183] NOVE E. Variant Anna.The Role of Libraries in Building and Promoting the Cultural Heritage Collection[J].International Journal of Information Studies and Libraries.2017，2（2）：19-23.

[184]Heritage D. Progress in Cultural Heritage：Documentation，Preservation，and Protection7th International Conference，EuroMed 2018，Nicosia，Cyprus，October 29-November 3，2018，Proceedings，Part I，Part II.

[185] Ioannides M，Fink E，L Cantoni L，. Digital Heritage.Progress in Cultural Heritage：Documentation，Preservation，and Protection，springer nature，2021.

[186] Joo S，J Hootman J，Katsurai M.Exploring the Digital Humanities Research Agenda：A Text Mining Approach. Journal of Documentation.（2021）https：//uknowledge.uky.edu/slis_facpub/100

[187] Pandher B K. Conservation and Preservation of Archives：A Case Study of Punjab Digital Library[J].World Digital Libraries，2012，5（1）：75-84.

[188] 孙胜利，陈港泉，王小伟，等 . 文化遗产地文物本体巡查体系初步构建：以敦煌莫高窟文物本体巡查为例 [J]. 中国文物科学研究，2018（2）：32-38.

[189] 罗颖，张依萌，张玉敏，等 . 中国世界文化遗产 2020 年度保护状况总报告 [J]. 中国文化遗产，2021（5）：64-79.

[190] 樊锦诗 . 基于世界文化遗产价值的世界文化遗产地的管理与监测：以敦煌莫高窟为例 [J]. 敦煌研究，2008（6）：1-5，114.

[191] 王旭东 . 基于风险管理理论的莫高窟监测预警体系构建与预防性保护探索 [J]. 敦煌研究，2015（1）：104-110.

[192] 狄雅静 . 故宫的遗产监测——从故宫世界文化遗产监测总平台的架构谈起 [J]. 中国文化遗产，2020（3）：43-48.

[193] 赵霞，丛一蓬，秦雷，等 . 颐和园世界文化遗产监测预警系统的设计与实现 [J]. 遗产与保护研究，2016，1（3）：89-93.

[194] 常梦龙 . 不可移动文物数据管理研究及实践：以故宫世界遗产监测总平台项目为例 [J]. 东南文化，2022（S2）：117-123.

[195] 冯伟，张乾，田飞鹏，等 . 面向预防性保护的文物本体智能原位监测系统 [J]. 中

国科学：信息科学，2021，51（12）：2102-2118.
[196] 宋晓胜，苏经宇，郭小东 . 中国木结构传统建筑典型震害分析与保护对策 [J]. 世界地震工程，2014，30（2）：43-50.
[197] 宋晓胜，苏经宇，郭小东，等 . 中国木结构古建筑榫卯连接节点抗震性能研究进展 [J]. 世界地震工程，2014，30（1）：12-22.
[198] 王耀国，郭小东，苏经宇，等 . 残损对木结构古建筑的影响及加固方法 [J]. 低温建筑技术，2015，37（6）：40-42.
[199] 王雨楠 . 清东陵木结构古建筑的结构特征与健康状况调查研究 [D]. 唐山：华北理工大学，2019.
[200] 黄墨樵，张小古 . 世界文化遗产数字化监测体系构架路径分析：以故宫博物院为例 [J]. 中国文化遗产，2017（1）：70-75.

附　　录

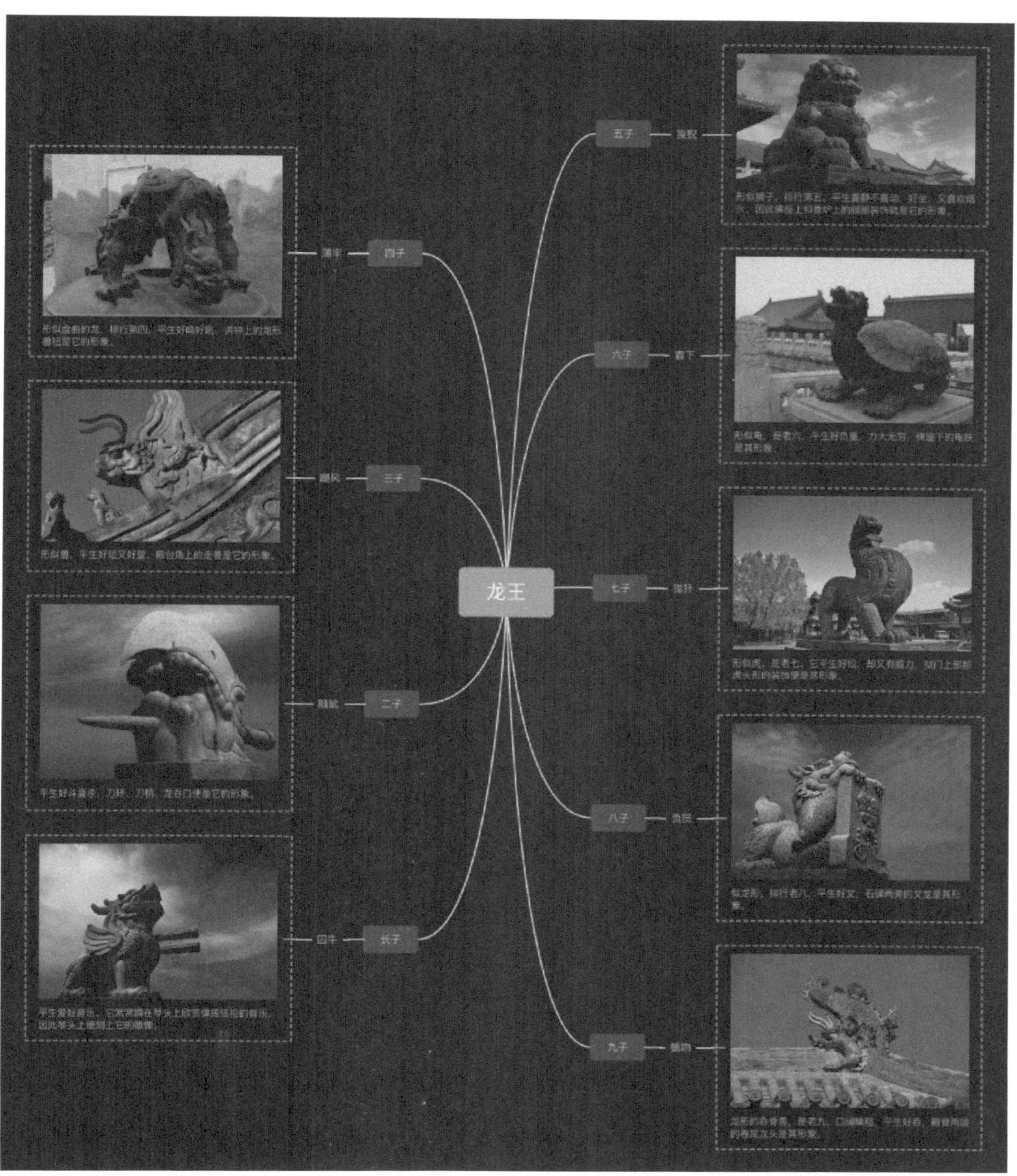

图 1　龙之九子

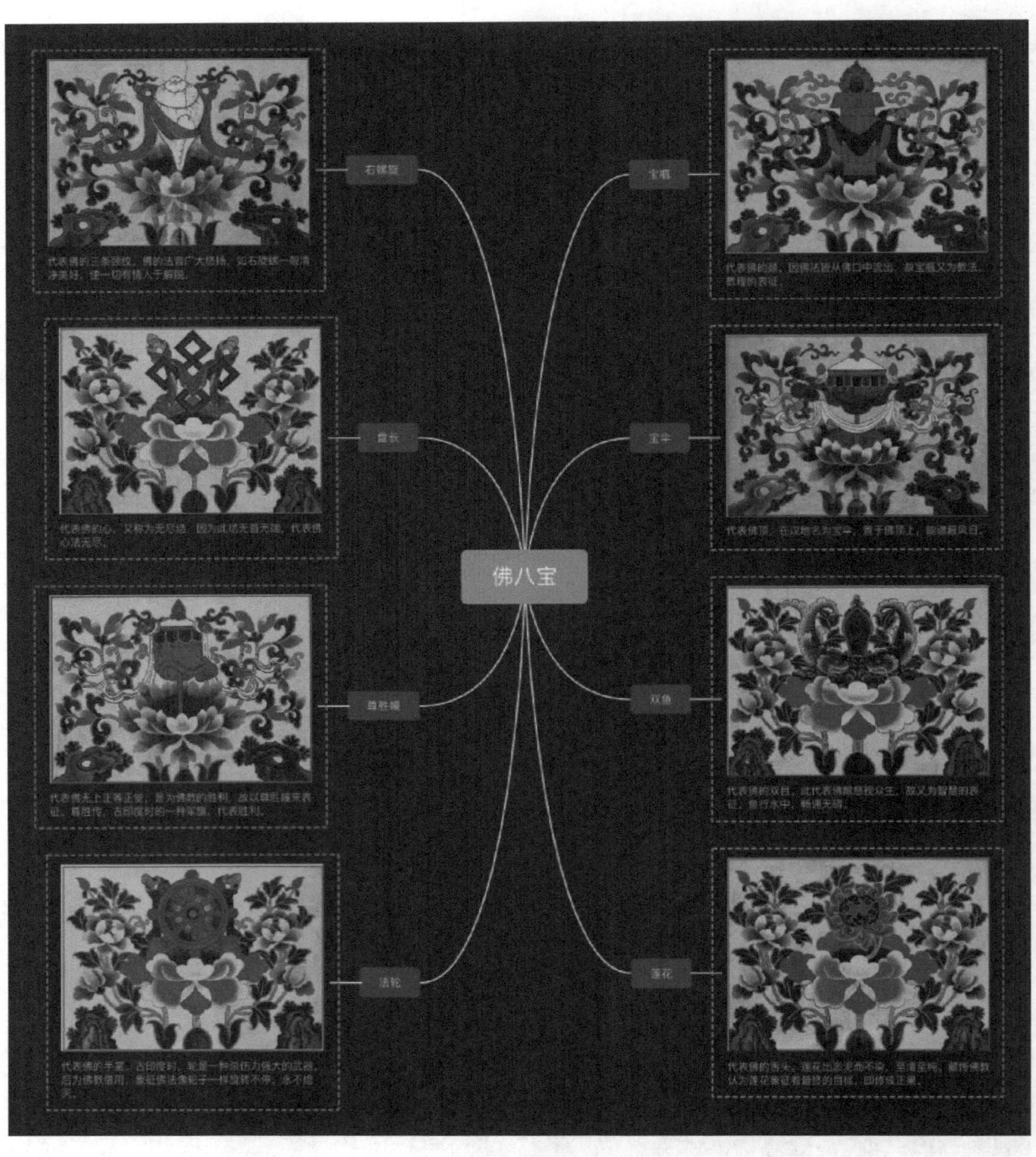

图 2　佛八宝

图 3　建筑脊兽

图 4　彩画

图 5　色彩元素分析

图 6　文字元素提取

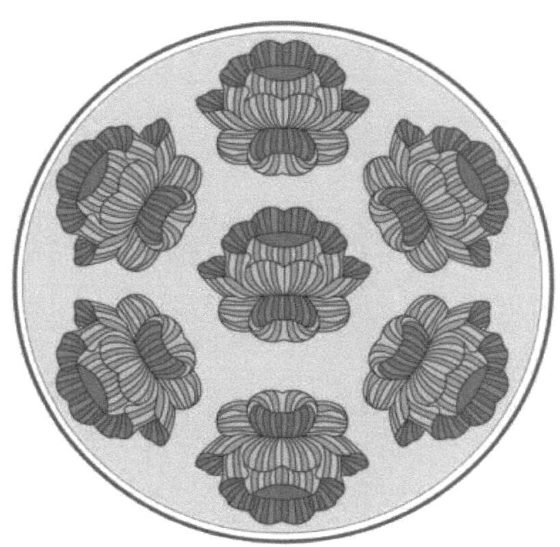

图 7　宝相花重构 1

图 8　宝相花重构 2

图 9　宝相花重构 3

图 10　佛八宝平面并置

图 11　清东陵元素规整重构（1）

图 12　清东陵元素规整重构（2）

图 13　清东陵元素自由重构（1）

图 14　清东陵元素自由重构（2）

图 15　文化元素形态结构应用

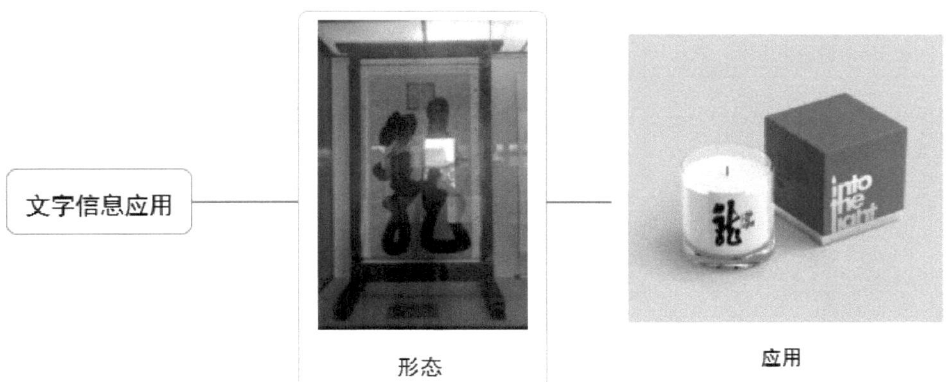

图 16　文字信息应用

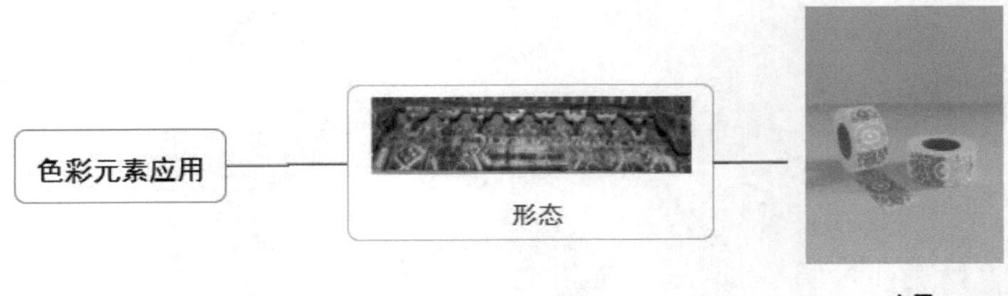

图 17　清东陵文化元素色彩分布图

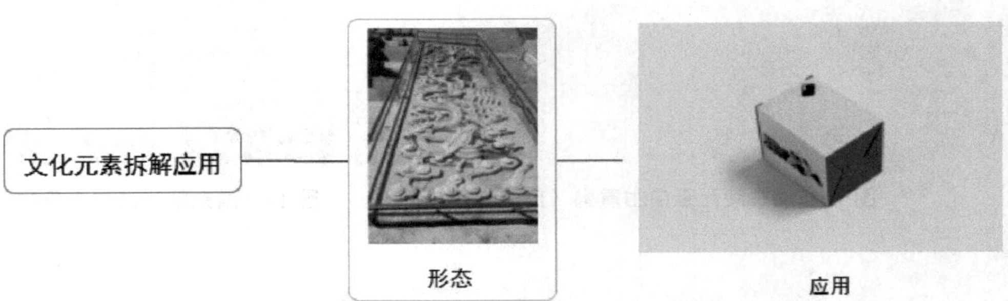

图 18　文化元素拆解应用

后　记

经过3年的研究、论证和实践，《世界文化遗产清东陵数字化保护开发利用研究》一书终于和读者见面了。本书由何新生教授负责总体理论、思路设计及各章节的统稿、审核、把关工作，并撰写绪论部分。其他章节完成情况如下：第二章“清东陵数字化保护开发利用的背景及现状”由李寅、方国华、高馨、何小凤等撰写；第三章“数字艺术在清东陵文化遗产展示中的应用研究”由甘霖撰写；第四章“清东陵文献典籍资源数字化建社及研究”由孙会清撰写；第五章“清东陵古建筑的数字化监测保护”由宋晓胜撰写；第六章“清东陵文化资源在文创产品中开发与应用”由刘宝成撰写。河北省政府原参事、原河北理工大学社科院院长刘学谦研究员为本书作序，在立项和研究过程中提出了很好的指导性意见；田苗、齐立强等也为本研究做出了贡献。

由于时间仓促，疏漏之处在所难免，恳请学界专家同人批评指正！在研究和书稿撰写过程中参考借鉴了众多专家学者的研究成果，在此对参阅、引用相关成果的所有专家学者表示衷心的感谢！最后还要感谢燕山大学出版社的大力支持！

作者

2024年3月